APPRECIATIVE

긍정의 파워를
통한 성공적인
조직개발!

제임스 D. 루데마, 다이아나 휘트니,
버나드 J. 모어, 토마스 J. 그리핀 지음

이영석, 신좌섭 옮김

| 전사 차원의 변화를 위한 체계적 실행 가이드 |

조직에서 긍정 혁명을 일으키는

AI Summit

INQUIRY

ORP PRESS

에이아이 서밋 – 거대그룹 변화 프로세스의 실행 가이드

제임스 D. 루데마

다이아나 휘트니

버나드 J. 모어

토마스 J. 그리핀

데이비드 쿠퍼라이더David L. Cooperrider

먼저 이 책이 출간된 사실에 흥분을 감출 수 없다.

나는 최근 미국 최대 화물운송 회사 중 한 곳의 매우 특별한 에이아이 서밋Appreciative Inquiry Summit에 참여한 적이 있다. 바로 이 책의 주제와 같은 모임이었다. 그 모임은 전사 시스템 차원의 전략계획 회의여서, 10명 가량의 최고 경영자뿐만이 아니라 300명이 넘는 트럭 운전기사, 차에 짐을 싣고 내리는 상하차 근로자, 중역, 관리자, 그리고 고객 등 모든 관련자들이 한자리에 모여 사업계획을 함께 만들어내는 자리였다. 포브스Forbes 기업담당 기자인 조앤 고든Joanne Gordon은 3일간 개최되는 그 행사에 자신도 참석할 수 있느냐고 물어 로드웨이Roadway 사를 놀라게 했다. 노스캐롤라이나 주 윈스턴 세일럼의 트럭 터미널에서 열린 '에이아이 서밋' 행사에는 모든 관계자들이 모였는데 그런 광경은 조앤이 한번도 접해 보지 못한 모습이었다. 우리는 로드웨이 사가 일찍이 업계의 다른 어떤 회사도 시도하지 못한 행보를 보여 왔다는 사실과, 이미 전국 300여개의 자사 트럭터미널 중 5개소에서 에이아이 서밋을 성공적으로 치러냈다는 사실을 조앤에게 설명해주었다. 그것은 케이스 웨스턴 리저브 대학교의 웨더헤드 경영대학원이 고안한 '리더십 혁신 프로그램'의 일환이었다.

　서밋이 열리기 전까지만 해도, 조앤은 서밋이 일종의 대규모 '응원' 혹은 '치유' 성격을 띤 행사이지, 실제로 사업계획을 함께 수립하는 모임이라고는 전혀 생각하지 않았다. 그래서 그녀는 냉정하고 회의적인 자세로 서밋에 참석했다. 후에 그녀가 쓴 특집기사의 첫 문장은 이런 내용이었다. "트럭 운전사와 관리자들이 함께 사업계획을 작성한다? 이것이 바로 제임스 스탤리James Staley가 로드웨이 익스프레스Roadway Express를 합병 위기에 빠진 프레이트웨이Freightway[1]의 운명에서 구하기 위해 꺼내든 카드이다. 이는 노사관계의 역사에서 흔히 볼 수 없는 광경이다."

　공개된 기사 속에서 조앤의 비관적 시각은 누그러지기 시작했다. 심지어 상하차장 직원들이나 트럭 운전사들이 보여준 사업 감각과 열정에 많이 놀랐던 것 같다. 물론 자신의 선입견(예를 들어, "어떻게 수백 명에 이르는 사람들이 함께 모여 실제로 사업 계획을 수립할 수 있을까?"라는 생각)을 떨쳐버린다는 것은 어려운 일이었지만, 다행히도 그녀는 그 행사에 직접 참가했다. 그리고는 다음처럼 자신이 목격한 것을 객관적으로 서술했다.

　　단거리 운전자 팀은 비용절감과 수익창출에 관한 아이디어를 12가지나 내놓았다. 그 중 가장 야심찬 것으로는, 윈스턴 세일럼에서 일하는 32명의 운전사 전원이 시간당 한 건의 고객주문을 더 배송하자는 아이디어를 들 수 있다. 그 운전사들은 경영 자료를 활용한 계산을 통해, 매일 288건의 운송건수를 추가로 올릴 수 있다면 각각 평균 212달러의

---

1) 아메리칸 프레이트 웨이(American Freight Way)는 미국의 소량 화물 육상 운송업체였는데, 지난 2001년 페덱스(Fedex)에 인수합병되었다. — 역자 주

수익을 낼 수 있으며, 이익률이 6퍼센트임을 감안하면 연간 약 100만 달러의 영업 이익을 창출할 수 있다는 결과를 도출해냈다.

그러면서도 그녀는 여전히 조심스럽게 서밋을 통한 성과 향상은 '어려울 것'이라는 관점을 피력했다. 그러나 그 비관적인 예상은 이내 산산조각이 났다. 수개월 후 개최된 분석회의에서, 로드웨이 사는 회사의 4분기에 해당하는 16주간의 매출이 10억 7,411만 달러로, 전년 동기간의 8억 5,464만 달러 대비 25.7퍼센트 향상되었다고 발표했다.

이 회사가 발표한 4분기 영업이익은 전년도의 1,347만 7천 달러, 즉 주당 0.72달러(희석주당이익)[2]에 비교해 볼 때, 2,592만 3천 달러, 즉 주당 1.37달러(희석주당이익)로 증가했다. 영업이익률이 상당히 증가했을 뿐 아니라, 최근의 분석 결과에 따르면 성과향상에 대한 직원들의 기여분이 매출로는 연간 1,700만 달러, 수익으로는 연간 700만 달러에 달했다고 한다. 이토록 놀라운 혁신은 전국 300개 트럭터미널에 걸쳐 2만 7천 명의 직원들이 함께 노력한 결과였다. 또한 여기에 의미심장한 사실이 있다. 수익 증가를 주도하는 최우수 5개 터미널들은 모두 에이아이 방법론을 활용하여 조직의 효과성을 끌어올린 현장이었고, 그중 3곳은 바로 이 책이 주제로 삼고 있는 대규모 에이아이 서밋을 개최하였다는 사실이다.

---

2) 주당이익(earnings per share)은 기업의 당기이익을 유통보통주식수로 나누어 얻은 금액으로써, 회계기간의 경영성과에 대한 보통주 1주당 지분의 측정치를 나타낸다. 주당이익은 기본주당이익과 희석주당이익(diluted share)으로 구분되는데, 기본주당이익은 회계기간 중 실제 발행된 보통 주식수를 기준으로 산출한 것이며, 희석주당이익은 실제 발행된 보통주 뿐만 아니라 잠재적 보통주까지 감안하여 산출한 것으로 이는 기본주당이익에 비해 낮은 금액이 되므로 희석주당이익으로 지칭한다.

로드웨이사의 에이아이 서밋은 아직도 초기 단계에 불과하지만, 그 파급효과는 실로 대단해 보인다.

에이아이 서밋은 내가 시도해본 방법 중에서 사람들의 힘을 결집시키는 데 있어 가장 사업적으로 적합하고, 강력하며, 인간성에 부합한다. 또한 이 책은 에이아이 서밋을 디자인하고, 안내하며, 진행하는 가장 실용적인 방법을 설명한 최초의 책이다. 이 책은 스토리, 모델, 디자인 샘플, 지침, 핵심 개념 등 당신이 필요한 모든 것을 담고 있다. 그러나 가장 중요한 것은 이 책이 특별한 정신을 전달하고 있다는 사실이다. 공동 저자인 제임스 루데마James Ludema, 다이아나 휘트니Diana Whitney, 버나드 모어Bernard Mohr, 그리고 토마스 그리핀Tomas Griffin은 인간이 협력을 통해 성취할 수 있는 능력이 있는 존재임을 기쁘게 생각하고, '변화에서의 긍정 혁명'을 추진할 때가 되었다고 말한다.

내가 이 책의 출간에 이토록 열광하는 이유 중 하나는 오랜 세월에 걸쳐 이 저자들의 됨됨이를 알아오면서 그들과 함께 일했던 경험 때문이다. 그들은 인간적으로도 최고의 인격을 갖추었을 뿐 아니라, 책의 내용과 일치하는 삶을 살아왔으며, 자신들의 생각을 중소기업과 대기업, 지역사회에 적용해 왔으며, 지속가능한 환경, 평화, 인류 보건 등의 글로벌 이슈를 다루는 국제적 조직과 함께 해 왔다. 내가 일하면서 즐거웠던 순간들을 돌이켜보면 그 경험들의 상당수가 이 책의 저자들과 함께한 것이었다.

제임스 루데마에 관해 이야기 하자면, 나는 그가 희망, 영감, 그리고 즐거움이 사람들과 조직의 특별한 성과에 동력이 된다는 자신의 기념비적인 이론을 구축하던 시기에 그의 학위논문 심사원장으로 기여하는 특권을 누렸다. 다이아나 휘트니와는 통신회사 GTE(현재의 버라이즌)와 협력할 당시, 그리고 세계 각지의 다양한 종교인들과 함께 UN과 흡사한 조직인 종교 연합 운동을 범세계적으로 추진하면서 그녀와 함께 대담한 창의력을 발휘했던 순간들이 기억난다.

버나드 모어와는 볼티모어에서 열렸던 제1회 에이아이 국제회의를 준비하면서 전체그룹 회의 기획 및 재조정 작업을 함께 성공적으로 이루어냈던 일이 기억난다. 그 행사는 9·11 테러 발생 몇 주 후에 열렸고, 소위 '세상에 도움이 되는 비즈니스Business as an Agent of World Benefit'의 모범 사례를 찾는 세계적 에이아이 운동이 일어나는 데 기여했다. 토마스 그리핀에 대해서는 그가 U.S. 셀룰러U.S. Cellular 사에서 행한 선구적인 에이아이 작업, 그리고 전체그룹 프로세스에서 전체성의 역할에 관한 그의 베네딕틴대학교 박사학위 논문에 깊은 경의를 표한다.

그러므로 나는 에이아이 서밋에 관한 한 이 책이 매우 특별한 강점과 진실성을 지니고 있다는 사실을 누구보다 잘 알고 있다. 이 책은 탐색과 변화에 관한 긍정적, 강점중심 접근법이라는 최신 분야에서 자타 공인 4명의 최고 권위자들이 재능을 합쳐 이룩해낸 성과이다.

제임스, 다이아나, 버나드, 그리고 토마스는 에이아이뿐만 아니라 모든 종류의 전략적 변화 방법론에 관심을 가진 사람이라면 누구나 곧 갖추어야 할, 괄목할만한 저서를 집필했다. 로드웨이 익스프레스 사의 사례를 포함하여 이 책에 실린 많은 이야기가 증명하듯 에이아이 서밋의 영향력은 실로 엄청나다. 그러나 적어도 내게 있어 더 중요한 것은, 에이아이 서밋이야말로 끊임없이 인간으로부터 최선을 끌어내며, 자신의 희망을 지속적으로 확장시키는 방법이라는 사실이다. 사람들은 자신이 일하고, 그 속에서 삶을 영위하는 시스템의 '전체성'을 경험하는 순간, 즉 우리가 모든 계층의 사람들로 하여금 자신의 과거, 현재, 그리고 미래의 역량이 결집된 '핵심적 긍정요소'와 만나도록 하기 위해 용기와 신뢰를 발휘하는 순간, 마법 같은 일이 일어난다.

이 책은 당신의 비즈니스에 도움이 된다. 에이아이 서밋은 어렵지 않다. 단지 인간의 협력 능력에 대한 믿음과, 항상 우리를 서로 분리시키고 고립시키는 기존의 도식적인 변화 양상에 도전하려는 의지만이 필요할 뿐이다. 저자들이 증명하듯이, 에이아이 서밋을 하기 위해서는, 즉 수백 명의 사람들이 3~5일 정도 한 자리에 모여 활발하게 교류하게 만들기 위해서는 적어도 최소한의 용기라는 처방이 필요하다.

최근에 함께 일했던 한 CEO는 500명이 참가하는 조직 서밋이라는 아이디어에 대해 처음에는 매우 미심쩍어했다. 그러나 그는 이미 그 접근법을 경험한 바 있던 다른 리더들과 대화를 나누며 좀더 생각하였다. 6개월 후, 그 회사는 첫 에이아이 서밋을 개최하였고, 결국 그는 눈을 반짝이며 나에게 이렇게 말했다. "무슨 호들갑을 떨었는지 모르겠네요."

이 책을 즐겨라. 당신의 '호들갑'이 줄어들 것이다. 그리고 어떻게 긍정과 탐색, 전체성의 위력이 결합하여 조직과 인간관계의 역량을 최고로 이끌어낼 수 있는지 경험하라.

데이비드 쿠퍼라이더
2003년 1월
오하이오 주 클리블랜드
케이스 웨스턴 리저브 대학교 웨더헤드 경영대학원

이따금 고객이나 동료들로부터 깜짝 놀랄 만한 질문을 받는 경우가 있다. 존 디어 하베스터 웍스John Deere Harvester Works의 사내 조직개발 컨설턴트인 지나 힌리치스Gina Hinrichs가 다음과 같은 사연을 들고 우리를 방문했을 때도 그랬다. "저는 오랫동안 에이아이 방법론을 개인과 팀에 적용해왔으며, 눈에 띄는 성과를 거두기도 했었지요. 하지만 이제는 에이아이를 조직 전체에 적용해보고 싶습니다. 우리 회사의 '헤더' 제조 사업부 신임 본부장 앤디 지애널리스Andy Gianulis는 비용절감, 품질개선, 그리고 신제품 주기 단축을 통해 경쟁력을 강화하려고 합니다. 그것도 지금 '당장' 말이지요. 제가 묻고 싶은 것은 이것입니다. 대규모 연합 제조공장에서 실질적인 비즈니스 성과를 빠른 시일 내에 거두기 위해서 에이아이 서밋 프로세스를 완벽히 수립하려면 어떻게 해야 할까요?"

세상에, 엄청난 질문이다! 우리는 오랫동안 많은 조직에 다양한 형태로 에이아이 서밋(에이아이 방법론을 통한 대규모 회의) 방법을 적용해왔지만 이런 종류의 경험은 없었다. 그 공장은 이미 70년 이상 운영되어 왔다. 20년이 넘도록 함께 일한 직원들도 많았다. 업무 프로세스는 매우 안정되었고 사람들 사이의 관계 또한 매우 정형화되어 있었다. 겨우 3~5일 정도의 전형적인 에이아이 서밋을 통해 이 공장에 의미 있고 지속적인 변화가 일어나기를 기대하는 것이 과연 합당할까? 어떻게 모든 사람들을 참여시킨다는 말인가? 과연 어떤 식으로 분명한 목적과 과제를 이끌어낼 수 있을까? 어떻게 협력과 신뢰의 여건을 창출해낼 수 있을까? 정밀하게 가공된 헤더 부품[1]의 디자인, 제조, 그리고 마케팅이라는 엄청나게 복잡한 분야를 우리가 무슨 수로 모두 파악할 수 있을까? 흥미롭긴 하지만 너무나 벅찬 도전이었다!

그러나 앤디 본부장, 노조 지도자, 그리고 생산기술부 존 문John Munn의 전폭적이고도 용기있는 지원과, 지나와 그녀가 이끄는 숙련된 '프로세스 프로들'과의 협력을 통해 우리는 조직 전체(근로자, 관리자, 고객, 공급자, 판매상, 그리고 회사 대표를 포함, 총 250여명)를 대상으로 하는 5일간의 에이아이 4D 프로세스[2]를 시외 과정으로 진행할 수 있었다. 바로 그 주말까지, 그 모임은 여러 기능을 포괄하는 10가지 전략 계획을 도출해냈고 비용절감, 품질향상, 제품 생산주기 단축, 그리고 업무관계 강화에 착수했다.

그 공장은 에이아이 서밋을 수행한 결과 제품 생산주기의 상당한 단축을 포함한 많은 성공을 경험했다. 이를 통해 존 디어는 3백만 달러가 넘는 즉각적인 비용 절감 효과를 누린 것 외에도 신규 시장 점유율에서 수백만 달러가 넘는 수익을 예상할 수 있었다. 그러나 무엇보다 가장 중요한 성과는 인간관계, 특히 노사관계의 변혁일 것이다. 참가자들은 이구동성으로 경영진과 동등한 자격으로 한 자리에 앉아 미래를 계획해본 것은 이번이 처음이었다고 말했다. 그들은 자신과 다른 사람들의 최고 장점들을 탐구함으로써 스스로 인정받는다고 느꼈고, 동료들의 재능, 강점, 그리고 인간성에 대해 전혀 새로운 인식을 하게 되었다고 말했다. 그들은 평범한 5년 동안 배운 것보다 서밋 행사가 열린 5일 동안 배운 내용이 더 많았다고 이야기했다. 심지어 어떤 사람은 거의 20년 만에 처음으로 미래에 대해 희망을 품게 되었다고도 했다.

에이아이 서밋이 주는 유익

존 디어의 사례는 에이아이 서밋 방법론이 적용된 한 예에 불과하지만, 그 성과는 점점 더 익숙한 장면이 되고 있다. 그간 우리는 다양한 사회 분야에 걸쳐 수십 개의 조직을 대상으로 에이아이 서밋을 적용해왔고, 그 결과 협력, 혁신, 그리고 실질적인 성과 수준에서 즉각적이고도 지속적인 향상을 꾸준히 볼 수 있었다. 전통적인 변화 방법론에 비해 에이아이 서밋이 그토록 효과적인 이유를 자문해본 결과, 다음과 같은 6가지 요인이 발견되었다.

- **빠르다.** 에이아이 서밋은 조직 시스템 전반에 참여의 '임계 질량'을 만들어내기 때문에 변화를 촉진한다. 이 방법론은 조직 시스템 전체가 변화를 상상하고, 디자인하며, 실행하는 과정에 직접적으로 관여함으로써 변화 프로세스를 가속화한다.
- **조직에 확신을 불러일으킨다.** 에이아이 서밋은 사람들로 하여금 조직의 '핵심적 긍정요소'[3]를 깊게 탐구하도록 초청하는 것으로 시작된다. 조직의 최대 강점, 자산, 잠재력, 역량, 가치, 전통, 관행, 업적 등을 탐색하는 것이다. 핵심적 긍정요소에 접근하면 용기가 샘솟고, 전 시스템에 걸쳐서 대담한 혁신의 불길이 타오르게 된다.

- **즉각적이고 광범위한 정보 접근이 가능해진다.** 어느 조직에서든, 지식과 정보는 광범위하게 분포되어 있으며, 조직의 성공에 결정적인 역할을 하는 정보들은 조직 내 직위를 망라한 모든 사람들이 나누어가지고 있다. 에이아이 서밋은 그런 다양한 사람들을 참여시킴으로써, 광범위한 아이디어와 정보에 접근할 수 있게 하고 조직의 학습을 풍성하게 하며 시스템 전체에 걸쳐 창의적인 분위기를 고취시킨다.

- **'전사적 사고방식'을 고취시킨다.** 회사 전체의 성공을 지혜롭게 지원하기 위해 조직원들은 자신의 개인적인 기여가 큰 그림 속에서 어떻게 맞아 들어 가는지를 명확히 이해할 필요가 있다. 에이아이 서밋은 이런 과정을 상하간의 명령체계 내에서 진행되는 느리고 분열된 과정에 의존하지 않고 조직원들이 소위 '전체의 논리'에 직접, 그리고 즉시 접근할 수 있는 토론의 장을 제공한다.

- **조직원들은 영감에 따라 행동한다.** 마빈 와이즈보드Marvin Weisbord가 말했듯이, 사람들은 자신의 의견이 반영된 결정사항을 지지한다.[4] 모든 사람들이 혁신과정에 참여할 때, 그 내용은 보다 큰 열정과 적은 저항으로 실행될 수 있다. 조직원들에게 설명하거나 그들을 설득, 혹은 강제할 필요성이 사라지는 것이다.

- **긍정적 변화를 지속할 수단을 제공한다.** 어떠한 변화이든 그것이 조직에 지속적인 영향을 미치기 위해서는 조직의 '사회적 기반', 즉 시스템, 구조, 전략, 그리고 문화 속에 뿌리를 내려야 한다. 에이아이 서밋 과정은 조직원들을 고성과high-performing 시스템 디자인 작업에 참여하게 함으로써 지속적인 변화를 지지하고 이에 활기를 불어 넣는다.

이 책의 목적

이 책의 목적은 당신의 조직과 지역사회에 '전사적 긍정 변화'라는 원칙과 관행을 적용할 아이디어를 촉발하는 실험에 당신을 초대하는 것이다. 이 책에서 우리는 긍정적 변화의 방법론으로서 에이아이 서밋을 이해하고 이를 적용할 수 있는 틀을 제공한다. 또한 에이아이 서밋의 토대가 되는 조직변화 및 전체그룹 프로세스의 이론을 다룬다. 이 책을 통해 당신이 에이아이 서밋의 계획, 실행, 그리고 후속조치 과정을 단계별로 학습하도록 도울 것이다. 또한 에이아이 서밋 프로세스가 실행되는 일련의 사례 연구가 제공된다. 이것은 모두 우리가 대규모 활동들에서 성공을 거두는 데 기여했던 에이아이와 전체그룹 프로세스로부터 배운 내용들이다.

이 책의 주요 독자는 에이아이 서밋의 계획과 디자인, 그리고 퍼실리테이션의 실질적인 가이드를 필요로 하는 실무자(조직 내외에서 활동하는 조직변화 컨설턴트)들이다. 또한 서밋 방법론의 기초를 익혀 조직 내에 긍정변화의 프로세스를 지지하고자 하는 경영진, 리더, 그리고 관리자들에게도 유용하다. 마지막으로, 학부 및 대학원생의 교과서로서, 그리고 조직변화, 에이아이, 또는 거대그룹 모임에 관한 전문가용 코스를 제공하는 전문 프로그램으로서 충분한 가치를 발휘할 수 있을 것이다.

사용의 편의를 위해 이 책은 대화체로 구성되어 있으며 많은 표와 삽화, 사례, 그리고 실용적인 툴(디자인, 워크시트 등)을 포함하고 있다. 우리의 가장 큰 바람이 있다면 이 책이 실무자들에게 정규적이며 친숙한 안내서로서, 에이아이 서밋이라는 흥미진진한 분야를 탐색할 때마다 언제나 참고할 수 있는 원천이 되었으면 하는 것이다.

당신이 아직 에이아이나 조직변화 분야가 낯설다면, "과연 나 같은 사람도 이 책을 볼 수 있을까? 혹은 에이아이 서밋은 다소 높은 수준의 주제가 아닐까?"라고 생각할 수도 있다. 두 가지 모두 "맞다!"는 것이 우리의 대답이다. 에이아이 서밋을 진행하기 위해서는 분명히 에이아이 및 기본적인 조직변화 프로세스에 대한 이해가 필요하다. 그러므로 우리는 이 책에 에이아이에 대한 개론적 지식과 더불어 에이아이 서밋 방법론을 효과적으로 적용하기 위한 핵심적 조직변화 원칙을 모두 담으려고 노력했다. 깊은 탐구에 앞서 필요한 입문서로는 더할 나위 없는 책이 될 것이다.

이 책의 내용

이 책은 에이아이 서밋 프로세스의 이해와 적용에 도움을 줄 수 있도록 총 5부로 나뉘어져 있다.

1부, '에이아이 서밋의 이해'에서는 에이아이와 에이아이 서밋 방법론을 소개하고(1장), 에이아이 서밋 프로세스의 시작부터 끝까지를 개관하며(2장), 에이아이 서밋의 성공을 위한 10가지 핵심조건을 설명한다(3장).

2부, '사전 작업'은 에이아이 서밋을 준비하기 위한 심층적인 검토를 담고 있다. 우리의 경험에 비추어볼 때, 에이아이 서밋은 실제 진행보다 그 계획에 더 많은 시간이 소요된다. 여기에서는 준비에 필요한 3가지 중요한 단계를 설명한다. 바로 에이아이 서밋을 위한 후원 확보(4장)와, 기획(5장), 그리고 강력한 디자인 창출(6장)이다.

3부, '진행 방안'에서는 에이아이 4단계(4D) 모델을 사용하여 에이아이 서밋을 진행하는 과정을 실제로 따라가 본다. 발굴하기(7장), 꿈꾸기(8

장), 디자인하기(9장), 그리고 실현하기(10장) 단계에 대한 설명이 있으며 에이아이 서밋을 퍼실리테이션하는 기술 및 실행에 관한 내용(11장)이 뒤따른다.

4부, '후속 작업'은 에이아이 서밋 프로세스에서 시작된 변화를 실제로 적용하고 지원하는 다양한 방법을 다룬다. 서밋 직후에 진행할 구체적인 후속 조치의 내용(12장)과, 긍정조직에 관한 우리의 꿈(13장)이 포함된다.

5부, 부록에는 참가자 워크북 샘플이 실려 있다. 여러 가지 실용적인 도구와 워크시트가 포함되어 있어, 각자가 응용분야를 위해 사용 혹은 수정할 수 있다.

| 감사의글 |

이 책의 탄생에 도움을 준 수많은 사람들에게 감사를 하는 데만도 엄청난 규모의 에이아이 서밋을 개최할 수 있을 것 같다. 케이스 웨스턴 리저브 대학교 조직행동학 팀의 혁신적인 연구, 실행 및 이론 정립 작업은 에이아이 서밋의 기초를 형성했다. 우리는 동료인 데이비드 쿠퍼라이더, 수레시 스리바스트바Suresh Srivastva, 그리고 로널드 프라이Ronald Fry 등이 보여준 새로운 업무방식 창안에 대한 의지와, 조직변화를 위한 대담하고 긍정적인 접근법으로서 에이아이를 확립하려는 용기에 심심한 사의를 표한다. 그 중에서도 개방적이고, 긍정적이며, 포괄적인 태도로 지식과 삶, 그리고 조직운영을 향한 심오하고 변함없는 헌신을 보여준 데이비드에게 특히 감사드린다. 그는 '세상의 변화를 바라며 자신의 열망을 좇아 살아가는' 진정한 비전가이다.

조직에 몸담고 살아가는 전 세계 수천 명의 사람들이 전체그룹 속에서 에이아이를 실험해왔고, 에이아이 서밋 프로세스의 발전을 도와왔다. 특별히, 이 책에 그들의 스토리를 포함하도록 허락해준 고객 여러분께 감사드린다. 그들은 존 디어 하베스터 웍스John Deere Harvester Works의 앤디 지애널리스Andy Gianulis, 맥도널드McDonald's의 필 그레이Phil Gray, GTE의 톰 화이트Tom White, 캐나다 방송협회Canadian Broadcasting Corporation의 주디 팬덤, 토니 버먼, 그리고 해럴드 레더콥, 브리티시 에어웨이British Airways의 데이브 에릭, 헌터 더글러스의 릭 펠렛, BP 업스트림 테크놀로지 그룹의 닐 세이뮤얼즈와 케니 랭, 그린 마운틴 커피 로스터스의 밥 스틸러, 캐나다 국방성의 모니크 부드레이스와 로버트 르그리스, 샌터 애너스타 호텔 앤 카지노의 존 크위클리크, 일리노이 크레딧 유니온리그의 댄 플로다, 페니 게브커, 그리고 멜라니 머피, 밥스 클램헛의 마이클 랜드가튼, 섀리 구필, 종교 연합 운동URI의 빌 스윙 주교 및 찰스 깁, CRWRC의 앤디 리스캠프, 파크센터의 폴 윌슨과 앨버트 버뮬렌, 미국 침례교 국제선교회의 존 샌드퀴스트와 스탠 슬레이드, 시카고 조직개발 네트워크ODNC의 데이비드 주얼, 테리 피터슨, 말콤 프레이저, 그리고 프랭크 주크, 네바다 아동 복지 서비스의 조이 새먼, 러브레이스 헬스케어 시스템의 캐더린 데이비스, 새크릿 하트 그리핀 고등학교의 마릴린 진 렁켈 경, 페어뷰 초등학교의 톰 모릴, 그리고 웨스트 스프링필드 공립학교 재단의 수잔 모라타 등이다.

이 책을 위해 기꺼이 스토리와 통찰, 그리고 지혜를 나누어준 사람들로는 프랭크 바렛, 데이비드 쿠퍼라이더, 에일린 콘론, 키스 콕스, 론 프라이, 짐 '거스' 구스타프슨, 젠 헤첼, 지나 힌리치스, 클라우디아 리블러, 로드리고 로레스, 에이더 조 만, 마이크 맨틀, 데비 모리스, 라비 프라단, 체릴 리처드슨, 주디 로저스, 밥 로버츠, 마지 실러, 토니 실버트, 재키 스타브로스, 아만다 트로스텐-블룸, 일레인 와서맨, 그리고 수전 우드 등이 있다. 모두에게 뜨거운 감사를 드린다.

또한 이 책이 세상에 나올 수 있게 해준 바렛 쾰러 출판사의 환상적인 팀에 심심한 사의를 표한다. 특히 스티브 피어산티, 지반 시바수프라마니

암, 그리고 릭 윌슨에게 감사드린다. 그들은 이 책의 집필 과정 전체에 엄청난 지원을 아끼지 않았으며 우리가 더욱 높은 수준의 비전을 바라볼 수 있도록 계속해서 도와주었다. 그리고 원고 초안에 대해 뛰어난 통찰력으로 검토하고 유용한 충고를 선사해준 프랭크 발서, 짐 에버스, 페기 홀먼, 리사 맥리어드, 퍼비즈 랜데리아, 그리고 앨리스 발렌시아에게도 감사를 드린다. 마지막으로 일리노이 주 샘페인에 소재한 퍼블리케이션 서비시즈의 수잔 예이츠와 그녀의 동료들이 이 책의 교정과 레이아웃에 보여준 탁월한 솜씨에 감사를 보낸다.

짐의 감사

위에 언급된 사람들 외에도 베네딕틴 대학교 동료들에게 감사를 드리고 싶다. 그들의 역동적인 학습 환경 창출을 위한 지원과 헌신 덕분에 에이아이 서밋과 같은 혁신의 전개를 위해 최고의 이론과 실천방안이 수립될 수 있었다. 빌 캐롤 총장, 전 교무처장 매리 달리 루이스, 존 시세로 학장, 데이비드 터너 신부, 필립 팀코 신부, 피터 소렌센, 램 텐카시, 테레스 예거, 그리고 베라 루카스에게 특별히 감사드린다.

집필 과정 내내 변치 않는 격려를 보내준 아내 비벌리와 나의 자녀 크리스티나, 마이클, 그리고 니콜에게도 고맙다는 말을 전하고 싶다. 그들의 사랑, 보살핌, 유머감각, 그리고 세상을 열심히 살아가는 태도는 나에게 끊임없는 영감의 원천이 되었다. 이 책을 나의 부모 케네스와 조한나 루데마에게 바친다. 그들은 내가 어렸던 시절, 타인의 장점을 발견하고 극대화함으로써 더 나은 세상을 만드는 일의 중요성을 가르쳐주었다.

다이아나의 감사

이 책에 등장하는 많은 부분이 내게는 자연스러운 내용이다. 이 점에 대해 가족들에게 감사를 드리고자 한다. 나의 자녀 브라이언과 샤라 캐플린, 그리고 나의 영적 가족에게 말이다. 우리 모두가 태어나 처음 만나는 완전한 시스템은 바로 가정이다. 이탈리아 대가족에서 자라나는 것은 전체 그룹과 함께 일하기 위한 준비로서는 완벽한 조건이라 할 것이다. 그토록 큰 가족 구성원 모두에게 감사드리고 특별히 두 형제 루이스 코치올로네와 스테판 코치올로네에게 감사한다. 또한 이 책을 나의 형제 프레드릭 코치올로네(1953~1985)에게 바친다.

아울러 나의 자매 아만다 트로스텐-블룸과 파트너 모리 캘버트가 베풀어준 변함없는 사랑과 지원에 감사드리고자 한다. 온 세상에 평화가 충만하기를 기원한다.

버나드의 감사

오랫동안 나는 부모님의 직업이 나의 직업에 어떤 영향을 미쳤을까 궁금했다. 이제 나는 어머니가 평생에 걸쳐 직업 예술인으로서 열정을 발휘했기 때문에, 내가 다른 사람들로 하여금 그들의 공동체와 조직을 위해 그들이 발휘할 수 있는 가능성을 생생히 상상할 수 있도록 돕는 일을 해올 수 있었다고 믿고 싶다. 탁월한 지성인이자 교사였던 아버지의 언어 탐구를 통해 의미를 추구하려던 열정 또한, 우리가 존재하기 위해 세상과 대화하는 방법에 대해 흥미를 느낀 바탕이 되었음은 물론이다. 이 점에 있어 그들의 희생 이상의 것들에 대해 영원히 감사한다.

아울러 아직 창조되지 않은 미래의 발견과 잠재력이라는 묘약으로 매일 내 삶을 채워주는 두 자녀, 알렉산드라와 조슈아에게 감사의 말을 전한다. 마지막으로, 그녀의 지지와 이해, 그리고 격려가 없었다면 어떤 것도 불가능했을 카렌에게 감사한다.

톰의 감사

먼저 나의 아내이자 최고의 친구인 메리에게 충심어린 감사를 표한다. 그녀가 베풀어준 감정적, 도덕적 지원, 그리고 격려 덕분에 이 프로젝트를 완수할 수 있었다. 어머니 캐서린(케이)을 기리며 이 책을 바친다. 자라면서 어머니로부터 많은 것을 배웠지만 그 중에서도 가장 가치있는 것은 '내가 하는 모든 일에 한층 더 노력을 기울이는 태도'의 중요성이다. 수많은 분들이 우리가 이 책을 완성할 수 있도록 그 노력을 더 기울여주었다. 그러므로 이 책의 완성을 위해 알게 모르게 공헌해준 모든 에이아이 프랙티셔너AI proctitioner들에게 특별한 감사를 드린다.

1부

에이아이 서밋의 이해

캐나다 방송협회Canadian Broadcasting Corporation(CBC) 수석 저널리스트이자 CBC 텔레비전뉴스(뉴스와 시사 프로그램을 담당하는 1,100명 규모의 글로벌 사업부)의 전무인 토니 버먼의 희망은 활기찬 변화의 문화를 창출하는 것이었다. 그는 이미 실무 위원회를 통해 자신의 부서에 대한 혁신 프로세스를 시작한 터였다. 그러나 그는 보다 포괄적이고, 만연하며, 지속적인 변화 운동을 일으키고자 했다. 버먼은 에이아이 서밋을 개최하기로 결심했다. 그는 기자, 카메라맨, 저널리스트, 프로듀서, 관리자, 프로그램 진행자들이 모두 모여 뉴스의 취재, 편집, 프로듀싱, 평가에 관한 새로운 방법을 만들어내는 것이 직원들로부터 몰입과 각성을 이끌어내는 길이라고 믿었다.

고위 경영진의 뚜렷한 최종 비전도 없는 상황에서 직원들을 한데 모으는 것에 관해 회의적인 태도를 보이는 사람들도 있었다. 일부 저널리스트들은 긍정적 사고방식이 도입된 프로세스를 경계어린 눈초리로 바라봤다. 그러나 버먼과 그의 팀, 그리고 학습개발 부서는 에이아이 서밋이 가진 긍정적 잠재력을 확신했다. 사흘간에 걸쳐 집중적으로 대화, 토론, 창의적 꿈꾸기, 창안, 그리고 계획 활동을 진행한 결과, 그들은 더없이 만족할 수밖에 없었다. 그들은 모임에서 수립된 계획을 CBC 텔레비전의 수석 부사장 해럴드 레데콥에게 보고했다. 레데콥은 이렇게 반응했다. "나는 CBC에 재직한 이래 줄곧 조직의 근본적인 변혁이 어떤 것인지 설명하려 애써왔습니다. 그런데 이번에 처음으로 그것이 실현되는 모습을 보게 되었습니다. 우리는 그것을 이루어냈으며 우리 스스로에 대해 충분히 자부심을 느낄 만합니다."

CBC 사례에서 알 수 있듯이, 에이아이 서밋 프로세스는 사람과 조직, 그리고 공동체에 있어 근본적인 변혁의 조건을 창출한다. 서밋이 '조직 전체'의 구성원들을 한 자리에 모아 서로의 강점으로부터 배우고, 새로운 가능성을 바라보며, 미래를 함께 창조할 기회를 제공하기 때문이다. 에이아이 서밋의 바탕을 이루는 단순하고도 심오한 가정은, 인적 공동체는 전체를 위해 모든 구성원의 역량을 결집하고 개발할 때, 탁월한 성과를 낼 수 있다는 것이다.

이 책의 1부는 에이아이 서밋 프로세스가 작동하는 원리와 이유를 개관한다. 에이아이 서밋을 둘러싼 초창기 실험과 관련된 이야기와 교훈을 소개한다. 그리고 서밋을 다른 종류의 전면적 변화 접근법들과 연결해 살펴본다. 우리는 에이아이 서밋 개최과정의 시작부터 끝까지를 모두 고찰한다. 마지막으로 우리와 다른 사람들의 경험 그리고 최신 조직변화 이론에 근거하여 에이아이 서밋의 성공을 위한 10가지 핵심조건을 제시한다.

1장 _ 에이아이 서밋 방법론이란 무엇인가?

에이아이 서밋Appreciative Inquiry Summit 방법론을 소개할 때마다 사람들은 이렇게 질문한다. 에이아이가 뭡니까, 그리고 에이아이 서밋이 정확히 뭐지요? 에이아이 서밋 프로세스는 에이아이를 이용한 다른 방법들과 어떤 관련이 있으며, 다른 전체그룹 프로세스인 미래탐색Future Serch, 오픈 스페이스 테크놀로지Open Space Technology, 전체수준 변화Whole Scale Change, 실시간 전략 변화Real Time Strategic change, 탐색회의, 컨퍼런스 모델 등과는 어떻게 연관됩니까?

이 장에서는 에이아이 서밋 방법론의 등장과 핵심 특징을 살펴봄으로써 상기 질문에 대답한다. 첫째, 에이아이 및 그 다양한 적용 형태를 소개한다. 둘째, 에이아이 서밋 방법론을 간략하게 정의한다. 셋째, 에이아이 서밋 방법론의 역사를 개관하고, 몇 가지 주요 특징을 강조한다. 마지막으로 에이아이 서밋과 다른 전체그룹 프로세스를 비교한다.

에이아이 개관

에이아이는 1980년대 초반 당시 케이스 웨스턴 리저브 대학교 조직행동학 박사과정 학생이던 데이비드 쿠퍼라이더와 그의 지도교수 수레시 스리바스트바가 오하이오 주 클리블랜드의 클리블랜드 클리닉과 함께 수행했던 조직변화 프로젝트에서 처음으로 탄생했다. 그들이 가장 먼저 발견한 것은 문제 진단과 피드백을 위해 전통적인 조직개발 접근법을 적용하면 조직의 변화에 필요한 에너지를 오히려 즉각적으로 소진시킨다는 사실이었다. 사람들은 문제점을 발견할수록 점점 더 의기소침해졌다. 그리고 의기소침해질수록 그 문제점에 대해 서로를 더 비난했다.

둘째, 그들이 맡은 개입책의 임무는 '개입한다'는 생각 자체를 버림으로써 가장 강력한 효과를 발휘한다는 사실을 깨달았다. 그들은 자신의 과제를 '개입'보다는 '탐구'로 규정했다. 그들은 그저 조직생활을 배우려는 학생이 되어 조직에 생명력을 부여하는 모든 것을 배우고, 발견하며, 이해하려고 노력했다. 이해관계자들의 전체 조직과 관련하여 가장 활기차고, 효과적이며, 성공적이고, 건강한 모든 것에 관하여 말이다. 쿠퍼라이더와 스리바스트바는 연구 데이터를 분석하는 과정에서 전통적인 문제해결 접근법과는 근본적으로 반대인 방법을 적용했다.

그들은 '생명에 대한 경외'에 관한 슈바이처의 글[1]에 영향 받아, 그들이 발견할 수 있는 한, 조직에 힘과 에너지를 부여하고 해당 클리닉의 탁월성과 높은 성과에 기여하는 모든 것에 관심을 집중했다. 비록 프로젝트의 초기에는 그들 역시 매우 전통적인 진단 질문(예를 들면, "부서 책임자로서 당신이 저지른 가장 큰 실패 사례를 말해주십시오." 등의 질문)을 사용하긴 했지만, 나중에 피드백 보고서를 준비하는 단계에 이르러서는 모든 생산적 주제의 분석을 포함하기로 결정했다. 즉, 성공의 순간, 가장 좋았던 경험, 혁신, 희망, 용기, 긍정적 변화의 스토리 등을 말이다. 그들은 실패의 근본원인 분석 등의 소위 결함 요소는 모두 무시하고, 성공의 근본원인을 분석하는 데에만 총력을 기울였다.

그 결과는 즉각적이고 놀라웠다. 인간관계는 회복되었고, 협력이 증진되었으며, 측정가능한 성과 수치는 사상 최고치를 경신했다. 쿠퍼라이더와 스리바스트바가 탐구의 결과를 클리닉 이사진에게 발표하자, 그 보고서는 이사진으로부터 8,000명에 이르는 조직 전체에 그 방법을 적용해달라는 요청을 이끌어낼 정도로 강력하고 긍정적인 영향을 발휘했다. 그들은 그 접근법을 '에이아이(Appreciative Inquiry)'로 부르기 시작했으며, 이 용어는 클리블랜드클리닉 이사회에 제출한 피드백 보고서의 각주에 최초로 등장했다. 수년 후 그들은 저명한 논문 '조직생활에 대한 에이아이'[2]를 출간했다. 그것은 조직개발 및 변화 분야에서 놀라운 패러다임 전환을 가져온 에이아이의 이론과 비전을 밝힌 논문이었다. 그들의 표현을 빌리자면, '긍정의 학문'에 대한 외침이었다.

긍정혁명을 향하여

1980년대 초부터 에이아이는 전 세계적으로 광범위하게 성장했다. 에이아이는 사회 전 영역에 걸쳐 수천 명의 사람들과 수백 개의 조직에서 혁명적 변화를 불러일으키는 데 사용되었으며, 다음의 조직들에서 다양하게 적용되었다.

- 주요 기업의 예를 들면, 에이본 멕시코, 블루크로스 블루실드, 보잉, 브리스톨 마이어스 스큅, 브리티시 에어웨이, BP, 브리티시 텔레콤, 캐나다 방송협회, 캡 제미니 언스트 앤 영, DTE 에너지 서비시즈, GE

캐피탈, 글락소스미스클라인, 그린 마운틴 커피 로스터스, 헌터 더글러스, 존 디어, 맥도널드, 모토롤라, 뉴트리멘탈 푸즈(브라질), 로드웨이, 스퀘어 D 코퍼레이션, U.S.셀룰러, USG 코퍼레이션, 버라이즌, 그리고 웬디스 등이 있다.

- 정부 조직의 예를 들면, 캐나다 국방부, 버클리 시, 덴버 시, 미니애폴리스 시, 햄프셔 카운티 사회사업부 위원회UK, 런던 치안판사 법원UK, NASA, 네바다 아동 복지 서비스, 피어슨 평화유지센터(캐나다), 미국 보건복지부, 미국 환경보건국, 미국 국제개발기구, 미국 해군, 그리고 미국 우편국 등이 있다.

- 보건기관의 예를 들면, 필라델피아 아동병원, 클리블랜드 클리닉, 콘소타, 오클레어 가정병원, JCAHO, 러브레이스 헬스 시스템, 감리교 의학센터, 노스버크셔 헬스 시스템, 파크센터 주식회사, 리버리지 병원, 텍사스 헬스 리소시즈, 트리니티 헬스 시스템, 휘튼 프랜시스 컨서비시즈 등이 있다.

- 고등교육 기관의 예를 들면, 베네딕틴 대학교, 케이스 웨스턴 리저브 대학교, 프런트 레인지 커뮤니티 칼리지(콜로라도 주), 캘리포니아 대학교 버클리, 미네소타 대학교, 위스콘신 대학교 등이 있다.

- 다음은 학교재단이다. 클리블랜드 공립학교, 전국사립학교협회, 노스이스트 가톨릭 고등학교(필라델피아), 새크릿하트 그리핀 고등학교(일리노이 주 스프링필드) 및 웨스트 스프링필드 공립학교(메사추세츠 주) 등이다. 최근에 에이아이 컨설턴트인 마지 실러는 미국 전역에 걸쳐 학교재단의 변화를 추구하는 '긍정변화결사단Positive Change Corps'이라는 운동을 시작했다.[3]

- 종교기관 및 영적단체로서는 종교 연합 운동, 성공회, 기업인영성회, 브라마 쿠마리스 세계영성협회, 그리고 다수의 지역 종교기관이 있다.
- 사회사업 및 공동체 개발조직으로서는 다음의 예가 있다. 미국 침례교 국제선교회, 미국 적십자사, CARE, 가톨릭 구제서비스, 개혁교회 세계구제위원회, GEM 운동the GEM Initiative, 인터랙션InterAction, 루터교 세계구제회, 마운틴연구소, MWENGO(동아프리카), MYRADA(인도), PACT, 유엔 개발계획, UNICEF, 세이브 더 칠드런, 테크노서브, 유나이티드 웨이, 월드비전, 윌거스프루트 펠로우십 센터(남아프리카공화국) 등이다.

에이아이는 또한 다양한 공적 대화 프로그램을 탄생시켜 폭넓은 사람들로부터 미래에 대한 꿈과 행동을 이끌어냈다. 예를 들어, 1990년대 중반에 블리스 브라운은 도시전역에서 시민 담론과 혁신을 촉발하기 위한 탐색 프로그램 '이매진 시카고Imagine Chicago' 운동을 출범했다.[4] 이후 전 세계에 걸쳐 유사한 탐색 프로그램이 출현했다. '이매진 댈러스', '이매진 고틀란드(스웨덴)', '이매진 나갈랜드(인도)', '이매진 사우스캐롤라이나', '이매진 웨스턴 오스트레일리아' 등이다.

1999년, 주디 로저스의 주도 아래 '글로벌 경영사회 혁신센터SIGMA'와 '브라마 쿠마리스 세계 영성 협회', 그리고 '더 나은 세상을 위한 비전 재단'은 범세계적 이익을 위해 언론의 역할을 강화하려는 목적으로 전 세계적 탐색 프로그램인 '희망의 이미지와 목소리Images and Voices of Hope'를 출범했다.[5] 1999년 이후, 5개 대륙, 20개 이상의 도시에서 담화가 시작되었다.

2001년에는 데이비드 쿠퍼라이더가 '범세계적 이익을 위한 중개자로서의 비즈니스Business as an Agent of World Benefit, BAWB' 운동에 착수했다. 이것은 경영자, 사상가, 그리고 변화관리자들로 하여금 비즈니스 영역에서의 탁월한 상상력, 역량, 그리고 자원들을 범세계적 이익을 위해 사용할 수 있는 길을 모색하고 의견을 모을 수 있도록 고취하는 세계적인 대화 프로그램이었다.[6] 이러한 공적 대화 프로젝트들의 의도는 이러한 운동을 오래도록 지속하는 가운데, 세계의 이익에 기여하는 영향력으로서 시민, 언론, 기업의 긍정적 잠재력을 고양하도록, 수백만 명의 사람들의 생각을 바꾸고 행동을 일으키려는 것이었다.

또한 에이아이는 견고한 이론적 기초를 급속히 발전시키고 있다. 경영, 조직개발, 교육, 사회변화 분야의 다양한 석사 수준의 프로그램 교육과정에 에이아이가 포함되기 시작했다. 베네딕틴 대학교[7]와 케이스 웨스턴 리저브 대학교[8] 조직개발/행동 과목의 최소한 2개의 박사학위 프로그램에서 에이아이가 핵심 교육과정으로 자리 잡게 되었다. 각 대학교의 석사 및 박사 논문에서 에이아이 방법론과 그 응용을 주제로 삼는 비중이 점차 늘어났으며, 에이아이에 관한 학술논문들은 경영학회, 국제 경영학 협회, 조직개발 네트워크, 조직개발 연구소, 그리고 미국 훈련개발 협회 등으로부터 각종 수상을 해왔다. 긍정심리학[9] 및 긍정조직학[10]에서 새롭게 등장하는 움직임은 에이아이에 또 다른 이론적 기초를 제공한다.

마지막으로, 전 세계 에이아이 실행가들의 모임이 급격히 성장하고 있으며, 점점 더 많은 자료를 확보할 수 있는 환경이 조성되고 있다. 베네딕틴 대학교, 케이스 웨스턴 리저브 대학교, NTL[11], 그리고 타오스 연구소[12]는 에이아이 실행가들을 위한 다양한 훈련 프로그램을 제공한다. 2001년에는 에이아이를 진보시키고, 혁신적 비즈니스와 자선사업의 기회를 창출하며, 신속한 에이아이 학습을 가능케 하려는 목적으로 에이아이 컨설턴트들의 글로벌 네트워크인 '에이아이 컨설팅, LLC(AIC)'[13]가 출범하였다. 에이아이에 관심을 가진 사람이라면 누구든지 '에이아이 리스트 서브'[14]를 통해 다른 사람들과 온라인 대화를 할 수 있다. '에이아이 프랙티셔너'는 전 세계의 에이아이 적용에서 일어나는 새로운 발견과 진전사항들이 게재되는 가장 최신의 계간지이다.[15] '에이아이 리소시즈AIR'는 에이아이 및 긍정변화에 관한 다양한 상품들, 즉 책, 매뉴얼, 비디오테이프, 및 DVD 등을 제공하는 온라인 '시장'이다.[16] '에이아이 커먼즈' 웹사이트[17]는 에이아이에 관한 모든 것들이 포함된 케이스 웨스턴 리저브 대학교의 개방형 무료 자료은행이다. 미시간 대학교 로버트 퀸 교수의 저서, '세상을 변화시켜라Change the World'가 출간되면서, 에이아이는 '조직개발 분야에 혁명'을 불러일으키고 있다.[18]

에이아이의 변혁적 위력

에이아이의 핵심은 인적 조직이 최고의 기능을 수행할 때 그 생명력이 무엇인지 연구하고 탐색하는 것이다. 에이아이는 모든 생명 조직에는 아직 발현되지 못하고 잠재되어있는 핵심 강점(핵심적 긍정요소)이 있으며, 그것이 드러나고 발현되면 개인과 조직의 변혁을 불러오는 긍정적 에너지의 지속적인 원천이 된다고 가정한다. 데이비드 쿠퍼라이더와 레슬리 세케르카는 이것을 과학에서 말하는 '핵융합 에너지'에 비유한다.[19] 핵융합은 태양을 비롯한 항성의 힘의 원천이다. 그것은 양전하를 띤 두 개의 입자가 서로 결합할 때 발생한다. 조직에서 즐거움과 즐거움, 강점과 강점, 건강함과 건강함, 그리고 영감과 영감이 서로 결합할 때, 사람들은 자유와 격려를 얻어 협력적 행동을 향한 상승적 연쇄작용을 일으키게 된다. 쿠퍼라이더와 휘트니의 말을 빌자면, "핵심적 긍정요소가 모종의 변화 주제와 연결되면, 불가능하리라 여겨졌던 변화들이 갑작스레 민주적인 방식으로 결집된다."[20]

에이아이 4D 사이클

에이아이는 조직변화의 접근법으로서 사람, 조직, 그리고 세상 속에서 최고의 요소를 협력적으로 탐색한다. 이것이 바로 종래의 경영적 문제 해결 방식과 대단히 다른 점이다. 문제 해결 방식의 핵심 과제는 격차나 결함을 파악하고 이를 제거하는 것이다. 그것은 대개 (1) 문제를 파악하고, (2) 원인을 분석하며, (3) 해결책을 탐색하여, (4) 행동계획을 수립하는 순서로 진행된다.

이와 반대로, 에이아이의 핵심 과제는 강점을 파악하고 극대화하는 것이다. 그것은 다음의 4단계로 이루어진다. 즉 (1) 발굴하기, (2) 꿈꾸기, (3) 디자인하기, 그리고 (4) 실현하기이다. (도해 1.1 참조)

'발굴하기' 단계의 목적은 주어진 어떤 상황에서도 조직에 생명력을 부여하는 요소, 즉 '최고 요소'들을 탐색하고, 강조하며, 재조명하는 것이다. 발굴하기의 대상이 되는 긍정적 주제 목록은 무한하다. 고품질, 진실성, 권한 위임, 혁신, 고객 응대, 기술 혁신, 팀 스피릿 등이다. 발굴하기 단계의 과제는 이러한 주제에 있어서 각자의 최고 경험에 관한 스토리를 공유하고 그 원동력과 요소를 분석함으로써 조직학습을 촉진시키는 것이다.

도해 1.1 '4D' 사이클

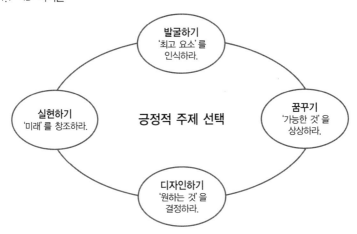

두 번째는 가능한 일에 관한 '꿈꾸기' 단계이다. 최고 요소를 파악한 후에는 자연스럽게 그것을 뛰어넘는 무언가를 탐구하려는 마음이 생긴다. 새로운 가능성을 모색하기 시작하는 것이다. 이러한 꿈은 긍정적 질문을 통해 모습을 드러내는 경우가 많으므로, 사람들의 가장 근본적인 희망과 높은 열망에 부합하면서 조직이 원하고 실현가능한 모습을 강력하게 보여 주는 그림을 그려간다.

세 번째 단계는 대화를 통한 미래 '디자인하기'이다. 사람들의 희망과 꿈이 분명히 드러난 후에는 그 꿈을 실현하기 위해 조직의 사회적 구조 Social Architecture(규범, 가치, 구조, 전략, 시스템, 관계의 패턴, 업무방식 등)를 디자인하는 과제가 대두된다. 그것은 대화와 토론, 모색과 창조를 통해 공동의 미래를 향한 헌신을 구축하는 과정이며, 모든 사람들이 "맞아, 이것이 바로 내가 기꺼이 에너지를 쏟아 붓고자 하는 조직 혹은 공동체의 모습이야. 다 함께 이것을 이루기 위해 뛰어들자고."라고 말하는 순간에 도달하기까지 지속되는 여정이다. 이 단계의 핵심은 대화와 공동 창작에 필요한 포괄적인 격려의 분위기를 의도적으로 조성하는 것이다.

마지막 단계인 '실현하기'는 혁신과 실행을 통해 미래를 건설하도록 안내한다. 에이아이는 스스로 자신의 동력을 만들어낸다. 사람들은 조직이 이상에 한발 다가가도록 하는 혁신적 방식들을 발견한다. 이상은 현실에 기초를 두고 있으므로, 이상을 실현하기 위해서는 확신이 필요하며 이 사실을 강조해야 한다. 에이아이가 협력 행동을 통해 현상유지를 변혁으로 바꾸는 것은 정확히 야심찬 내용 때문이다. 이 내용은 현실에 기반을 둔 비범한 사례와 견주어 볼 수 있다.

에이아이의 적용 형태

에이아이 서밋은 에이아이를 사용하여 조직과 공동체에 긍정적 변화를 고취하기 위한 수많은 방법 중 한 가지 형태이다. 모든 에이아이 프로세스는 관련된 사람, 조직, 또는 공동체의 고유한 필요와 목적을 충족하도록 디자인된다. 다이아나 휘트니와 아만다 트로스텐-블룸의 공저 긍정조직혁명 파워The Power of Appreciative Inquiry(에이아이의 힘)에서 인용한 표 1.1에는 에이아이의 적용을 위한 핵심 형태가 간략히 기술되어있다.[21]

표 1.1 에이아이의 적용 형태

- **에이아이 서밋**: 대규모의 사람들이 모여(30~3,000명) 3~5일에 걸쳐 에이아이 4D 과정에 동시 참여한다.
- **범시스템적 4D 협의**: 조직 구성원 전체와 일부 이해관계자들이 에이아이 4D 과정에 참여한다. 보다 긴 기간에 걸쳐 여러 지역에서 개최된다.
- **집단·확장탐구**: 사회의 책임이 있는 주제에 대한 수많은(수천에서 수백만) 인터뷰가 도시, 지역사회, 혹은 전 세계에 걸쳐 진행된다.
- **핵심그룹 탐구**: 소수의 인원이 주제를 선택하고, 질문을 만들고, 인터뷰를 진행한다.
- **긍정변화 네트워크**: 조직 구성원들이 에이아이 훈련과 관련 프로젝트 착수에 필요한 자료를 제공받은 후 자료, 스토리, 그리고 베스트 프랙티스 등을 공유한다.
- **긍정변화 컨소시엄**: 여러 조직이 공동의 이해를 탐색하고 개발하기 위해 에이아이 4D 프로세스를 공동으로 진행한다.
- **에이아이 학습팀**: 특정 프로젝트를 수행하는 소규모 팀(혁신 팀, 프로세스 개선 팀, 고객 포커스 그룹, 벤치마킹 팀, 또는 학생)이 에이아이 4D 과정을 수행한다.
- **단계적 에이아이 미팅**: 조직, 소그룹, 혹은 팀별로 진행하는 10회에서 12회 정도의 회의이며, 각각 2시간에서 4시간 길이의 에이아이 4D 과정을 수행한다.

에이아이를 사용하는 여러 방법이 있지만 에이아이 서밋은 모든 이들을 참여시키고, 관계를 강화하며, 빠른 시간 내에 탁월한 성과를 거두는 위력이 있어 우리를 비롯한 많은 에이아이 프랙티셔너들에게 선택받는 방법론으로 급속히 자리잡아가고 있다.

에이아이 서밋이란 무엇인가?

에이아이 서밋은 광범위한 내외부 이해관계자들을 변화 과정에 참여시킴으로써 변화를 가속화하는 방법이다. 주로 사람들이 한 자리에 모여 1회 이상 진행하는 행사로 (1) 조직이나 공동체의 핵심 역량과 강점을 발견하고, (2) 긍정적 변화의 기회를 탐색하며, (3) 조직 혹은 공동체의 시스템, 구조, 전략, 문화와 관련하여 원하는 변화를 디자인하고, (4) 변화를 이행하고 유지하며 잘 작용하게 하는 것을 목적으로 한다. 에이아이 서밋의 규모는 30~1,000명 사이로 다양하며 그 이상이 되는 경우도 있다.[22] 우리가 진행한 서밋의 규모는 대체로 100~500명 사이였다. 우리의 경험에 따르면, 가능한 한 조직구성원 전체가 참여할수록 전체성의 위력이 발휘되어 그 영향력이 더욱 강력했고, 또 오랫동안 지속되었다.

에이아이 서밋 방법론은 변화의 책임을 소수의 인원에게 한정시키고, 문제 해결이 변화를 주도하기 위한 최선의 방법이라는 가정에 기초해왔던 전통적인 변화관리 접근법으로부터의 급진적인 변화를 보여준다. 에이아이 서밋은 조직원들이 조직이 나아가는 방향에 관심을 가지고, 이를 위한 명확한 계획을 공유하며, 목적지에 도달할 능력을 가지고 있다는 사실을 확신할 때 그 조직이 가장 빠르고 훌륭하게 변화를 이루어낸다는 전제에서 출발한다. 다시 말해, 신속하고 효과적인 조직의 변화는 '조직 전체'가 자신의 강점과 행동 에너지를 창출하는 아이디어를 중심으로 정렬될 때 산출되는 결과이다.

에이아이 서밋의 역사

에이아이 서밋 방법론은 1980년대 중반, 케이스 웨스턴 리저브 대학교 박사과정 학생이던 존 카터, 데이비드 쿠퍼라이더, 메리 앤 레이니가 토치-로스 캐나다로부터 중요한 전략계획 과정을 수행해달라는 요청을 받은 것을 계기로 시작되었다. 핵심 경영진 2명이 은퇴를 눈앞에 둔 상황이었으며, 회사를 떠나기 전 조직 전체에 공동 리더십의 문화를 심어주기를 바라고 있었다.

때마침 긍정적 방법론에 흥미를 느끼고 있던 존, 데이비드, 메리 앤은 토치-로스의 전성기에 공동리더십 관점에서 가장 성공적이고 큰 역량을 보였던 시절 회사에 '활기'를 불어넣었던 모든 것을 파악하고 강조하기 위해 일련의 긍정적 질문 리스트를 만들어냈다. 그러나 그들은 전통적인 조직개발 접근법을 따르는 대신, 40명의 주니어 파트너들을 훈련시켜 전국에 흩어져 근무하는 310명의 다른 파트너들을 인터뷰하도록 했다. 주니어 파트너가 시니어 파트너들을 인터뷰함으로써 역동적인 세대 간 학습을 고취했던 것이다. 사실상 그 350명의 파트너들이 조직의 미래 리더십을 책임지는 사람들인 상황에서, 토치-로스에서 조직의 탁월성을 이끌어내는 영향력과 요소를 그들보다 더 깊이 이해하는 사람은 없으리라는 논리였다.

인터뷰가 종료된 후, 존, 데이비드, 메리 앤은 40명의 주니어 파트너들을 불러 모아 이상적인 조직에 대한 수집된 이미지를 대표하는 일련의 '도발적인 제안'[23]을 만들었다. 한 달 후, 350명의 파트너 전원이 모여서 그 과감한 제안을 승인하고 실행에 옮길 계획을 수립했다. 그들은 이 모임을 '파트너스 라운드테이블'이라고 불렀는데, 이 모임은 완전히 참여적이고, 공개적이었으며, 대화를 중심으로 진행되었기 때문이다. 모든 파트너들이 함께 미래를 창출하는 이 자리에 대등하게 참여할 수 있었다. '파트너스 라운드테이블'은 최초의 대규모 '전사적' 에이아이 실험이었으며, 수많은 소중한 교훈을 얻을 수 있었다.[24]

첫 번째 교훈은 역시 조직 구성원 모두를 참여시켜 목소리를 내게 하는 과정의 놀라운 위력이었다. 주니어 파트너와 시니어 파트너 모두 서로 간의 '세대 차이'를 넘는 인터뷰를 통해 학습의 속도를 높이고 즉각적인 성장을 경험했다고 말했다. 유사하게도, 불과 이틀이라는 짧은 시간에 파트너들은 그들의 에너지가 집약되고 조직의 관심사를 재편하는 종합 전략계획을 수립하였다.

둘째, 존, 데이비드, 그리고 메리 앤은 '파트너스 라운드테이블'에서 스토리텔링의 위력을 실감했다. 사람들이 최고의 성과나 비범한 업적에 관한 이야기를 나누는 동안 그 이야기를 듣는 사람들은 즐거움을 얻었을 뿐 아니라 성공의 근본 원인을 깨달음으로써 학습이 촉진되는 효과를 얻었다. 또한 불가능하다고 여겨지던 일들이 갑자기 가능한 일로 바뀌었다. 그들이 그런 업적을 과거에 이룰 수 있었다면, 다음에는 그보다 훨씬 더 나은 일을 할 수 있는 것이다.

세 번째로, 그들은 미래에 대한 긍정적 이미지의 위력을 발견했다. 파트너들은 도발적인 제안을 작성하면서 본질적으로 조직의 미래를 형성할 종합적 설계원칙을 작성한 셈이었다. 이러한 설계원칙들이 한데 모여 견고하고 실용적인 미래 이미지를 만들어냈다. 이는 시스템, 구조, 전략, 조직문화, 리더십 접근법 등에 있어서 그들이 지향해야 할 방향을 보여주었고, 조직 내에 구체적인 행동을 위한 무대를 마련해주었다.

오늘날, 350명 규모의 대규모 긍정 대화는 거의 일상적인 풍경이 되었다. 이 규모의 모임은 꾸준하고도 빈번히 개최된다. 그러나 1980년대 중반에는 대담하고 새로운 혁신이었다. 데이비드 쿠퍼라이더는 이렇게 말한다. "존 카터는 조직개발 분야에서 가장 창의적인 컨설턴트 중 하나였으며, 앞으로도 그럴 것이다. 이후 에이아이 서밋 방법론으로 발전한 초기의 많은 혁신적 활동들은 존의 용기, 그리고 대규모의 대화에 참여하는 사람들에 대한 그의 믿음으로부터 나온 것이었다."[25]

조직탁월성 프로그램OEP

대규모 에이아이에 관한 학습 과정에 또 한 번의 중요한 순간이 찾아온 것은 1990년대 초반, 글로벌 경영 탁월성GEM 프로그램이 출범했을 때였다. 이 프로그램은 미국 국제개발처USAID로부터 지원하는 6년간 대규모의 지원금을 받아, 케이스 웨스턴 리저브 대학교의 데이비드 쿠퍼라이더, 에이더 조 만, 클라우디아 리블러 등의 주도하에 시작되었다.[26] 글로벌 경영 탁월성 프로그램GEM(Global Excellence in Management)이 펼친 가장 성공적인 프로그램 중에는 국제 개발 조직들의 간부진을 위한 5일간의 합숙 기관인 조직탁월성 프로그램OEP(Organizational Excellence Program)이 있었다. OEP는 1년에 2번 개최되었고, 매회 30명에서 100명 정도의 사람이 참가하였으며, 에이아이 4D 모델에 따라 디자인되었다. 이 프로그램의 목적은 고위경영진들이 한자리에 모여 그들의 강점을 발견하고, 강력한 미래 비전을 구축하며, 베스트 프랙티스를 공유하고, 조직의 효과성을 강화할 실천 방안을 착수하게 하는 것이었다. OEP에서 함께 일했던 우리들은 그 성과에 놀라움을 금치 못했다. 프로그램이 진행되는 동안 사람들이 서로 경험과 지혜를 나누며 이루어진 학습의 양은 실로 어마어마했다.

프로그램을 통해 그토록 대단한 학습 경험을 얻을 수 있었던 요인이 무엇이었는지에 대한 우리의 질문에 참가자들은 다음 3가지를 주요 요인으로 꼽았다.

- **긍정적 접근법:** 참가자들의 말에 따르면 성공사례에 집중함으로써, 그들은 과거에 경험했던 것보다 더 재미를 느꼈고, 많이 배웠으며, 조직 역량을 보다 효과적으로 강화할 수 있었다고 한다. 이것이 자신의 경력 기간 중 가장 중요한 '패러다임 전환'이었다고 말한 사람도 다수였다.

- **그룹 내, 그리고 그룹 간 학습의 조합:** 참가자들은 소속 조직의 특정한 기회와 행동에 집중할 수 있기 때문에 각자 속한 팀 내에서 수행한 작업이 필수적이었다고 말했다. 그와 동시에 통합그룹에서 진행된 '지식 교환' 경험 역시 다른 사람들의 최고 경험으로부터 배우고, 새로운 방식으로 바라볼 수 있으며, 보다 넓은 맥락에서 자신의 조직을 바라볼 수 있기 때문에 매우 유익했다고 말했다.

- **단 5일 동안에 이룬 엄청난 진보:** 핵심 인재들이 한 공간에서 직접 대면하고, 복잡한 이슈를 다루기 위한 충분한 시간을 갖고, 4D 사이클 전체를 진행한 것이 모두 결합되어, 참가자들이 OEP를 끝내고 나설 때 실행을 위해 충분히 개발된 계획을 가져갈 수 있었다.

개혁교회 세계구제위원회CRWRC

OEP의 놀라운 성과는 '한 가지 변화 의제에 집중된 하나의 조직 시스템에 이와 유사한 접근방식을 적용하면 어떻게 될까?'라는 호기심에 불을 지폈다. 경영진뿐 아니라 조직 전체가 공통의 목표나 과제에 집중한다면 학습과 성공적 변화가 증폭될 것인가? 우리는 이 질문을 염두에 두고, 1994년 에이아이 전체그룹 접근법의 여정을 떠났다. 우리 중 일부는 미국과 캐나다를 중심으로 조직된 개혁교회 세계구제위원회CRWRC와 함께 일하며 조직 역량의 구축과 평가를 위한 긍정적 접근법을 개발하고 있었다. 그 당시 CRWRC는 전 세계에 걸쳐 120개 지역 비정부기구NGO들과 연합하여 활동했다. 새로운 역량구축 시스템을 그들 모두가 사용할 것이므로 다수의 CRWRC 현장 직원과 우리는 최종 산출물의 개발에 모든 NGO(즉, 시스템 전체)가 참여하는 것이 필요하다고 느꼈다.

이를 위해 우리는 3년 과정의 글로벌 학습 과정을 디자인했다. 여기에는 세계 4개 지역, 즉 동아프리카, 서아프리카, 아시아, 그리고 라틴 아메리카에서 각각 1회씩, 매년 4회의 대규모 에이아이 미팅을 개최하는 계획이 포함되었다. 마빈 와이즈보드와 샌드라 자노프가 'Future Search'에서 거둔 업적[27]에 크게 영향 받은 우리는 '미래 탐색'과 에이아이를 혼합한 회의를 디자인하고 그것을 '긍정 미래 탐색 컨퍼런스'라고 불렀다.[28] 그 컨퍼런스의 성과는 강력했다. 3년이라는 기간 동안 CRWRC와 파트너들은 업무관계를 개선했고, 시스템 전체가 '소유하는' 긍정적 역량구축 과정을 창안하였으며, 훈련, 상담, 지원, 새로운 기금 확보, 연합, 그리고 글로벌 시장 진출을 통하여 성과를 강화하기 위해 수백 가지의 새로운 프로그램을 시작했다.[29]

우리는 대규모 에이아이 과정에서 성공을 거두기 위해 필요한 것이 무엇인지에 대해 CRWRC에서 수많은 값진 교훈을 배웠지만, 그 중에서도 특히 다음의 3가지가 두드러진다.

- **전체성의 중요성:** 서론에서 이미 밝혔듯이, 에이아이 서밋은 '전체의 논리'와 직접적이고 즉각적으로 연결된다. 예를 들어, 많은 지역사회 개발 조직들은 그 지역 내에 중소기업 육성을 촉진한다. 그러나 이 기업들은 적절한 자본이나 해당 지역의 범위를 벗어난 시장을 접할 기회

를 얻지 못해 어려움을 겪는다. CRWRC에는 에이아이 서밋을 진행하는 과정에서 기업 지도자들이 합류했고, 그 결과 '기독교 발전 파트너'라는 이름의 새로운 조직이 태동하여 성공한 기업가들이 중소기업들을 대상으로 대출, 경영 컨설팅, 그리고 신시장 개척 등의 지원을 제공하도록 서로 연결고리를 만들었다. '전체 시스템'의 핵심 요소라 할 수 있는 기업인들이 서밋에 참석함으로써, 참가자들에게 전혀 새로운 가능성의 세계를 열어주었다.

- **적합하고, 분명하며, 강력한 과제의 가치:** 서밋을 구성하는 이 영역의 주제는 바로 '조직 역량의 구축과 측정을 위한 협력'이었다. 이 주제는 '전체 시스템'을 대표하여 전 세계에서 모인 사람들로 구성된 이 프로젝트의 기획팀에서 선정하였다. 그들이 이 주제를 선택한 이유는 이 주제가 심오한 전략적 차원에서 그들과 관련되어 있었기 때문이다. 그들이 조직으로서 성장하고 사명을 더 잘 성취하도록 해 줄 주제였다. 이 하나의 뚜렷한 주제에 집중함으로써 120개 조직들은 그들이 상상했던 것 이상으로 역량구축에 관해 많은 것을 배울 수 있었다. 또한 이 주제의 매력때문에, 그들은 자신의 행동을 정렬하고 수년 간 에너지를 유지할 수 있었다.

- **높은 수준의 관계가 가지는 위력:** 미시간 대학교의 제인 더튼과 에밀리 히피가 행한 최근 연구는 높은 수준의 관계가 개인과 조직 모두의 성과를 향상시킨다는 결과를 제시한다.[30] 높은 수준의 관계는 자원의 공유를 이끌어내고, 당사자들의 성장, 학습, 그리고 발전에 기여하며, 협력적 행동을 낳는다. 우리는 CRWRC 서밋에서 바로 이런 현상을 뚜렷이 목격했다. 긍정적인 측면에 대한 초점은 참가자들이 서로에게서 최고의

것을 발견하고 확인할 수 있다는 가능성을 열어주었다. 이것은 새로운 차원의 신뢰와 더불어, 기꺼이 위험을 감수하고 이전에 시도하지 못했던 계획에 대해 협력하고자 하는 의지의 기초를 마련하였다.

국제종교 연합 운동URI(United Religions Initiative)

에이아이 서밋이라는 이름은 1995년 데이비드 쿠퍼라이더와 다이아나 휘트니가 윌리엄 스윙 샌프란시스코 주교와 함께 종교간 협력, 평화 및 치유를 고취하는 글로벌 조직인 종교 연합 운동URI의 창설을 위해 5개년 프로젝트를 진행하는 과정에서 만들어졌다.[31] 이 이름은 전체그룹 에이아이 미팅의 목적이 조직들로 하여금 그들에게 핵심적으로 중요한 변화 의제와 관련하여 최고 수준의 성과에 도달하도록 돕는 것임을 알리기 위해 선택되었다. 에이아이 미팅은 조직이 고양된 목적을 추구하는 과정에서 최고의 성과를 성취하는 데 기여했다.

1995년부터 2000년까지, 우리를 비롯한 많은 사람들은 5개의 글로벌 서밋과 100~250명 정도의 규모를 가진 약 10개의 지역 서밋의 디자인과 추진을 위해 협력했다. 우리는 서밋에서 서문, 목표 선언문, 조직 원칙, 헌장과 새롭게 부상하는 이 조직의 글로벌 확장 계획 등의 초안을 작성했다. 2000년 6월, 글로벌 서밋은 범세계적인 헌장 수립 과정에서 중심적 역할을 수행했고, 이를 통해 URI는 법적으로 인가된 조직이 되었다.

URI는 효과적인 에이아이 서밋 방법론을 만드는 요소가 무엇인지 이해하는 데 크게 기여했다. 그 중에 가장 중요한 3가지를 아래와 같이 제시한다.

- **확실성의 긍정적 제거:** 변화에는 확실성을 제거하고 미지의 세계로 나아가려는 의지가 필요하다. 에이아이 서밋은 호기심을 유도하고 그것을 보상하기 때문에, 사람들이 용기 있게 앞으로 나아갈 수 있는 확신을 준다. URI의 경우 이는 분명한 사실이었다. 모든 종류의 경계, 특히 종교적 전통의 경계를 뛰어넘는 전혀 새로운 글로벌 조직을 창출하기 위해서는 대단할 정도의 개방성과 신뢰, 그리고 탐구 의지가 필요했다. 무슬림, 유대인, 기독교인, 불교인 및 수많은 다른 종교인들이 새로운 형태의 협력 가능성을 여는 새로운 방식으로 서로를 알고 인정하기 위해 모였다. 그들은 함께 전통적인 형태의 조직이 주는 확실성을 버리고 세상에서 한 번도 보지 못한 글로벌 연합을 이룩했다.

- **홀로그램적인 출발:** 훌륭한 에이아이 인터뷰 가이드는 4D, 즉 발굴하기, 꿈꾸기, 디자인하기, 그리고 실현하기라는 요소를 모두 다룬다. 우리는 이것을 홀로그램적 출발이라고 부르는데, 그 이유는 이 인터뷰를 통해 사람들이 서밋 시작 한 시간 만에 4일간 이어질 전체 회의 내용을 예상할 수 있기 때문이다. 우리는 URI 프로세스에서 이 인터뷰의 중요성을 배웠다. 첫째, 모든 참가자들이 회의 초반부터 각자의 생각을 표현하고 조직에 대한 자신의 희망을 공유하게 된다. 둘째, 이것은 다양한 학습 방식을 가진 모든 사람들에게 매력적이다. 즉, 과거를 성찰하는 것을 좋아하는 사람들은 성찰하고, 꿈꾸기를 선호하는 사람들은 꿈을 꾸며, 행동을 원하는 사람들은 다른 단계를 건너뛰고 디자인하기와 실현하기 단계로 나아갈 수 있다. 셋째, 홀로그램적 출발은 모든 사람들이 회의의 흐름을 읽을 수 있게 해준다. 발굴하기, 꿈꾸기, 디자인하기, 실현하기 사이의 연결은 회의와 조직의 미래를 향해 나아가는 길로

써 정착된다.

- **리더가 공평한 경쟁의 장을 마련**: 에이아이 서밋은 원래부터 평등한 대화로 의도되었다. 이는 사람들이 공통의 미래를 위한 온전한 공동 창조자가 될 때 최고의 노력과 에너지를 발휘한다는 생각에서 비롯된 것이다. 에이아이 서밋에서 제시되는 내용 중 소위 '전문가'의 발표는 거의 없다. 6~8개의 원형 테이블에 직능, 직급, 전문 분야를 막론한 사람들이 서로 섞여 앉는다. 리더들은 동료로서만 참여할 수 있다. 우리는 스윙 주교로부터 이런 형식이 발휘하는 위력을 배웠다. 모든 URI 서밋 현장에서 그는 자신의 테이블에서 일어선 채 방 안의 모든 이들에게 인사한 후 "이제 시작합시다."라고 말하는 것으로 서밋을 시작했다. 나머지 시간 동안 그는 그저 동료 탐색자로서 참석했다. 그리하여 조직원 모두가 URI에 '협력의 위력'을 부여하는 의지를 발휘할 수 있었고, 이는 스윙 주교나 다른 사람들이 개인적인 의제를 제시했다면 결코 일어나지 않았을 현상이었다.

에이아이 서밋 방법론의 급속한 성장

1990년대 초반 이래, 기업, 비영리단체, 정부, 그리고 지역사회 분야의 전 세계 수백 개의 조직들이 에이아이 서밋 방법론을 활용해왔다. 그 중 일부를 예로 들면, 맥도널드, 존디어, US셀룰러, GTE(버라이즌), 영국항공, 브리티시텔레콤, 헌터 더글러스, 로드웨이 익스프레스, 버몬트 커피 로스터스, 뉴트리멘탈, 에이본 멕시코, 미 해군, 캐나다 방송협회, 캐나다 국방부, 월드비전, 미국 적십자사, 유나이티드 웨이, 종교 연합 운동 및 전 세계에 걸친 수십 개의 NGO와 지역공동체가 있다.

이런 조직들은 에이아이 서밋 방법론을 도입하여 다양한 의제를 다루었다. 거기에는 리더십 개발, 전략 기획, 조직 디자인, 문화 변혁, 업무 프로세스 재디자인, 브랜드 구축, 비전 및 가치 명료화, 고객 서비스, 지식경영, 노사 관계, 품질, 안전, 파트너십 및 연합 형성, 인수합병 통합 등이 포함되었다. 일부 조직들(헌터 더글러스, 뉴트리멘탈, 그리고 브리티시 텔레콤의 네덜란드 지사인 신테그라 등)은 에이아이 서밋을 지속적 경영 방법으로 채택하기 시작했다. 그들은 특정 주제를 다루고, 새로운 사업기회를 모색하거나, 공통의 전략 방향에 따라 조직을 재정렬하기 위해 에이아이 서밋을 정기적으로 개최했다.

우리는 이들 조직과 그들이 에이아이 서밋 방법론으로 행한 야심찬 실험으로부터 많은 것을 배웠다. 이 책에서는 그 스토리들을 상세하게 다루고, 우리가 배운 것을 강조하며, 에이아이 서밋을 계획하고 실행하며 관리하는 방법을 단계별로 안내할 것이다. 그러나 그 전에 먼저 에이아이 서밋과 다른 전체그룹 프로세스와의 관련성을 간략하게 설명하고자 한다.

에이아이 서밋과 기타 거대그룹 프로세스의 관계

마빈 와이즈보드는 그의 책 '생산적 직장Productive Workplaces'에서 경영의 역사가, '다른 사람들을 위해' 문제를 해결하는 전문가 시대로부터 모든 사람들이 전사적 개선에 참여하는 방향으로 진화해온 과정을 설명한다.[32] 1900년대 초, 프레더릭 테일러는 과학적 관리의 원칙을 적용하여 조직의 문제를 해결하는 '전문가' 컨설팅을 수행했다. 1950년대에는 커트 르윈의 추종자들의 개입 아래 조직구성원들은 스스로의 문제를 해결했다. 이를 참여경영이라 부른다. 1960년대 중반, 일단의 전문가들은 시스템 사고를 발견했고 '다른 사람들을 위해' 전사적 개선 활동을 시작했다. 마지막으로, 20세기 후반에 이르러 관리자들과 OD 실행가들은 전사적 개선에 모든 사람들이 참여하는 방안을 실험하기 시작했다.

　이러한 참여형 전사적 접근법은 다양한 대규모 중재 방법론들을 촉발시켰다. 즉, 탐색회의[33], 미래탐색[34], 오픈스페이스 테크놀로지[35], 대규모 변화[36], 실시간 전략변화[37], 컨퍼런스 모델[38] 및 기타 기법들이다. 대규모 개입에 대한 뛰어난 저술로는 벙커와 알반의 '대규모 개입'[39]와 홀먼 및 디베인의 '변화 핸드북'[40]이 있다.

　에이아이 서밋은 이런 방법론들을 기반으로 만들어진 것이지만, 혁신의 관계적 본질을 강조함으로써, 또한 조직의 탁월한 성과를 이끌어내는 긍정적인 사람들의 위력을 강조함으로써 신기원을 이룩했다. 에이아이 서밋의 근간은, 우리는 미래를 알지 못할 뿐 아니라 알 수도 없고, 조직 속에서 사람들은 끊임없이 새로운 뭔가를 만들어내고 있다는 사실을 이해하는 것이다. 조직원들이 최고의 생기와 활력이 있다면 단순히 조직을 개선하는 데 그치지 않고 놀랄 만큼 새로운 조직 구축 방법을 함께 발명해낼 수 있다. 이러한 관점은 오늘날 특히 더 중요하다. 글로벌 경쟁이 극심해지고, 즉각적인 전자 커뮤니케이션이 실현되며, 기존의 양극화된 정치적, 문화적, 지리적 경계가 사라지면서 사회경제적 지형이 급속히 바뀌고 있기 때문이다. 게리 해멀이 자신의 서서 '꿀벌과 게릴라Leading the Revolution'에서 언급한 바처럼, "세상에 있는 조직은 점차 두 종류로 나뉘고 있다. 지속적인 개선 이상의 것은 하지 않는 조직과 단숨에 급격한 혁신을 이루어내는 조직으로 말이다."[41]

와이즈보드의 모델을 확장하여 우리는 이제 모든 사람들이 혁신을 통해 비범한 성과를 달성할 수 있는 조직변화 방법론이 요구되는 시대를 맞이하고 있다. 에이아이 서밋은 이러한 도전에 대처하기 위해 고안되었다. 도해 1.2에는 에이아이 서밋 방법론의 태동에 이르기까지 변화관리 사상의 진화과정을 나타내었다.

도해 1.2 변화관리 사상의 진화[42]

1900년:	1950년:	1965년:	1980년대:	2000년 이후:
전문가가 특정 문제를 해결한다.	모든 사람들이 특정 문제를 해결한다.	전문가가 시스템 전체를 개선한다.	모든 사람들이 시스템 전체를 개선한다.	모든 사람들이 비범한 성과를 위해 혁신에 참가한다.

공통적 특징

에이아이 서밋과 기타 전체그룹 프로세스들을 구분하는 것도 물론 중요하지만, 우리는 아이디어와 영감을 위해 이 프로세스들을 여러 방식으로 사용했다. 특히 마빈 와이즈보드와 샌드라 자노프의 미래탐색, 해리슨 오웬의 오픈스페이스 테크놀로지, 캐슬린 데인밀러의 대규모 변화, 그리고 로버트 제이콥스의 실시간 전략변화의 작업으로부터 많은 영향을 받았다.

에이아이 서밋은 이러한 선구적 접근법들과 다음의 특징을 공유한다.

• **한 장소에 조직 전원이 모이는 것의 중요성:** 여러 부서와 프로세스, 사

람들, 그리고 아이디어들 간의 상호 연관되는 모습을 보면서, 사람들은 어떻게 참여해야 하는지 더 잘 알게 되고 이전에는 불가능하거나 어려웠던 헌신을 할 수 있게 된다. 만약 단 한 명이라도 불참한다면 새로운 발견이나 혁신적 행동이 일어날 가능성이 현저히 낮아진다.

- **미래에 대한 집중:** 로널드 리피트와 에바 쉰들러–레인맨[43]은 공동체 미래 회의를 통해, 문제해결 방식은 사람들을 침체시키는 반면, 이상적인 미래를 상상하는 행동은 희망과 에너지를 창출한다는 결론을 얻었다. 전체그룹 모임이 개최될 때에는, 사람들이 직접적으로 문제에 집중하기보다는 미래를 상상함으로써 행동 에너지를 이끌어내도록 하는 데 초점을 맞춘다.

- **공감대 형성을 위한 대화, 발언, 그리고 모색:** 사람들이 자유롭게 서로 경청하고 자신만의 독특한 경험을 나눌 수 있는 분위기가 주어지면, 서로의 관점을 더 뚜렷이 이해하고 공통의 이해를 구축할 가능성이 높아진다. 또한 그들 각각의 문제를 뛰어넘는 공통의 딜레마와 공유된 열망을 발견할 수 있으며, 이를 통해 공감대가 형성된다.

- **자기관리를 향한 다짐:** 사람들은 자신이 열정적으로 관심을 기울이는 실질적 비즈니스 이슈에 엄청난 에너지를 투자할 것이다. 자기관리를 공유하면 사람들의 업무량, 업무 품질, 그리고 대규모 개입의 뒤를 잇는 높은 실행 정도에 상당한 기여를 한다.

에이아이 서밋이 거대그룹 프로세스 분야에 미친 공헌

에이아이 서밋은 동종 방법론들과의 여러 유사점이 있음에도 불구하고,

5가지의 뚜렷하고 중요한 차이점이 있다. 이는 사회적 구성주의 가정, 긍정적 접근법, 지속적 탐구를 향한 결단, 고차원적 토대의 추구, 그리고 가치 기반 조직 디자인에 대한 관심이다.

사회적 구성주의 가정

사회적 구성주의라는 개념은 이론적으로는 복잡해보이지만 실제로는 매우 단순하다. 한마디로 조직과 공동체의 미래는 결정되어있지 않다는 것이다. 우리는 합리적인 사고의 테두리 안에서 미래를 얼마든지 원하는 대로 만들 수 있다. 우리가 다른 사람들과 의미 있는 대화를 할 때, 우리의 이상이 가리키는 방향으로 미래를 '사회적으로 구성할' 수 있다. 예를 들어, 서문에 등장했던 존 디어의 사례에서, 에이아이 서밋 첫날에는 그 누구도 비즈니스 성과 개선과 관련된 새로운 방법이나 새로운 접근법을 창출해낼 수 있으리라고 믿지 않았다. 어떤 참석자는 우리에게 이렇게 말하기까지 했다. "당신들은 참 좋은 사람들이에요. 하지만 이 서밋은 성공할 수 없을 겁니다. 우리도 지금껏 이런 걸 숱하게 시도해봤지만 변한 건 하나도 없었거든요."

그러나 일단 사람들이 서로 대등하게 대화하고, 혁신과 건전한 관계를 지지할 새로운 시스템, 구조, 전략, 프로세스를 함께 구축하기 시작하면서, 자신들의 이상을 향해 엄청난 진전을 이루어갔다. 본질적으로 본인들에게 중요한 주제를 중심으로 의미 있는 대화를 나누면서 자신들의 운명을 사회적으로 구성했던 것이다. 에이아이 서밋이 강조하는 구성주의란 기타 거대그룹 프로세스에서 중시하는 '시스템 개선'과는 차이가 있다. 구성주의는, 우리의 높은 이상에 대한 목적 있는 대화를 통하여 고정 불변의 존

재로 보이는 시스템을 포함한 어떤 것도 재창조될 수 있다는 사상을 진지하게 받아들인다.[44]

긍정적 접근법

우리가 관찰한 바에 따르면 긍정적 변화를 일으키는 가장 빠른 방법은 최고의 사례로부터 배우는 것이다. 실패 사례는 해서는 안 될 일이 무엇인지를 가르쳐주지만, 성공하는 법을 가르쳐 주지는 못한다. 예를 들면 존 디어 사례에서, 모든 사람들의 마음 깊은 곳에는 훌륭한 성과를 창출하기 위해 긍정적으로 협력하는 방법을 배우려는 열망이 자리하고 있었다. 우리는 낮은 의욕과 형편없는 성과의 근본 원인을 살핀 다음 조직에 개입하여 시스템을 고치는 데 시간을 쓸 수도 있었다. 그러나 국제적 OD 컨설턴트 지나가 말했듯이, "만약 그렇게 했더라면, 첫날을 넘기는 것조차 결코 불가능했을 거라고 장담합니다!"

그런 접근방식은 관계를 더욱 악화시킬 뿐 아니라, 창의성을 억누르고 혁신을 위한 새로운 아이디어도 봉쇄해버렸을 것이다. 그 대신 우리가 선택한 방식은 조직 전체가 탁월한 자부심과 성과를 경험했던 순간을 탐색하도록 하는 것이었다. 또한 그러한 자부심과 성과를 더 키우고 북돋아 줄 조직의 미래를 그 조직 구성원들이 함께 창조하도록 했다. 에이아이 서밋이 전제로 삼는 신념은, 목표를 우회하여 위험이나 문제점 등의 뒷문을 거치는 것보다 탁월한 성과라는 목표를 정면으로 돌파하는 편이 더 빠르고 직접적이라는 사실이다.

지속적 탐구를 향한 결단

우리가 지금까지 에이아이를 통해 깨달은 가장 중요한 점이 있다면, 우리가 던지는 첫 번째 질문에 변화의 씨앗이 내재되어있다는 사실이다. 루데마, 쿠퍼라이더, 바렛이 말한 바와 같이, "인적 조직은, 그들이 가장 지속적이고 적극적이며 집단적으로 던지는 질문의 방향으로 성장한다."[45] 존 디어의 사례에서, 우리는 한 기획팀과 함께 에이아이 서밋 프로세스를 이끌기 위한 일련의 긍정적 질문을 개발했다. 그 질문 중 하나는 이렇다.

당신이나 당신이 아는 사람 중 고객의 요구에 반응하고, 품질을 향상시키고, 가격 경쟁력을 높이고, 혹은 신제품을 소개하기 위해 특별한 노력을 기울인 사례를 들어보라. 그런 행동을 가능하게 한 요소는 무엇이었나? 당신은 무엇을 했는가? 다른 사람들은 무엇을 했는가? 그것을 위해 조직은 무엇을 했는가?

이 질문은(다른 질문들과 함께) 전 공장에 걸쳐 최상의 경험 사례를 도출하기 위해 참석한 250명 전원에게 던져졌다. 이것은 조직 구성을 위한 효과적 모델과, 이를 가능하게 한 힘과 요소에 대하여 조직 차원의 학습을 촉발했다. 에이아이 서밋이 기초하고 있는 가정은, 명확한 질문을 던지는 것이야말로 관리자나 변화 관리자가 해야하는 가장 중요한 일이라는 사실이다. 우리가 던지는 질문은 '발견'의 토대가 되며, 그 발견은 미래를 건설하기 위한 지식이 된다.

고차원적 토대의 추구

에이아이 서밋의 대상은 인간의 희망과 열망에서 비롯된 행동이다. 희망 이론에 따르면, 사람들은 (1) 자신을 고양시키는 목적이 있고, (2) 그 목적을 성취할 역량에 대한 집단적 확신이 있으며, (3) 일을 추진하기 위한 실제적 전략이 있을 때 활발히 행동에 나선다고 한다.[46] 높은 희망이란 결국 일련의 성과지표와 관련이 있다. 성과지표에는, 더욱 적극적인 비전 수립 역량, 더 많은 목표의 수립과 추구 및 성취 능력, 대안 전략 탐색에 필요한 높은 수준의 창의성과 인내, 유연성, 환경변화에 대한 보다 뛰어난 적응력, 다른 사람과 교감하고 협력할 수 있는 강한 성향, 더 나은 신체적 및 정서적 건강, 보다 나은 의미파악 능력, 그리고 수익성과 직원만족 및 유지 능력까지도 포함된다.[47] 건설적 변화를 일으키는 필수적인 자원은 바로 미래의 지고한 이상을 향한 우리의 집단적 상상력과 담론이다.

존 디어 서밋의 둘째 날이 끝나갈 무렵, 사람들은 이상적 미래에 대한 각자의 꿈을 나누었다. 물론 그 꿈 중에는 고객을 고무시키고 수익을 극대화할 상품 혁신에 관한 온갖 아이디어가 있었지만, 그보다 중요했던 것은 그들이 이상적인 직장의 모습에 관해 상상의 나래를 펼쳤다는 사실이었다. 그들은 자부심, 명예, 존중, 협력, 그리고 탁월함의 원칙에 기초한 공동체의 모습을 그렸다. 그들은 급여체계, 관리자의 역할, 조립라인 작업장을 어떻게 구성해야 이런 원칙을 지키고 지원할 수 있는지에 대해 열띤 토론을 벌였다. 또한 그들은 '조직 내의 대화'가 어떻게 불평, 비난, 절망으로부터 지지, 격려, 긍정적 대안에 대한 모색으로 극적인 방향 전환을 이룰 수 있는지를 논의했다.

이 대화는 서밋의 분수령이 되었다. 이전에는 사람에게 변화에 대한 희망이 거의 없었다. 하지만 이 대화 이후, 그들은 원하고 지향하는 바에 대한 강렬한 이미지를 공유하게 되었다. 이상적인 직장이라는 원칙에 바탕을 둔 이 이미지는 서로에 대한 반감을 초월하는 데 미약하나마 기여하였고, 행동의 의지를 북돋았다. 한 집단이 인간 정신을 해방하고 더 나은 미래를 건설하기 위해 취할 수 있는 가장 중요한 행동 중 하나는 바로 더 높은 토대를 향해 끊임없는 탐색에 돌입하는 것이다.

가치 기반 조직 디자인에 대한 관심

에이아이 서밋에 3~5일을 할애해야 하는 중요한 이유는 가치 기반 조직 디자인에 필요한 시간을 확보하기 위해서이다.[48] 조직 디자인이란 구조, 시스템, 전략, 관계, 역할, 정책, 절차, 제품 및 서비스에 내재된 가치의 표현이다. 이를 훌륭하게 수행하면 협력이 이루어지고, 사람들이 가진 최고의 능력 발휘가 촉진되며, 서밋의 발굴하기 및 꿈꾸기 단계에서 도출된 원칙과 열망을 지속시킬 수 있다. 존 디어 사례에서, 서밋의 셋째 날과 넷째 날은 전적으로 디자인하기에 할애되었다.

어떤 그룹은 공장 전체에 걸쳐 더 많은 자기관리가 행해지도록 관리자의 역할을 재정의하는 작업에 몰두했다. 다른 그룹은 협력을 확대하고 개인 성과를 향상시키기 위해 이익 공유 계획을 수정하는 작업을 하였다. 또 다른 그룹은 신제품 개발 프로세스를 재디자인하여 품질을 확보하면서도 공정을 단축하는 방안을 모색했다. 이 모든 과정에서, 각 그룹은 같은 장소에 모여 있던 다른 그룹 및 개인들과도 조율을 거쳤고, 이로써 넷째 날 마지막 무렵이 되자 모든 그룹이 그들의 새로운 디자인 결과를 실행에 옮기는 데 조직 전체의 지지를 받을 수 있었다. 이는 엄청난 에너지를 발휘했다. 각 그룹은 핵심적 긍정요소의 발견과 상호관계 강화, 그리고 미래의 새로운 가능성 창조의 결과를 얻어냈을 뿐 아니라, 그 가능성을 조직의 기본 구조로 디자인함으로써 가능성을 실제화시키고, 의미 있게 만들 수 있었다.

에이아이 서밋을 시험해보라

이 장에서 우리는 에이아이를 개관하고, 그 역사를 간략하게 돌아봤으며, 에이아이 서밋과 기타 전체그룹 프로세스들을 짤막하게 비교해보았다. 그러나 에이아이 서밋 방법론은 여전히 발전 초기단계에 있다. 앞으로 더 많이 배워야 하며 수많은 실험을 해야 한다. 당신이 우리 뿐만 아니라 전 세계의 에이아이 서밋 실행가들과 함께, 에이아이 서밋을 조직과 공동체의 변혁에 대해 더욱 강력한 잠재력을 발현하는 방식의 새로운 차원으로 발전시키는 작업에 동참하기를 희망한다.

2장 _ 에이아이 서밋 프로세스 - 시작부터 끝까지

　　우리가 말하는 에이아이 서밋 프로세스는 실제 회의 이전과 도중, 그리고 이후에 일어나는 모든 활동을 포함한다. 에이아이 서밋은 수백 명, 심지어 수천 명의 사람들이 참여하는 변혁적 프로세스로서, 광범위하고 세심한 계획과 함께 전념적인 후속조치를 필요로 한다. 에이아이 서밋 의제를 지원하고, 계획하며, 형성하기 위한 작업은 그 회의의 성공을 위한 일종의 기준이 된다. 후속조치 활동은 조직 혁신을 보장하고 시간이 지남에 따라 영향을 발휘한다. 이번 장에서 우리는 서밋의 이전과 도중, 그리고 이후에 일어나는 일련의 활동을 개관한다. 전체 프로세스를 시작부터 끝까지 이해함으로써 당신은 각 단계별로 누구를 참여시켜야 하는지, 시간 배정을 어

표 2.1 에이아이 서밋 이전, 도중, 이후의 활동들

이 전	도 중	이 후
• 후원자 확보	• 첫째 날: 발굴하기	• 성과 전달
• 기획팀 구성	• 둘째 날: 꿈꾸기	• 혁신 팀 지원
• 과제 정의	• 셋째 날: 디자인하기	• 에이아이 교육
• 참가자 선정	• 넷째 날: 디자인하기	• 긍정 변화 네트워크
• 서밋 디자인하기		• 후속단계 탐색

떻게 해야 하는지, 또한 각 단계의 계획에 필요한 자원이 무엇인지 더욱 쉽게 결정할 수 있을 것이다. 표 2.1은 이에 대한 개관이다.

에이아이 서밋 이전 활동

사전 활동에는 대개 3~4개월 정도의 기간이 소요된다. 전형적인 4일 짜리 에이아이 서밋 프로세스를 진행하기 위해 필요한 추정 작업일수는 최소한 서밋 전에 8일, 도중에 4일, 그리고 서밋 이후에 4일 이상이다. 즉, 실제 회의에 필요한 기간의 2배 정도가 지원인력 구성, 참가자들과의 교류, 회의 디자인, 유인물 제작, 실행 계획 검토에 소요된다. 우리의 경험에 따르면 사전에 투자한 시간들은 서밋을 진행하는 과정에서 그 진가를 드러낸다. 서밋을 진행하기 이전에 모든 이해관계자들을 모으고 그들의 열정을 이끌어내는 데 시간을 투자하면 서밋 도중에 대화, 결정, 아이디어, 그리고 영감이 쉽게 흘러나온다.

후원자 확보

에이아이 서밋은 조직의 리더가 에이아이에 대해 배우고 그것을 조직의 이슈와 변화, 혹은 기회에 적용하기로 결정하는 순간부터 시작된다. 따라서 서밋을 후원할 핵심 그룹에게 지원을 요청하는 것이 급선무이다.

후원자는 해당 조직 혹은 지역사회에서 에이아이 서밋 프로세스의 성공을 보장하는 사람들을 말한다. 기업에서라면 CEO, 사업부 책임자, 공장 지배인, 노조 지도자 등의 핵심 리더들을 말하며, 지역사회의 경우에는 다뤄질 주제와 연관된 선거구 지도자 등이 해당될 것이다. 이들은 재정 및 기타 자원을 지원하고, 조직 혹은 지역사회 내에서 서밋에 대한 지지를 이끌어내며, 퍼실리테이터들과 긴밀한 협력을 통해 에이아이 서밋 프로세스가 올바로 진행될 수 있도록 한다.

최고 리더들의 지원이 필수적이라는 사실은 틀림없지만 조직 내의 어떤 개인, 직능, 혹은 직급도 에이아이 서밋의 유일한 후원자일 수는 없다. 필요한 참가, 정보, 그리고 리더십은 광범위한 그룹의 참여가 있어야만 확보할 수 있다. 후원자가 확보되면, 자원을 공급하고, 필요 인원의 참가를 보장하며, 프로세스 성공을 위한 일반적 지침을 제공할 후원자들로 자문가 그룹을 구성한다. 예를 들어, 최근 우리는 인디애나 주 포트웨인에 소재한 종합정신건강센터인 파크센터주식회사Park Center, Inc.의 에이아이 서밋을 주관했다. CEO 폴 윌슨은 전혀 개입하지 않으면서도 기꺼이 비용을 지원했으며, 보다 광범위한 지원을 이끌어내기 위해 소수의 자문가 팀(4명의 사업부 책임자와 3명의 공장 지배인)을 구성하여 에이아이 서밋 프로세스를 구상하고 조직 내 다른 사람들과 이를 추진하도록 했다. 자문가 팀은 기획팀에 비하면 서밋을 직접 실행하는 편은 아니다. 기획팀은 이후에 구성되어 전체 서밋 프로세스를 디자인하고 조정한다. 에이아이 서밋 후원자 확보에 관한 자세한 사항은 4장을 참조하기 바란다.

기획팀 구성

에이아이 서밋 기획팀이란 일종의 실무팀으로서, 전체 프로세스를 시작부터 끝까지 디자인하고, 조정하며, 실행하는 역할을 한다. 그들은 에이아이를 조직의 핵심 이슈 혹은 기회와 연결시키며, 에이아이 서밋의 내용을 전적으로 조직의 필요와 문화에 맞게 조정한다. 우리가 함께 일해 온 기획팀의 규모는 많게는 40명에서 적게는 3명 정도이다. 이상적인 규모는 서밋을 수행하는 조직의 크기에 따라 달라진다. 그러나 일반적으로 기획팀은 12~20명 정도가 조직의 관심사와 기능들을 가장 잘 대변할 수 있는 규모라고 볼 수 있다.

효과적인 기획팀을 구성하기 위해서는 폭넓고 다양한 사람들이 참여해야한다. 기획팀은 조직 내외부의 모든 이해관계자들을 망라하여 전체 서밋 참가자들을 대표한다. 파크센터 사례에서는 CEO, 2명의 부사장, 그리고 3명의 관리자가 모두 기획팀에 합류했다. 또한 2명의 이사(지역사회 대표), 3명의 고객(다양한 서비스 대표), 그리고 4명의 직원(조직 내 다양한 직급, 프로그램 및 직능 대표)에게 합류를 요청하여 모두 15명이 다수의 핵심 구성원들을 대표하게 되었다.

우리는 서밋을 적절하게 기획하기 위해서는 기획팀 전원이 최소 이틀 혹은 사흘을 전적으로 할애해야 하며, 그 외에 수많은 통화, 이메일, 그리고 소규모의 회의가 필요하다는 사실을 깨달았다. 우리는 먼저 이틀간의 회의를 가능한 한 에이아이 서밋과 유사한 형태로 개최하여 기획팀이 서밋의 실제 모습을 직접 경험하고 깊이 이해할 수 있도록 했다. 이틀간의 회의에서 우리가 한 일은 다음과 같다. 에이아이 소개, 서밋 주제에 관한 일대일 인터뷰, 이해관계자 초청 리스트 작성, 맞춤형 서밋 디자인하기, 사전작업 및 후속조치의 기대사항 토론, 성과물의 기록과 전달 방법 합의, 홍보계획 개발, 그리고 실행계획 작성이다. 기획팀 구성에 대한 자세한 사항은 5장을 참조하라.

과제 정의

에이아이 서밋 이전에 진행되는 가장 중요한 활동들 중 하나는 서밋의 과제를 분명하고, 적절하며, 강렬하게 정의하는 일이다. 에이아이를 통해 우리는 서밋의 과제를 행동에 대한 긍정적 요청으로 정의한다. 효과적인 에이아이 서밋의 과제는 행동가능하고 몰입하게 만들며 조직 전체의 주목을 이끌어낸다.

파크센터는 다른 모든 정신보건 의료시스템들과 마찬가지로 연방 및 주 정부 지원 예산이 큰 폭으로 삭감되는 위기에 처해있었다. 그들은 에이아이 서밋을 통해 '적은 돈으로 더 많은 일을 할 수 있는' 방안을 찾아내고자 했다. 그들이 보유한 강점으로는 뛰어난 평판과 지역사회, 주 정부 및 연방정부와 맺어온 긴밀한 관계를 꼽을 수 있었다. 그들의 선택 대상이 된 다음 두 가지 서밋 목표들에 내재된 의도 및 동기에는 어떤 차이가 있는지 생각해보라.

1) 예산 삭감이 우리의 프로그램들에 미치는 영향을 최소화하는 방법을 찾는다.
2) 뛰어난 협력: 우리의 영향력을 증대시키기 위해 관계에 투자하자.

확실히 '뛰어난 협력'이 '예산 삭감 영향의 최소화'보다 훨씬 더 많은 에너지, 집중력, 그리고 잠재력을 던져준다. 그것은 사람들의 이목을 집중시키고 그들의 최선을 이끌어내는 역동적인 서밋 과제이다. 또한 사람들이 기꺼이 참여하고 공헌하도록 동기를 부여해주는 과제이다. 5장에서 서밋의 과제 정의에 관한 상세한 내용을 참조할 수 있다.

참가자 선정

에이아이 서밋의 참여는 전체론적이다. 이상적으로는 조직 전체와 그 가치사슬에 포함된 구성원 전체가 참가한다. 즉, 조직 구성원 모두와 모든 이해관계자 그룹을 대표하는 사람들이 모두 서밋 회의에 참석한다는 뜻이다.

그러나 조직 구성원 전부가 동시에 참석할 수 없는 경우가 있다. 예를 들어, 6만 7천 명 규모의 대기업처럼 조직이 너무 커서 전원이 모일 수 없는 경우, 혹은 항공사나 병원처럼 4일간이나 업무를 중단할 수 없는 경우에 그렇다. 이러한 경우에는 전체 이해관계자들을 대표하는 인원이 최소 한도로 참가한다. 즉, 모든 직급, 직능, 사업부, 실무자 그룹, 그리고 고객, 공급자 및 지역사회 구성원 대표가 모두 참가한다는 뜻이다.

파크센터 사례에서는 조직의 모든 프로그램, 직급, 직능의 대표들이 서밋에 참가하였다. 또한 고객과 그들의 부모, 이사회 구성원, 지역 병원 대표, 사회복지 기관, 사법기관, 주정부 및 연방정부 연락 담당자와 지역 기업 대표 및 잠재적 자금 제공원을 포함하여, 총 약 150명의 인원이 망라되었다. 참가자 선정 관련 세부 사항은 5장에서 살펴볼 수 있다.

에이아이 서밋 디자인하기

기획팀이 목표를 정의하고 참가자를 선정한 후에는 서밋의 맞춤형 디자인을 창출하게 된다. 우리는 이 과제를 결코 단독으로 수행하지 않는다. 서밋 이전에 진행하는 이틀간의 회의에서 기획팀과 함께 수행하게 된다. 기획팀은 맞춤형 디자인을 통해 그들의 고유한 상황과 배경에 어울리는 적절한 서밋을 만들어낸다. 또한 그들은 서밋에 대한 주인의식을 갖게 되고, 보다 깊이 이해하며, 조직의 다른 구성원들에게 서밋에 대해 더 자세히 설명할 수 있다.

우리는 대개 기획팀에게 일반적인 에이아이 서밋의 디자인을 보여주면서 이 대화를 진행한다. 그런 다음 다시 처음으로 거슬러 올라가 그들이 서밋의 디자인을 적합한 방식으로 다시 조정하도록 한다. 이 시점이 되면 기획팀은 이미 서밋 디자인의 대략적인 윤곽에 대한 아이디어를 갖게 된다. 그들은 '서밋과 유사한' 이틀짜리 회의를 진행하는 중이고, 우리가 그들에게 비디오를 보여주며 다른 서밋을 통해 얻은 경험을 나누어주기 때문이다. 세부과제로는 서밋의 형식을 결정하고, 의제를 만들며, 인터뷰 가이드를 수정하는 일이 포함된다.

맞춤형 디자인을 위해서는 언제나 매우 풍부하고 깊은 수준의 대화가 수반되어야 한다. 이는 언제나 혁신으로 이어지며 우리는 그로부터 배울 점을 얻는다. 예를 들어, 우리가 맥도널드와 함께 한 글로벌 직원 채용 및 유지에 관한 서밋에서, 셰릴 리처드슨[1]과 동료들은 모종의 우호적인 경쟁을 펼쳤다. 그들은 모든 참가자들(약 300명에 이르는 HR 및 운영관리자, 매장 소유주 및 운영자, 전 세계 판매 대리점주)로 하여금 직원 채용과 유지에 관한 각자의 우수 사례를 제출하도록 했다. 제출된 것들 중 상위 30개에 대해서는 서밋 기간에 우수 사례를 발표하도록 했다. 각 발표자에게 테이블이 배정되었으며 각자 30분 동안, 총 3번 발표를 하도록 하여 모든 참가자들이 최소한 3개의 발표를 들을 수 있도록 하였다. 이것은 우리의 '일반적인' 에이아이 서밋 디자인에 포함되지 않은 프로세스였지만, 우리가 경험한 조직의 핵심적 긍정요소를 탐색하는 방법 중 가장 강력한 사례였다. 에이아이 서밋 디자인에 관한 상세 내용은 6장을 참조하길 바란다.

전형적인 4일 에이아이 서밋 도중 활동

에이아이 서밋은 모두 고유한 개성이 있지만, 공통적인 측면도 일부 존재한다. 일반적으로 서밋은 3~5일에 걸쳐 진행되며 발굴하기, 꿈꾸기, 디자인하기, 실현하기라는 에이아이 4D 사이클의 흐름에 따라 디자인된다. 전형적인 4일간의 에이아이 서밋 디자인의 사례를 아래에 간략히 개관하였다. 이는 단지 출발점으로 제시된 것이다. 실제로 모든 서밋은 서밋을 후원하는 조직이나 공동체의 고유한 문화, 목적, 환경에 맞추어 디자인된다.

첫째 날: 발굴하기

첫째 날은 조직 내 '핵심적 긍정요소'의 여러 가지 양상을 발굴하는 데 초점이 맞추어진다. 발굴에 집중하기 위해서는 다음과 같은 질문들이 필요하다. 개인적으로, 그리고 집단적으로 우리는 누구인가? 우리는 어떤 자원을 통해 기여하는가? 우리의 핵심역량은 무엇인가? 우리는 미래를 향해 어떤 희망과 꿈을 품고 있는가? 오늘날 우리에게 영향을 미치는 가장 희망적인 거시적 트렌드는 무엇인가? 우리는 어떤 방식으로 함께 전진하는 모습을 상상할 수 있는가?

구체적으로 다음과 같은 활동을 수행한다.
- 과제의 초점 설정하기: 회의의 배경과 목적을 개관한다.
- 긍정 인터뷰: 모든 참가자들은 회의 주제에 관해 일대일 인터뷰를 수행한다.
- 우리의 최고의 모습은 무엇인가: 인터뷰 과정에서 도출된 최고의 스토

리와 우수 사례를 소그룹에서 재구성한다.

- 핵심적 긍정요소 맵: 모든 강점, 자원, 역량, 능력, 긍정적인 희망과 감정, 관계, 연합을 비롯한 조직의 기타 자산을 드러내는 전체그룹 프로세스를 수행한다.
- 지속성 탐색: 조직에서 오래도록 지속되어 왔으며 미래에도 지속되어야 할 바람직한 요소들을 파악하기 위해 조직, 산업 그리고 글로벌 차원의 연대표를 창출하는 전체조직 프로세스를 수행한다.

발굴하기에 대한 상세 내용은 7장을 참고하라.

둘째 날: 꿈꾸기

둘째 날은 조직이 이 세상에 긍정적 영향력을 발휘할 잠재력을 상상하는 날이다. 다음 질문들을 통해 대화가 자극받는다.

- 지금은 2010년이고, 당신은 오랜 잠에서 방금 깨어났다고 가정하자. 깨어나 주위를 둘러보니, 조직은 당신이 언제나 바라고 꿈꾸던 모습으로 변해있다. 무슨 일이 일어나고 있는가? 조직은 어떻게 달라져있는가?
- 지금은 2010년이고, 당신의 조직이 올해 가장 뛰어난 사회적 책임을 수행한 회사에 주어지는 상을 수상했다고 가정하자. 그 상은 어떤 상인가? 수상과 함께 당신의 조직은 어떤 말을 들었는가? 고객들은 무슨 말을 하는가? 직원들의 말은 어떠한가? 수상을 위해 어떤 노력이 필요했는가?

구체적인 접근법에는 다음이 포함된다.

- 창조적 꿈꾸기: 조직 전체의 미래를 안내할 공통 이미지를 창조해내는 일련의 활동
- 기회 지도 작성: 구체적이고 전략적인 기회들을 향한 행동을 불러일으키는 일련의 활동
- 비전 합의: 조직 전체의 목적, 사명, 혹은 비전선언문에 대한 합의를 성취하는 일련의 활동

꿈꾸기 단계의 상세한 내용은 8장에서 살펴볼 수 있다.

셋째 날: 디자인하기

셋째 날에는 참가자들이 조직의 창조에 초점을 맞춘다. 그 안에서 조직의 모든 전략, 프로세스, 시스템, 의사결정, 협력에 핵심적 긍정 변화 요소가 대담하게 살아 움직이는 그런 조직을 말이다. 도발적 제안(혹은 일부 고객들이 '디자인 선언'이라고 부르는 것)이 만들어진다. 도발적 제안은 조직의 핵심적 긍정요소와 조직의 꿈 사이에 가교를 창조하는 긍정적 선언문이다. 즉, 맥도널드의 글로벌 직원 채용 및 유지의 일환으로 창조된 도발적 제안 중 하나는 전 직원 대상의 역동적 학습 환경 구축에 관한 다음의 선언문이다. 여기에는 그들의 최고의 모습은 누구인지와 더불어, 미래에 어떤 존재가 되고 싶은지에 관한 그들의 열망이 반영되어있다.

맥도널드는 전 세계에 걸쳐 풍부한 성장의 기회를 보유한, 경계를 뛰어넘는 학습 중심 조직이다. 우리는 모든 사람들이 직업과 삶에서 탁월함을 추구할 수 있도록 교육과 도구, 그리고 발전의 기회를 제공한다.

또한 최신 학습 시스템을 갖춤으로써 전 세계에 걸쳐 즉각적이고 지속적으로 '최선의 방책'을 배우고 나눌 수 있게 하고, 맥도널드가 세계에서 가장 존경받는 글로벌 기업이라는 평판을 얻게 해 주었다. 역동적 학습 환경은 창의성, 혁신, 그리고 성취를 고취하며 맥도널드와 함께 일하는 경험에 도전과 지적 성취감을 부여한다. 맥도널드는 최고의 인재를 불러들여 이들을 최고가 되도록 훈련한다.

이것은 일종의 비전적 선언이기도 하면서 동시에 행동을 향한 외침이기도 하다. 이 선언을 성취하기 위해서는 행동이 필요하다. 선언은 이런 방향으로 나아가겠다는 조직의 다짐인 것이다.

구체적인 활동에는 다음이 포함된다.

- 조직 디자인 구조 창출: 전체 그룹은 자사의 사업과 산업에 적합한 조직 디자인 구조(전략, 시스템, 구조, 프로세스, 우수 사례 등)를 파악한다.
- 조직 디자인에 큰 영향을 미치는 요소 선정: 전체 그룹은 디자인 요소에 큰 영향을 미치는 요소의 선정을 위해 인터뷰 및 꿈꾸기 활동에서 핵심적 요소들을 도출한다.
- 조직 디자인의 각 요소에 대한 도발적 제안 도출: 소그룹은 각 디자인 요소들이 긍정적 핵심 변화 요소를 포함할 수 있도록 도발적 제안(디자인 선언문)을 도출한다.

9장에서 디자인하기에 대한 상세한 내용을 볼 수 있다.

넷째 날: 실현하기

마지막 날은 지금까지의 발굴하기, 꿈꾸기, 디자인하기를 통해 얻은 영감을 바탕으로 실천방안을 모색한다. 이 날이 오기만을 기다린 사람도 있을 것이다. 앞으로 진행될 일의 구체적 사항을 마침내 착수하는 날이기 때문이다. 이 시점에서 우리는 개인 및 조직 차원의 주도권과 자기 조직화가 이루어지도록 유도한다. 우리는 대규모 조직 전체의 실천 의지를 증명하고, 조직을 대표해 행동에 나서는 사람들을 지원한다.

구체적으로는 다음과 같은 활동을 수행한다.

- 가능한 활동의 창출: 소그룹은 브레인스토밍을 통해 가능한 활동을 도출하며 이를 전체 그룹과 공유한다.
- 영감에 따른 활동의 선정: 참가자들은 각자의 행동 의지를 선포하고 필요한 협력과 지원을 구체적으로 언급한다.
- 혁신 팀 구성: 그룹들은 협력적인 혁신을 위한 다음 단계를 기획하는 모임을 갖는다.
- 전체 그룹 종결

실현하기와 관련한 세부 사항은 10장에서 다룬다.

에이아이 서밋 이후 활동

4일간의 서밋 회의가 끝난 후에도 여전히 할 일이 많다. 회의 성과를 알리는 일과 혁신팀을 지원하는 등의 최소한의 후속 조치가 취해져야 한다. 그러나 대부분의 조직들은 에이아이 서밋 이후 그들의 에이아이 활용 범위를 확대하는 조치를 취한다. 이에 따라 조직은 에이아이 교육, 긍정 변화 네트워크, 또는 에이아이의 새로운 적용 방안에 착수함으로써 에이아이 2단계를 시작하게 된다.

예를 들면, 파크센터는 서밋 진행 과정에서 조직이 초점을 집중하고자 하는 8가지의 광범위한 전략 분야를 파악하였다. 이 중에는 최고의 인재 유치, 적극적인 신규 파트너십 추구 및 참신한 기업가정신 프로그램 독려 등이 포함된다. 이 항목들은 향후 수년간에 걸쳐 그들의 전략과 운영 활동의 기준이 되었다. 또한 그들은 긍정적이고 강점에 기반한 사업방식을 조직 내에 뿌리 내린다는 목표를 확립하였다. 이에 따라 에이아이를 직원 회의의 기본적인 도구로 활용하고 조직의 일부 주요 측정 시스템에 에이아이를 구축하는 광범위한 에이아이 교육이 이어졌다. (에이아이 서밋 후속조치의 상세한 내용에 관해서는 12장을 참조하라.)

또 다른 고객 중에는 에이아이를 조직문화 변화에 적용한 후, 전략 기획, 그 다음 프로세스 개선에 활용한 조직도 있었다. 이 조직은 이후 6년간에 걸쳐 일련의 사업 의제에 에이아이를 적용한 결과, 가히 긍정조직이라 부를 만한 모습으로 탈바꿈했다! 13장에서는 긍정조직에 대한 상세한 내용을 살펴볼 수 있다.

결론

에이아이 서밋 프로세스는 시작부터 끝까지 조직 전체가 더욱 바람직한 미래를 창조하기 위한 탐색과 대화에 참여하게 한다. 서밋이 성공을 거두기 위해서는 시간과 관심이 필요하다. 서밋의 이전, 도중, 그리고 이후에 걸친 세심한 관심만이 평등하고, 개방적이며, 열성적인 참여 환경을 조성한다. 에이아이로 인한 열정적이고 안전한 분위기 속에서 사람들이 대규모로 함께 모이면, 희망이 솟아오르고 높은 수준의 영감 어린 행동이 도출되기 마련이다.

3장 _ 에이아이 서밋의 성공을 위한 10가지 핵심조건

　우리가 조직 변화 프로젝트를 수행할 때 대개 200~500명 정도의 규모를 선호한다고 이야기하면 대부분의 사람들은 깜짝 놀란다. 그들은 우리가 어떻게 그런 일을 해내는지, 즉 그렇게 많은 사람들 속에서 어떻게 질서를 유지하고, 합의를 이루어내며, 끈질기게 후속 조치 약속을 지켜내는가에 관해 궁금해 한다. 이는 좋은 질문이긴 하지만 에이아이 서밋의 성공을 기획하고, 퍼실리테이션하며, 평가할 때 우리가 스스로에게 던지는 질문은 아니다. 대신 우리는 이렇게 질문한다. 어떻게 안전하고 매력적인 환경을 창출하여 개방적이고 진정성 있는 대화를 이끌어낼 것인가? 어떻게 그룹 전체가 다양한 아이디어와 의견을 존중하고, 감정적 유대를 나누며, 더 높은 토대를 향해 함께 움직이도록 할 것인가? 또한 그들이 함께 창조하는 미래에 대한 흥분과 신뢰를 어떻게 쌓아갈 것인가? 다시 말해, 조직이 지속적인 긍정 변화 역량을 구축하는 데 어떤 도움을 제공할 것인가?

　우리는 이런 질문을 지침으로 삼아 에이아이 서밋을 성공시키는 10가지 핵심 조건을 도출해냈다(도해 3.1 참조). 물론 이 10가지 조건 외에도 더 많은 요소가 필요하지만, 우리는 이것이 가장 기본적인 출발점이라고 생각한다.

1) 적절하고, 분명하며, 강력한 과제

2) 긍정에 대한 절대적 초점

3) 충실한 기획

4) 조직 전체가 한 자리에, 끝까지 참여하기

5) 결정과 성과의 성공을 지지하는 결단

6) 건강한 물리적, 관계적 공간

7) 최소한의 세심한 퍼실리테이션

8) 긍정 인터뷰로 시작하기

9) 에이아이 4D 사이클의 흐름을 따르기

10) 말의 성찬이 펼쳐지는 환경을 조성하기

이 책을 처음 읽는 독자라면 이 10가지 핵심 조건이 다소 추상적이며, 에이아이 서밋의 실행과는 뚜렷한 관련이 없다고 느낄 수도 있다. 물론 그럴 수도 있겠지만 일단 끝까지 읽어볼 것을 권하고 싶다. 책이 계속되는 동안 우리는 반복적으로 이 조건을 다시 언급할 것이며, 생생한 보기와 예시를 다양하게 제시할 것이다. 여기에서는 그것을 통합된 형태로 제시하여, 당신이 앞으로 에이아이 서밋의 기획, 실행 및 퍼실리테이션을 실제로 수행할 경우에 책 전체를 찾아 헤맬 필요 없이 신속하게 참조할 수 있도록 하였다.

조건1: 적절하고, 분명하며, 강력한 과제

1장에서 언급한 바와 같이, 인적 조직은 그들이 공부하는 방향으로 움직이게 마련이다. 에이아이 서밋 도중에 과제에 대한 초점을 유지하는 것은 탐색과 대화를 조성하는 데에 일조하고, 조직의 변혁을 위한 방향을 설정한다. 분명하게 표현된 과제와, 그룹을 올바른 길로 이끌도록 디자인된 프로세스는 에이아이 서밋 성공에 필수 요소이다.

에이아이 서밋 제목에 과제를 포함하기

일반적으로 우리는 과제가 회의 제목에 분명하게 표현되기를 바란다. 이렇게 하면 서밋의 목적이 분명해지고, 사람들이 자신의 스토리, 아이디어, 그리고 의견을 제공할 힘을 얻게 된다. 에이아이 서밋의 과제 및 제목의 몇 가지 사례는 다음과 같다.

- 행동할 시간: 종교 연합 헌장을 향한 단계의 모색
- 포커스 2000: 우리의 미래를 창조하는 실무 과정
- 파트너십: 우리의 강점을 살리는 원칙과 관행을 만들자
- 비전에서 전략으로: 2005년 기획

다수의 서밋, 다수의 과제

에이아이 서밋을 여러 번 반복해서 수행해온 조직의 경우, 각 서밋의 과업은 조직의 필요가 발전함에 따라 달라진다. 뉴트리멘탈은 연례 서밋을 총 5회 개최하면서 각각 비전 수립, 전략 기획, 조직 디자인, 고객 대응력 혁신, 그리고 혁신문화 창조 등에 집중해왔다. 종교 연합 운동은 연례 서밋을 통해, '단계 발견'으로부터 '비전 수립', '목적과 원칙 도출', '조직 디자인과 함께 살기', '헌장 조인' 등으로 조직 과제를 발전시켜왔다. 연

속된 각각의 서밋은 가장 최신의 우선순위가 높은 조직 과제에 맞추어 탐색과 대화를 진행하는 토론의 장이 된다. 서밋 과제의 정의에 관한 세부사항은 5장에서 살펴볼 수 있다.

조건2: 긍정에 대한 절대적 초점

조직이 에이아이 서밋 프로세스를 시작한다는 것은, 조직의 변화를 위해 절대 긍정의 태도를 견지한다는 뜻이다. 에이아이의 원칙에 입각하여, 에이아이 서밋(이전, 도중, 이후)과 관련된 모든 것은 긍정에 초점을 맞추게 된다.

핵심적 긍정요소에 대한 깊은 탐구

성공적인 에이아이 서밋의 핵심은 조직의 핵심적 긍정요소에 대한 깊은 탐구이다. 참가자들이 조직의 참모습을 발견하고 배울 수 있도록 질문을 만들고 활동을 디자인한다. 케이스 웨스턴 리저브 대학교 조직행동학 교수인 로널드 프라이에 따르면, 이것이 중요한 이유는 조직은 지속성과 참신함, 그리고 전이의 교차점에서 자신의 가장 강렬한 활력을 발견하기 때문이다.[1] 활력 넘치는 조직은 예상치 못한 새로움(참신함)을 혁신하고 창조할 줄 안다. 또한 계획된 변화(전이)에 착수하고 이를 관리하는 법을 안다. 그러나 역시 가장 중요한 것은, 활력 있는 조직은 비범한 성과를 이미 지원하고 있는(지속성) 요소들, 즉 정체성, 목적, 가치, 지혜, 전통 등을 서로 연결하는 전문가와 같다는 점이다. 이렇게 지속성에 집중하는 태도는 에이아이 서밋에서 핵심적 긍정요소를 깊이 탐구함으로써 강화되며, 그 결과 지적인 집단 활동에 꼭 필요한 지식과 확신으로 이어진다.

긍정적 불확실성 조장

우리가 '긍정적 불확실성'이라고 말할 때 그것이 의미하는 바는 실패에 대한 두려움보다는 가능성의 이미지에서 영감을 받은 변화를 말한다. 고객들은 흔히 "우리가 소위 '불타는 갑판'을 조장하여 변화의 분위기를 만들어낼 필요는 없을까요?" 혹은 "우리는 사람들이 어떻게든 행동에 나서도록 겁을 주어야하는 것은 아닐까요?"라고 묻는다. 우리의 대답은 분명히 "그럴 필요 없습니다."이다. 변화는 긍정적 가능성을 발굴하고, 꿈꾸며, 디자인함으로써 발생하며, 그 가능성이 영감을 주어 올바른 방향으로 행동을 시작하게 하고 촉진시켜 나아가게 한다. 변화는 반응의 근거가 아니라 매력의 논리[2]에 바탕을 둔 것이다.

더 높은 토대를 향한 지속적 추구

에이아이 서밋은 인간의 희망과 열망이 연료가 되는 행동에 대한 것이다. 미시간 대학교 심리학 교수 바바라 프레드릭슨은 인간의 성과 향상에 미치는 긍정적 감정(희망, 기쁨, 영감, 고양, 자부심 등)의 힘에 관한 혁신적인 연구를 수행했다.[3] 그녀가 주창한 '확장과 구축' 모델에 따르면, 두려움, 적대감, 불안감, 무관심 등과 같은 부정적 감정은 '투쟁이나 도주' 행동과 직결되며, 본질적으로 사람이 반응할 수 있는 선택폭을 좁힌다고 한다. 반면 긍정적 감정은 개인의 역량을 확대시켜, 흥미, 호기심, 창의성, 유연성, 협동심과 행동 에너지를 촉발한다. 시간이 흐르면서 긍정적 감정과 관련된 선택사항이 지속적으로 확대되면, 장기적으로 건강과 높은 성과를 유지하는 영구적인 개인적 자원이 확보된다.

　　그러나 프레드릭슨 이론의 가장 강력한 부분은, 긍정적 감정에 가장 직접적으로 영향을 미치는 것은 의도적으로 긍정적 의미를 만들어내는 행동이라는 주장일 것이다. 사람은 자기 자신보다 더 크고, 진심으로 아끼는 어떤 존재와 자신을 연관 지을 때, 언제나 긍정적 감정을 풍성하게 경험하게 된다. 사람들은 에이아이 서밋에서 자신에게 흥분과 영감, 그리고 강력한 도전을 주는 아이디어와 기회를 지속적으로 추구할 수 있는 환경을 경험한다. 어떤 행동에 대해 생각할 때, 그들은 '시장가치를 가지고 있는가?' (현실적인 사업성과의 성취에 도움을 줄 것인가?) 또는 '조직의 관점에서 가치가 있는가?' (사람 중심, 고성과 조직 창출에 도움이 될 것인가?)라는 질문뿐만 아니라, '친밀감의 측면에서 가치가 있는가?' (당신에게 의미를 제공하는가? 당신을 흥분시키고, 힘을 주며, 행동하도록 요청하는가? 당신, 조직, 그리고 이해관계자들에게 자부심을 고취하는가?) 라는 질문도 받는다. 그 결과, 서밋에서 내려진 결정은 사람들의 최고 열망과 연결됨으로써 조직의 성과창출 역량을 크게 확대시킨다.

조건3: 충실한 기획

　　2장에서 언급했듯이, 에이아이 서밋 기획은 서밋의 실행보다도 2배나 더 많은 시간이 소요된다. 그 이유는 서밋의 위력이 올바른 목표에 초점을 맞추고 있는지, 적합한 이해관계자들이 참석했는지, 또 안전하고 개방적이며 포괄적인 참여가 이루어졌는지 여부와 직접적으로 연관되기 때문이다. 또한 기획 단계에서 많은 사람들이 에이아이를 처음으로 접하기 때문이기도 하다. 사람들이 이렇게 새롭고도 때로는 급격히 다른 종류의 접근방식의 정신을 이해하고 파악할 수 있도록 돕는 데 필요한 시간을 확보하는 것이 중요하다.

포괄적 공동 창조: 모든 이해관계자를 처음부터 참여시켜라

서밋이 조직 전체에 의미를 안겨주려면 기획팀이 처음부터 그 조직을 반영해야 한다. 이것은 대의적인 이유뿐만 아니라 보다 나은 성과를 창조하기 위해서도 그러하다. 파크센터 사례에서, 고객에게 진정으로 중요한 것이 무엇인지 아는 것은 고객뿐이며, 지역사회 구성원들에게 정말 중요한 것이 무엇인지 아는 것도 오직 구성원들뿐이었다. 그들은 서밋이 그들의 필요를 충족시키고 열망을 반영하도록 만듦으로써 서밋의 성공을 보장했다.

처음 시작한 대로 끝까지 간다

우리의 경험에 따르면, 기획팀은 서밋의 진행 과정 내내 조직의 나머지 사람들에게 일어나는 일에 막대한 영향을 미친다. 기획팀이 처음부터 호기심을 품으면, 그 서밋에서는 호기심이 풍성하게 넘쳐난다. 기획팀이 구성원들이 최고라고 단언하면, 그 서밋은 확신과 생산적인 관계를 자라나게 한다. 기획팀이 포용성과 개방성을 받아들이면, 서밋 내내 포용성과 개방성이 활짝 꽃을 피운다. 기획팀이 품은 정신은 전체 조직으로 퍼져나가며, 이후 활동의 성격을 규정짓는다.

조건4: 조직 전체가 한 자리에, 끝까지 참여하기

개인, 팀, 조직으로부터 최선을 이끌어내는 '전체성'의 경험이란 무엇인가? 이 질문은 우리가 에이아이 서밋을 시작한 이래, 긴장이 열정으로, 비관이 희망으로, 또 무관심이 협력적 행동으로 변화하는 광경을 반복적으로 지켜보면서 계속 품어온 질문이다. 고객과 동료에게 이 질문을 던지면, 대개 다음과 같은 대답을 들을 수 있다.

- 전체성은 잘못된 가정을 불식시키고 신뢰를 불러일으킨다. 모든 사람이 함께 모이면, 당신은 그들의 시각에 대해 새로운 깨달음을 얻고 자신의 관점을 더욱 온전히 공유할 수 있다. 다른 사고방식을 섣불리 판단하는 대신, 더 쉽게 공감할 수 있다.
- 전체성의 경험을 통해 사람들은 타인과의 상호의존성을 경험한다. 관계가 강화되고, 서로의 공통점을 분명히 인식하며, 공통의 목표를 달성하기 위해서는 서로가 절실히 필요하다는 사실을 깨닫게 된다.
- 전체성의 경험을 통해 사람들은 자신이나 소속 그룹, 혹은 소속 부서를 뛰어넘는 더 큰 목적을 깨닫고 경험하며 받아들인다.
- 전체성의 경험은 큰 공동체의 일부가 되기 원하는 인간의 기본적인 필요를 충족시킨다. 즉, 소속감을 제공한다.
- 전체성의 경험을 통해 생태학적 관점을 얻을 수 있다. 모든 퍼즐 조각들이 한데 모이며, 모든 사람들이 총체적 관점의 이해를 획득한다. 이전에는 잠자고 있거나 발견되지 않았던 새로운 행동의 가능성이 열린다.
- 전체성의 경험은 서밋의 결과에 신뢰성을 부여한다. 모든 사람들이 결

정에 참여하였으므로 실행에 옮겨질 가능성이 더욱 높아진다. 공식적 기여와 헌신은 개인적 책임감을 유발한다.

휘트니와 쿠퍼라이더의 글:

거대 조직에 속한 사람들에게 '전체성'의 경험은 존 글렌이 우주에서 지구라는 행성의 모습을 바라보았을 때 느낀 정신적 경험과 흡사한 것이다. 우리 마음속에 '전체성에 대한 인식'이 싹트는 순간, 우리는 인간성이라는 그 최고의 선을 위해 삶과 일을 바치고자 하는 욕구를 느낀다. 에이아이 서밋과 같은 대규모 회의에서, 조직 전체가 한 자리에 모인 환경은 사람들의 최고의 모습을 이끌어내고, '전체의 스토리'를 한데 불러 모으며, 전체를 대신하여 높은 헌신을 감당하려는 행동을 촉발한다.[4]

조직 전체가 한 자리에 모이는 것의 투자대비 수익률

에이아이 서밋의 성공을 위해서는 3~5일간에 걸친 집중적이고 강력한 외부 회의가 필요하다는 말을 하면, 사람들은 대개 경악의 눈초리로 서로를 쳐다보며 이렇게 말한다. "우리 직원들은 그렇게 오랫동안 별도의 시간을 낼 여유가 없어요!" 물론 여러 면에서 이런 반응은 이해할 만한 것이다. 대부분의 조직은 1년 365일간 쉼 없이 운영되며, 심지어는 1주일 내내 24시간 돌아가는 조직도 있다. 조직 전체가 5일이나 업무를 중단하는 것은 결코 쉬운 일이 아니며, 불가능한 경우도 있다. 또한 필요 이상의 시간을 회의에 할애하고 싶은 사람은 아무도 없으며, 특히 조직 전체가 '실무'를 멈추는 것을 의미한다면 더욱 그러하다.

이와 관련해 언급해 두어야할 4가지 중요한 사항이 있다.

첫째, 에이아이 서밋은 언제나 조직의 '실무'에 초점을 맞춘다. 이것이 교육 프로그램, 수련회, 단합대회, 학회 등과 같이 조직의 과제를 멈추게 하는 다른 종류의 회의들과 에이아이 서밋의 다른 점이다. 에이아이 서밋은 조직이 그 '실무' 속에서 전략적, 전술적으로 한 단계 도약할 수 있도록 고안되었다. 예를 들어, 최근 데이비드 쿠퍼라이더와 론 프라이가 로드웨이 익스프레스와 행한 일련의 서밋은 터미널 처리물동량, 화물처리 품질, 부하율, 최적 마진율이란 주제에 초점을 맞추었다. 여러 장소에 동시에 함께 모인 그룹들은 경쟁이 치열한 이 장거리 운송업계에서 성과를 향상시키기 위하여, 3~4일간에 걸쳐 그들의 조직과 업무에 대해 토론, 기획, 조정, 혁신 및 디자인 작업을 수행하였다. 로드웨이 익스프레스에게는 경쟁에 관한 한 마진율과 배송시간이야말로 가장 실제적인 주제였다.

둘째, 지금까지 100회가 넘는 서밋을 진행해오면서 경험한 바에 따르면, 서밋을 3일 이상 진행하는 것은 그 이하에 비해 관계 형성, 대화의 집중력과 깊이, 변화 강도 면에서 큰 차이가 있다. 사람들이 서로 사귀면서 신뢰를 구축하고, 타인의 관점에 귀 기울이며, 새로운 관계를 파악하고, 새로운 가능성을 상상하며, 새로운 전략을 개발하고, 새로운 디자인을 창출하며, 조직의 급격한 변혁을 위한 새로운 정책에 착수하기 위해서는 시간이 필요하다. 그런 과정을 생략하고 하루 이틀 사이에 '뚝딱 해치우려' 한다면, 틀림없이 그 결과에 실망하게 될 것이다. 그럴 경우 변화는 피상적 수준에 그치고, 수개월이 지나면서 사람들은 그 행사가 그저 '한 때의 유행'으로 느껴지기 시작한다.

셋째, 서밋 기간 중요한 일의 상당수는 휴식시간, 점심시간, 혹은 밤을 새워가며 진행하는 비공식 교류를 통해 새로운 아이디어가 싹트는 과정에서 일어난다. 우리는 최소한 2박 3일은 필요하다는 마빈 와이즈보드와 샌드라 자노프의 견해를 강하게 지지한다.[5] 이 정도는 되어야 개인적 성찰, 비공식적 대화, 공동체 구축, 그룹 전체의 통합에 필요한 충분한 시간이 확보된다.

마지막으로, 에이아이 서밋은 조직 전체가 한 장소에 동시에 모이기 때문에 기존의 변화 과정에 비해 비용과 시간이 적게 든다. 에이아이 서밋은 변화 정책의 통과를 위해 몇 번이나 보고와 지시를 주고받느라 시간을 허비하는 보통의 과정을 생략할 수 있다. 수백만 달러의 신규 수익을 창출한 로드웨이 익스프레스, 엄청난 가동시간 단축을 이뤄낸 존디어 및 이 책의 수많은 사례들이 보여주는 바와 같이 에이아이 서밋의 투자수익률ROI은 서밋에 투자한 시간과 에너지에 정비례한다.

적합한 사람들을 초대할 것 - 논의 주제에 진지한 관심을 가진 사람들을 참석시켜라

지금쯤은 에이아이 서밋이 조직의 전략적 중요 과제와 직결된, 팔을 걷어붙이고 실무를 수행하는 '업무 시간'이라는 사실이 분명해졌으리라고 본다. 그러므로 이 자리에는 꼭 필요한 사람들, 즉, 주제와 밀접한 이해관계를 가지는 사람들이 참석해야 한다. 그들은 서밋의 성과에 기득권이 있거나, 서밋 과제의 성공에 결정적인 정보, 영향력, 혹은 자원을 보유하고 있다. 서밋 성과에 진지한 관심이 없는 사람들을 그룹으로 구성하는 것만큼 에이아이 서밋의 효과를 떨어뜨리는 일도 없을 것이다. 서밋 참가자 선정의 세부 사항은 5장을 참조하라.

전원이 모든 프로그램에 참석할 것

에이아이 서밋 참가란 풀타임 업무와 같다. 서밋 참가자 전원은 모든 회의에 참석해야 한다. 이는 직급이나 부서에 상관없이 모든 조직 구성원에게 적용된다. 회의는 적극적 참여, 공개토론, 그리고 미래의 공동 창조를 위해 고안되었다. 반드시 참가자 전원이 모든 서밋 과정에 참여해야 한다. 조직의 리더가 먼저 회의 전체에 참석하는 본을 보여야 하며, 그렇지 않으면 회의를 열지 않을 수도 있다. 전원 참여는 에이아이 서밋의 성공의 필수요소이다.

조건5: 결정과 성과의 성공을 지지하는 결단

에이아이 서밋은 광범위한 촉매작용이 일어나는 과정이다. 서밋은 사람들의 열정을 자극하여 고도의 행동 에너지를 분출시킨다. 서밋이 막바지에 이르면 새로운 아이디어가 수없이 분출하고 계획이 출범된다. 사람들은 자기 자신과 조직 앞에서 실천을 다짐한다. 미래에 대한 희망이 드높아진다. 참가자들의 투자를 존중하고 조직의 유익에 끼치는 서밋 프로세스의 영향을 극대화하기 위해, 의사결정과 성과에 대해 제도적 지원을 제공하는 것은 필수적이다.

이 지원을 제공할 일차적인 책임은 애초에 서밋을 옹호했던 후원자들에게 있다. 그들은 전략적 타당성, 자원, 보상, 정책들 간의 통합, 그리고 가장 중요할지 모르는 격려를 제공할 수 있다. 그러나 책임은 고위 지도자에게만 한정되지 않는다. 공식적, 비공식적인 모든 계층의 리더들이 서밋의 모든 약속을 지지해야 하며, 새로운 관계, 아이디어, 이해의 결과로 얻어

진 놀라움, 혁신 및 새로운 기회, 즉, 소위 '즉흥 계획'이 제대로 수행되는
지 지켜보아야 한다. 12장은 서밋의 성공을 지지하는 법에 관한 상세한
내용을 다룬다.

조건6: 건강한 물리적, 관계적 공간

충분한 물리적, 관계적 공간은 안락한 환경과 시설을 제공함으로써 사
람들이 진정으로 중요한 대상, 즉 타인과 서밋의 과제에 집중할 수 있게
해준다. 예를 들어, 서밋 장소에는 자연채광이 잘 되는 창과 더불어 충분
한 앉을 자리와 움직일 공간이 필요하다. 사람들이 힘을 얻고 주의를 집중
할 수 있도록 충분한 음식이 제때에 신속히 제공되어야 한다. 주의집중을
위해서는 다른 세부 사항들도 보장되어야한다. 여기에는 시야, 음향, 조
명, 신선한 공기와 온도, 벽 면적, 주차, 욕실 등이 포함된다. 이런 편의시
설들이 제대로 갖추어지면 서밋은 매우 생생한 경험이 된다. 서밋의 실행
계획에 관한 모든 세부사항은 6장에서 다룬다.

조건7: 최소한의 세심한 퍼실리테이션

에이아이 서밋 퍼실리테이터는 기존의 소그룹 퍼실리테이터보다는 큰
행사의 사회자에 가깝다고 볼 수 있다. 서밋 퍼실리테이터의 주된 임무는
전체 그룹이 미리 디자인된 일련의 활동을 수행하도록 이끄는 것이다. 그
룹 스스로가 아이디어를 내고, 관계를 구축하며, 중요한 것이 무엇인지 결
정하고, 프로세스를 관리한다. 퍼실리테이터들은 그룹 전체가 서밋에 몰입

하고 앞으로 진행될 사항이 무엇인지 명확히 이해할 수 있도록, 초점을 제공하고 열정을 발휘하게 하며 명확성을 제공해 준다. 퍼실리테이터는 그룹 전체의 활동 흐름, 열정의 수준, 실천 의지를 예의주시한다.

이런 목적을 달성하기 위해서는 단순히 에이아이를 수행하는 것이 아니라 그들 스스로 에이아이가 '되고자 하는' 의지가 필요하다. 이 말은 호기심을 가지고, 자신과 다른 사람들에게 생기를 주는 것이 무엇인지 살피며, 관계 중심으로 작업하고, 협력을 신뢰하며, 기법보다는 의미를 중시하고, 결함에 관한 대화를 긍정적 가능성으로 바꾸며, 가치와 더불어 생산적이며 생명력을 주는 요소를 중심으로 조직을 만드는 데 집중한다는 의미이다. 요약하면, 당신과 타인, 그리고 조직 전체에서 최고의 요소를 찾고 이를 북돋우는 일에 무조건적인 헌신을 바치는 것이다. 긍정적 퍼실리테이션의 세부사항은 11장을 참조하라.

조건8: 긍정 인터뷰로 시작하기

우리는 이런 질문을 수도 없이 들었다. 즉, "모든 서밋을 일대일 긍정 인터뷰로 시작하는 것이 그렇게도 중요한 일인가요? 그냥 소그룹별 주제 토론을 시작하거나 곧바로 꿈꾸기 단계로 건너뛰면 안 되나요?"라는 질문들이다. 우리의 대답은 언제나 "인터뷰를 해야 합니다! 생산적인 회의를 시작하고 싶다면 그건 필수지요!"라는 것이다.

홀로그램적 출발
4D 사이클 전체를 거치는 홀로그램 인터뷰는 모든 사람에게 발언권을

부여한다. 모든 참가자들이 조직에 관한 자신의 이야기를 발언할 기회를 얻는다. 그들은 남들이 자신의 의견을 들어주며, 자신과 자신의 아이디어가 소중하게 여겨진다고 느낀다. 인터뷰에서 나온 정보, 아이디어, 이야기들 회의 내내 참고가 된다. 구루데브 캘사는 다음과 같이 말했다.

> 홀로그램 긍정 인터뷰 프로세스를 진행하는 데에는 몇 가지 목적이 있다. 첫째, 처음부터 모든 사람들에게 동등한 발언권을 부여한다. 둘째, 깊은 수준의 나눔과 경청의 모델을 확립한다. 셋째, 일대일 대화라는 비교적 안전한 형식을 통해 모든 참가자들이 자기 스스로의 생각을 탐색할 기회를 제공한다. 넷째, 참가자들 사이에 깊은 유대감을 빨리 형성한다. 다섯째, 해야 할 일에 대한 긍정적 토대를 이끌어낸다.[6]

성공의 근본원인에 대한 심층 분석

긍정 인터뷰는 단지 어색함을 누그러뜨리기 위한 수단이 아니다. 긍정 인터뷰는 회의 분위기를 조성하는 것보다 훨씬 더 큰 역할이 있다. 바로 서밋 과제의 핵심을 파악하고, 과제 달성의 근본 요소를 심층적으로 연구하고 분석하는 시발점인 것이다. 예를 들어, 시카고 조직개발 네트워크 ODNC는 자신의 목적, 프로그램 및 조직 구성방식에 새로운 활력을 불어넣으려는 시도에서, 과거 최고 성과를 올릴 수 있었던 4가지 성공요인을 파악해냈다. 첫째, 강력한 공동체 의식, 둘째, 양질의 학습 및 성장 기회, 셋째, 조직원들이 가졌던 자부심, 열정, 자발적 에너지, 넷째, 대담하고 야심찬 리더십이었다. 그 다음, 서밋 인터뷰 가이드에 이 주제들 각각에 대한 질문을 수록해 놓았다. 예를 들어, 학습과 성장에 관해서 다음과 같은 질문을 만들어냈다.

ODNC는 구성원들의 학습과 개발을 최우선으로 배려하는 조직이다. 조직개발의 '관행을 실천하기' 위한 고품질의 프로그램과 풍부한 상호작용, 그리고 직접적인 기회들은 ODNC의 본질을 구성하며 변혁이 살아 숨쉬는 조직이 되도록 해준다.

(a) 당신의 삶에서 가장 강력한 학습과 성장을 경험했던 순간을 생각해보고, 그 이야기를 나누어보라. 그것이 가능했던 요인은 무엇이었나?

(b) 당신이 ODNC에서 경험한 최고의 프로그램, 활동, 또는 학습기회는 무엇이었나? 특히 당신이 가장 즐거움을 누렸거나, 혁신적인 방식으로 개인적 혹은 직업적으로 성장했던 기회는 무엇이었나? 당신과 다른 사람들, 그리고 조직으로서의 ODNC가 가진 위대한 점은 무엇인가?

(c) 뛰어난 학습과 성장의 기회를 창출한다는 측면에서 ODNC의 가장 뛰어난 강점과 베스트 프랙티스는 무엇인가?

(d) 5년 후, 당신이 생각하는 이상적인 ODNC의 모습을 상상해보라. ODNC가 전국적으로, 또 전 세계적으로 학습과 성장에 관해 풍부하고도 인생을 뒤바꿀만한 기회를 제공하는, 누구나 가고 싶어 하는 곳이라는 평판을 듣게 된다고 상상해보라. ODNC는 과연 어떤 모습일까? 어떤 사람들이 그곳에 있을까? 어떤 점이 새로워지거나 달라져 있을까? 당신은 어떤 새로운 일을 하고 있을까? 다른 사람들은 무슨 일을 하고 있을까? 이런 기회들(새로운 시스템, 구조, 관계, 업무 방식 등)을 창출하고 유지하기 위해 조직은 무엇을 하고 있을까?

이런 질문들은 사람들이 조직의 강점에 생명력을 부여하는 요소를 가장 섬세하고 실감나게 이해할 수 있도록 도와준다.

수준 높은 결속관계 창출

긍정 인터뷰를 통해 참가자들은 서로를 알게 되고 더 큰 그룹의 일원이라는 소속감을 신속히 느낄 수 있다. 우리의 경험에 따르면, 200명 이상의 모든 사람들이 서로간의 대화를 통해 1시간 이상씩이나 누군가 자신의 말을 들어주는 경험을 하게 되면 현장에는 충만한 소속감이 감지된다. 누군가 나를 주목하고 내 말을 들어주며 존중해 준다는 느낌은 인터뷰에서 시작되어 그룹 전체로 퍼져간다. 이뿐만 아니라 긍정 인터뷰를 통해 다른 사람과 만나 그의 이야기를 듣다보면 동료의식과 친밀감이 생겨난다. 긍정 인터뷰 진행자를 맡은 사람은 파트너의 아이디어, 가치 및 그의 깊은 관심사가 전체 그룹 차원에서 고려되고 있다는 확신을 줄 책임감을 느낀다. 긍정 인터뷰는 상대방의 관심사와 차이점을 깨닫고 이를 존중함으로써 깊고 단단한 협동심을 창출한다.

조건9: 에이아이 4D 사이클의 흐름을 따르기

4D 사이클은 그룹이 신속히 전략적 변화의 달성에 필요한 단계들을 그들의 가치와 열망에 부합하는 방식으로 밟아가도록 안내한다. 각 단계(발굴하기, 꿈꾸기, 디자인하기, 실현하기)는 전체 프로세스에 핵심적인 요소들을 제공한다. 이 단계들은 서로 결합되어 학습, 에너지, 그리고 행동의 상승 작용을 일으킨다. 이 단계 중 하나라도 무시하면 전체 프로세스는 어

려움에 봉착한다.

우리는 4×4(4D 사이클을 4일 동안 진행하는) 서밋 디자인을 강력하게 추천한다. 이 형식으로 4D 각 단계마다 1일의 시간을 할애할 수 있다. 이렇게 하면 개인, 소그룹, 전체 그룹 차원의 작업 시간을 할당할 수 있고, 새로운 관계, 예상치 못한 결과, 그리고 혁신이 일어날 수 있는 여유를 가질 수 있다. 또한 심층적이고 지속가능한 변화를 불러오는 풍부하고 의미 있는 대화를 나눌 수 있다. 7장부터 10장까지는 4D의 각 단계를 종합적으로 고찰한다.

조건10: 말의 성찬이 펼쳐지는 환경을 조성하기

토치-로스 사례에서 언급했던 바와 같이, 우리는 언제나 에이아이 서밋에서 스토리텔링의 위력에 큰 감명을 받아왔다. 스토리가 강력한 설득력을 발휘하는 이유는 첫째, 공감하기 쉽고, 둘째, 자발성과 유머, 즐거움을 촉발하며, 셋째, 사람들은 개인적 경험을 통해 성장하므로 스토리는 사람들을 서로 연결시켜주고, 넷째, 정형화된 의사소통 방식보다 훨씬 더 생생한 세부내용을 전달함으로써 진보된 학습을 촉진하며, 다섯째, 오래도록 기억되기 때문이다. 그러므로 성공적인 서밋은 항상 '말의 성찬이 펼쳐지도록', 즉 스토리텔링이 풍부하게 이루어지도록 디자인되어야 한다.

위대한 스토리는 불가능한 행동을 가능해 보이도록 만든다

위대한 스토리는 재미와 정보를 제공할 뿐만 아니라, 불가능해 보이는 행동을 가능해 보이도록 만드는 힘을 가지고 있다. 우리는 이 사실을 토치—로스 사례에서 배웠으며 이후에도 여러 번이나 목격했다. 특히 국제종교 연합 운동은 그 분명한 사례였다. 수세기에 걸쳐 사람들은 종교간 협력이 불가능한 일이라고 말해왔다. 그러나 서밋에 모인 전 세계 수백 명의 사람들이, 극심한 대립적 상황 속에서도(남아프리카 공화국의 흑백 갈등, 이스라엘과 팔레스타인, 수단의 기독교인과 무슬림 사이의 갈등) 깊은 존중을 나누고 용감하게 협력을 이루어낸 수많은 스토리를 공유하자 갑작스레 협력은 그리 불가능하지 않은 일로 보이기 시작했다. 사실 참석자들이 그들이 협력할 수 있었던 요인에 대해 얘기하고, 또 동시에 그들이 서밋에서 함께 연합하기 시작하면서, 종교간 협력이라는 주제는 그저 가능한 차원을 넘어 부인할 수 없는 사실로 여겨지기 시작했다.

의사소통이 역량을 말해준다

스토리텔링이 중요한 또 한 가지 이유는 조직 내 의사소통의 지배적인 형태가 그 조직의 역량과 잠재력을 말해주기 때문이다. 조직 내 의사소통의 주요 형태가 협상이라면 그 조직에는 단절과 분열의 분위기가 생긴다. 사람들은 각자 자신의 이해를 추구해야 하는 것처럼 말하고 행동한다. 정보공유는 일어나지 않으며, 사람들은 조직 내 다른 부서에서 무슨 일이 일어나는지 거의 알지 못한다. 전체의 관점에서 생각하는 사람은 있다 해도 극소수일 뿐이다. 사람들은 모두 자신의 자리, 자신의 생각, 자신의 정체성을 지켜야 하므로 협력과 팀워크는 악화된다.

반대로, 이야기식의 의사소통은 포용적이고 호의적인 분위기를 창출한다. 이런 환경에서는 여러 가치들이 표현되고, 탐구되며, 받아들여진다. 호기심과 창의성이라는 인간 정신에 불을 붙인다. 이런 환경은 경험에 기초한 지혜의 씨앗을 싹틔운다. 또한 사회적 연합과 협력을 촉진한다.

스토리를 간직한 조직

마지막으로, 스토리는 조직의 잠재력을 결정짓는다. 짐 루데마가 그의 논문 '긍정적 스토리텔링'에서 지적했듯이, 조직은 자신의 정체성, 우선순위, 가치, 그리고 방향을 형성하는 특정한 '스토리라인'을 따르게 된다.[7] 예를 들어, GTE 전화 사업부의 회장 톰 화이트는 GTE의 스토리라인을 '세계 최고의 문제 해결사'로 정했다. 그들은 프로세스와 시스템의 결함을 정확히 찾아낼 수 있는 2,000가지 이상의 측정 지표를 가지고 있었다. 그들은 문제를 찾아내고 이를 고쳐내는 스스로의 모습에 자부심을 느꼈다. 그러나 톰의 말에 따르면 직원들이 서로 간의 관계에 있어서도 이 스토리라인을 그대로 따르기 시작했다. 오래지 않아 GTE 전화 사업부는 '어쩔 수 없는 무기력감에 빠져드는 부정적 문화'를 만들어내고 말았다. 톰은 조직문화란 본질적으로 '우리가 우리 자신에 관해 말한 후에 그것이 스토리임을 망각하는 스토리'라고 결론지었다.

이것은 중요한 사실이다. 에이아이 서밋에서는 조직과 공동체가 자신의 강점이라는 관점에서 스스로에 대한 스토리를 '재구성'하기 때문이다. 그들은 자신이 최고였던 때의 스토리를 통해 배우고, 미래의 희망에 관한 스토리를 공유하며, '새로운' 스토리에 내재된 우선순위를 지지하기 위해 조직을 디자인하고, 이를 실현하기 위한 행동에 착수한다. 그들은 자신의 정체성과 성취 목표에 대한 강점 중심의 새로운 스토리 속에서 살아가게 된다.

결론

이 10가지 필수 조건들이 합쳐져서 에이아이 서밋의 성공을 위한 일반적 틀이 된다. 이 조건들은 안전하고 개방적이며 매력적인 대화 분위기 창출에 기여하며, 사람들은 그 속에서 건강한 관계를 형성하고, 서로에게서 최고의 모습을 발견하며, 공통의 열망을 향해 함께 나아갈 수 있다. 이 책의 나머지 부분은 이에 관한 상세한 고려사항들을 다룬다. 4~6장은 후원, 기획, 서밋 디자인 창출에 관한 내용이다. 7~10장은 서밋의 실행에 대한 내용이다. 11장은 퍼실리테이션, 12장은 후속조치, 13장은 긍정적 조직 창출에 관한 내용이다.

2부

사전 작업

당신은 경영진과 함께 회의를 진행 중이다. 토론 주제는 전략 기획의 필요성이다. 마케팅 담당이사는 조직 전체를 포용하는 것이 얼마나 중요한지 주장하고 있다. 그는 이렇게 말한다. "조직원들은 모두 저마다 다른 고객, 다른 산업과 상대하며, 우리가 지향해야 할 바를 고민합니다. 더구나 그들은 우리의 계획을 수행할 사람들이지요." CEO가 이렇게 덧붙인다. "우리는 포용력을 발휘해야 하지만 동시에 신속하게 행동해야 합니다. 지난 6개월간 시장은 엄청나게 달라졌어요. 머뭇거릴 여유가 없습니다." 엔지니어링 담당이사도 고개를 끄덕여 동의하며 이렇게 언급한다. "우리는 서로에게서 많은 것을 배워야하며 지금 당장 함께 이야기를 나눌 수 있어야 합니다. 과거에 그랬던 것처럼 서로를 손가락질하며 비난하는 일은 피하고 싶습니다."

이런 시나리오는 정확하지는 않을지라도 실제로 벌어지는 상황이다. 이것은 우리가 자주 듣는 질문을 제기한다. 제기된 필요들(속도, 포용, 긍정적 지식 공유)을 어떻게 전략적 기획을 통해 해결할 것인가? 이런 필요를 충족시키는 데 에이아이 서밋이 어떻게 활용될 수 있는가?

2부에 제시된 자료들은 이런 대화의 분위기를 에이아이 서밋과 함께 전진하려는 분명한 결단으로 바꾸는 데 도움이 될 것이다. 앞으로 나올 내용들은 당신이 잠재적 후원자들에게 에이아이 서밋의 가능성을 이해시키고 그들의 목표 및 열망에 부합되도록 서밋을 조정할 수 있게 도와줄 것이다. 4장은 서밋에 대한 헌신과 후원을 이끌어내는 기본 사항들을 다룬다. 5장에서는 서밋을 기획하는 법을 이해할 수 있다. 6장은 실행 가능한 서밋 설계을 위한 필요사항들을 설명한다. 이를 통해 당신은 에이아이 서밋의 성공을 위한 사전 작업을 파악할 수 있을 것이다.

4장 _ 에이아이 서밋 후원

지난 10년간 우리는 다양한 목적으로 에이아이 서밋 후원을 결정한 리더들과 협력해 왔다. 조직문화 변혁, 전략기획, 조직 합병 후 통합, 고차원 고객 서비스, 시장대응 시간 단축 외에도 수많은 목적이 있었다. 우리의 경험에 따르면 서밋을 후원하기로 결정한 리더들은 3가지 주요 이득을 보고자 하였다. 즉, 조직 내 변화 속도의 향상, 미래 구상 작업에 대한 직원들의 광범위한 참여, 그리고 직능, 부서, 사업부 및 외부 이해관계자 그룹간의 통합이었다. 한 예로서 웨스트 스프링필드 공립학교 재단의 사례를 살펴보자.

메사추세츠 주 웨스트 스프링필드의 교육청장 수잔 모라타 박사와 에이아이 컨설턴트 마지 실러는 이 학구의 전략적 기획 프로세스 지원을 위한 다년간의 노력끝에 에이아이 프로그램을 출범했다. 이 프로그램의 목적은 전체 시스템의 구성원들(학생, 학부모, 교사, 교직원 및 지역사회 구성원)로 하여금 시스템의 성공사례를 연구하고, 관계를 강화하며, 강점 중심의 탁월성 추구 환경을 조성하는 작업에 참여하게 하는 것이었다.

수잔과 마지는 에이아이 서밋을 활용하여 이 프로세스에 착수했다. 첫번째 단계로 학구 전체에 걸쳐 다양한 관점을 가진 리더들을 포함하는 자문단을 구성하였다. 여기에는 교원노조 지도자, 교육과정 책임자, 중학교

영어교사, 초등학교 교장 및 교사가 포함되었다. 자문단은 에이아이를 접하고 서밋에 관심을 갖게 되자, 학부모, 교사, 교직원, 지역사회 구성원, 자원봉사자로 구성되어 폭넓은 대표성을 지닌 기획팀을 구성했다.

마지는 동료 에이아이 컨설턴트인 데비 모리스, 지나 힌리치스, 재키 스타브로스와 함께 '긍정변화 봉사단'이라 부른 지원팀을 조직했다. 그런 다음, 내부역량 강화를 위해 서밋에 참석할 예정인 150명의 교사, 학생, 학부모, 교직원 및 지역사회 구성원들과 함께 15시간짜리 서밋 예비 훈련 프로그램을 개최했다. 마침내 그 해 여름, 모든 이해관계자 그룹을 대상으로 수백 건의 인터뷰가 진행되었다.

서밋 행사는 9월초, 즉 새 학년 시작 직전에 개최되었다. 약 650명의 사람들(약 400명의 교사 및 교직원, 6학년부터 12학년에 이르는 100명의 학생, 그리고 일단의 학부모 및 지역사회 구성원들)이 고등학교 체육관에 모여 위대한 순간을 '발굴'하고, 미래의 가능성을 '꿈' 꿨으며, 이 학구가 그 꿈을 이룰 수 있도록 새로운 제안을 '디자인'했고, 각 학교가 그 꿈을 향해 나아갈 수 있는 첫걸음을 '계획'했다.

서밋의 결과로, 그 학구는 9가지 중요한 전략 틀을 도출했고, 각 학교는 그 틀을 실행에 옮기기 위한 일련의 실천 방안을 착수했다. 그러나 겉으로 드러난 제도적 성과보다 더 중요한 것은 각 이해당사자들 사이에 새로운 관계적 유대감이 형성되었다는 사실이었다. 한 참가자는 이렇게 말했다. "한 어린아이가 체육관에 모인 전체 청중들 앞에서 말하더라도 모두가 조용히 그 말을 경청했으며 진심어린 박수를 보냈습니다. 이런 순간들이 계속해서 이어졌고, 그 결과 전체 공동체가 그들 세계에 진정한 변화를 불러올 학생 및 교사들과 다시 결속을 다질 수 있었습니다."

수잔과 마지가 서밋을 후원하기로 결정한 뒤에도 서밋의 실현을 위한 많은 일이 필요했다. 이 장에서는 표 4.1에 제시된 핵심 활동을 개관한다. 이는 에이아이 서밋을 효과적으로 후원하고 그 성공 가능성을 극대화하는 데 필수적인 사항들이다.

표 4.1 효과적인 후원을 보장하는 핵심 활동

- 후원자들의 지지 확보
- 에이아이 서밋 프로세스 소개
- 적극적인 자문단 구성
- 중요한 변화 의제에 서밋을 집중함
- 자문단의 역할을 분명히 함
- 자원 제공을 약속함
- 서밋의 중요성 홍보
- 서밋 기획팀 선정

후원자들의 지지 확보

2장에서 언급했듯이, 후원자들이란 대개 어떤 변화 의제를 염두에 두며 그 의제를 성취하는 데 에이아이 서밋을 활용하고자 하는 소규모의 리더 그룹이다. 그들은 재정 및 기타 자원을 제공하고, 프로세스에 대한 가시적이고 열정적인 지원을 제공하며, 성공을 보장하기 위해 그들의 영향력을 활용한다.

후원자들이 서밋 주제에 대해 열정적인 관심을 가지는 것은 필수적이다. 해당 주제가 그들에게 전략적으로 중요하지 않다면 그들은 필요한 시간과 관심을 쏟지 않을 것이다. 예를 들어, 웨스트 스프링필드 학교재단의 경우, 마지가 교육과정 재편성에 집중된 서밋을 제안했더라면 수잔과 그녀의 동료들은 흥미를 보일 수는 있을지라도 전적인 관심을 기울이지는 않았을 것이다. 그들은 광범위한 전략기획 프로세스에 주요 구성원들 모두가 참여하기를 원했기 때문이다. 당시로서는 그 주제 외에는 목적을 이룰 방법이 없었다.

후원자들의 지지를 이끌어내고 이를 유지하는 데 있어서 두 번째로 중요한 요소는 후원자들과 직접적이고 공개적으로 의사소통할 수 있는 통로를 확보하는 것이다. 조직에서 우리에게 연락해 오는 사람은 대개 HR이나 OD 전문가, 또는 조직변화 담당자인 경우가 많다. 물론 그들은 프로세스에 필수적인 인물이지만, 그들을 우리와 핵심 후원자들 간의 중재인으로서 지나치게 의존하는 것은 실수라는 사실을 깨달았다. 정기적이고 직접적으로 우리의 생각과 질문을 후원자들과 토론하고, 그들의 생각과 질문을 우리에게 알려주도록 할 필요가 있다. 그럼으로써 프로세스를 다듬고 이를 순조롭게 진행할 수 있는 것이다.

에이아이 서밋 프로세스 소개

에이아이 서밋의 잠재적 후원자들이 우리에게 연락을 취해오는 경우, 대개 무엇을 성취하고자 하는지, 왜 에이아이 및 서밋이 그 목적에 도움이 되리라고 생각하는지를 먼저 우리에게 이야기한다. 또한 그들은 종종 에이아이와 서밋 프로세스에 대한 질문을 한다. 따라서 우리는 거의 언제나 조직 구성원들에게 에이아이 서밋 프로세스를 소개하는 것으로 활동을 시작한다.

우리는 다른 무엇보다 먼저 에이아이의 철학과 실시사례를 예시로 보여준다. 우리가 오랜 경험을 통해 얻은 굳은 신념은, 에이아이 서밋의 후원자를 확보하고 기획하고 퍼실리테이션하기위해 사용하는 프로세스가 원하는 성과와도 부합해야 한다는 것이다. 따라서 우리가 에이아이 서밋을 한 조직에 소개하는 방식은 에이아이 4D 사이클에 입각하여 매우 참여지향적이고 경험적이며 조직화되어 있다.

누구에게 소개하는가?

우리의 목표는 에이아이 서밋을 소개할 때 가능한 한 많은 사람들이 참석하는 것이다. 이 소개란 대개 반복적인 과정이다. 처음에는 한두 명의 간부들이 참석하는 전화 회의로 시작해서 6~8명(아마도 변화 전략이나 연례 전략기획을 책임지는 팀) 정도로 참여폭이 확대된 다음, 본격적인 발표로 발전한다. 우리는 에이아이 서밋을 처음 소개하는 자리에 조직의 다양한 구성원들이 참석하도록 요청한다. 예를 들어, 브리티시 에어웨이의 경우 소수의 경영진들이 전화 회의를 통해 에이아이를 학습하고 우리와 토론한 다음, 이틀짜리 에이아이 소개 프로그램에 40명의 사람들을 참석시켰다. 참가자들 중에는 부회장, 일선 직원, 고객서비스 담당자, 노조지도자, 관리자가 포함되어 있었다. 첫 소개 시간에 조직의 축소판이라 할 만한 구성원을 소집하면, 그 모든 사람들에게 에이아이의 잠재력을 경험하고 그들의 관심사를 표현할 기회를 제공해줄 수 있다. 또한 참가자들은 전체성뿐만 아니라 조직 전체가 참여함으로써 얻는 긍정적인 효과를 체험할 수 있다.

의미 있는 소개의 요소는 무엇인가?

에이아이 서밋 프로세스 소개 시간은 도해 4.1에 요약된 바와 같은 2시간짜리 소개 시간이든, 이틀짜리 소개 프로그램(5장 참조)이든 서로 공통된 특징을 가지고 있다.

도해 4.1 2시간짜리 에이아이 서밋 프로세스 소개 시간의 의제 사례

1. 에이아이 소개	20분
a. 에이아이란 무엇인가? 정의 및 성공 스토리	
b. 결함 중심의 변화와 긍정 변화의 비교	
c. 4D 사이클 개관	
2. 미니 긍정 인터뷰	45분
a. 일대일 인터뷰 (각각 15분)	
b. 인터뷰 보고	
c. 긍정 질문의 위력	
3. 에이아이 서밋 프로세스	20분
a. 소그룹 대 전체조직 접근법	
b. 성공의 조건	
c. 일반적인 4일간의 서밋 의제	
4. 공개토론: 서밋은 어떻게 당신에게 도움을 주는가?	20분
5. 후속 단계	15분

첫째, 그것은 개념과 경험 사이의 균형을 제공해야 한다. 우리는 에이아이와 서밋의 원칙을 공유하며, 참가자들에게 긍정 인터뷰를 경험할 기회를 제공한다. 에이아이를 배우는 최선의 방법은 실제로 해보는 것이므로, 최소한 긍정 인터뷰를 경험하는 것은 필수적이다. 긴 시간이 확보된 소개

프로그램에서 참가자들은 긍정 질문을 작성하고, 그들의 인터뷰에서 도출된 스토리를 공유하거나, 때로는 잠재적 서밋 주제를 선정하는 것까지 경험해볼 수 있다.

둘째, 소개 시간에는 이야기가 풍부해야 한다. 즉 다른 조직에서는 서밋 프로세스가 어떤 효과를 발휘했는지에 관한 풍성한 스토리가 전달되어야 한다는 의미이다. 에이아이는 스토리 기반의 프로세스이며, 따라서 성공적인 소개에는 상당량의 스토리텔링이 수반되어야 한다. 우리도 스토리를 전하고 참가자들에게도 스토리를 공유하도록 요청한다. 그들은 조직의 최고의 모습에 관한 스토리를 서로에게 들으면서, 최상의 경험 사례들을 공유하는 위력을 깨닫게 된다.

셋째, 효과적인 소개는 참가자들이 서밋을 자신들의 조직에 어떻게 활용할지 논의하는 기회를 제공한다. 즉 서밋이 어떤 목적에 쓰이는지, 어떤 성과를 얻을 수 있는지, 누가 참여해야 하며, 언제 개최할지 등을 말이다. 이 시간에 어떤 그룹은 실제로 에이아이 서밋을 진행하기로 결정하기도 한다. 그들이 우리에게 회의실을 나갔다가 10~15분 뒤에 다시 들어오라는 부탁을 한 적도 여러 번 있었으며, 그럴 때면 우리는 언제나 서밋 프로세스를 진행하기로 결정했다는 말을 들었다.[1]

도입 인터뷰 체험

우리가 에이아이 서밋 소개 시간에 긍정 인터뷰를 진행하는 가장 큰 이유는 사람들이 에이아이에 대한 통찰을 얻고 그 위력을 가장 크게 깨달을 수 있기 때문이다. 참가자들은 긍정 인터뷰를 경험하면서 에이아이의 이점에 대해 가장 많이 배웠다고 종종 말한다. 도해 4.2는 에이아이 서밋 소

보기 1	보기 2	보기 3
도입부 당신이 조직에 첫발을 들여놓을 당시의 일을 듣고 싶습니다. 자신에 관해서, 그리고 조직생활을 어떻게 시작했는지에 관해서 조금만 이야기해 주십시오. 조직의 첫인상은 어땠습니까?	**도입부** 먼저 당신의 조직생활 초기의 경험들에 대해 알고 싶습니다. 조직의 어떤 면에 매력을 느꼈습니까? 당신이 계속 이 조직에 남아있는 이유는 무엇입니까?	**도입부** 자신에 대해 말해주십시오. 이 조직에 속하게 된 이유는 무엇입니까? 조직에 속한 지는 얼마나 되었습니까? 이 조직과 계속 함께하는 이유는 무엇입니까? 자세히 설명해주시기 바랍니다.
최고의 순간 직장 생활 전반을 되돌아볼 때, 당신이 가장 활기에 찼고, 영감과 자부심을 얻었던 최고의 순간을 떠올려 보십시오. 그것이 최고의 순간이었던 이유는 무엇입니까? 그것과 관련된 사람은 누구입니까?	**업무 경험** 당신의 직장 생활 전체에 걸쳐, 이 조직에 근무하는 것에 대해 최고의 기분을 느꼈을 때, 그리고 당신의 팀이 뛰어난 성공을 거두었던 때를 기억해 보십시오. 그토록 높은 수준의 성취를 가능케 했던 환경적 요인은 무엇이었습니까?	**가치 부여** 당신은 한 개인으로서 자신의 어떤 면에 가장 큰 가치를 부여합니까? 어떤 특기나 재능, 혹은 자질을 가지고 있습니까? 동료들의 어떤 면을 가장 좋아합니까? 마지막으로, 당신은 이 조직의 어떤 점을 가장 높이 평가합니까? 이 조직의 베스트 프랙티스는 무엇입니까?
트렌드, 가치 부여 자신과 조직, 그리고 당신의 일의 어떤 점에 가장 큰 가치를 부여합니까?	**핵심 요소** 이 업계의 성공 요인을 고려할 때, 이 조직의 핵심 차별화 요소는 무엇입니까? 이 조직에 생명을 부여하는 요인은 무엇입니까?	**긍정 변화, 그리고 기회** 이 업계에 종사해온 당신의 경험에 비추어, 가장 주목할만한 변화는 무엇이었습니까? 향후 도래할 것으로 예상되는 가장 중요한 트렌드와 기회는 무엇입니까?
미래 의식 이 조직의 건강과 활력의 증진을 위해 3가지 소원을 말할 수 있다면, 어떤 것을 선택하시겠습니까?	**미래 이미지** 지금부터 3년 후, 이 조직은 그동안 진행해온 모든 일에서 성취를 거두었다고 상상해보십시오. 무엇이 달라졌으며, 어떻게 달라졌을까요? 그렇게 생각한 이유는 무엇입니까?	**미래에 대한 희망** 내일 아침 당신이 잠에서 깨어보니, 당신의 조직이 거둔 엄청난 성공 스토리가 지역신문의 1면을 장식하고 있다고 상상해봅시다. 기사제목은 무엇이며 어떤 스토리가 실려 있을까요?

개 시간에 사용할 수 있는 3가지 긍정 인터뷰를 설명한다.

참가자들은 도입 인터뷰를 통해 에이아이를 경험할 뿐만 아니라, 그들이 최고의 순간에 무엇으로부터 생기를 얻었는가를 파악하기 시작한다. 그러므로 인터뷰 경험을 다시 말해보는 것이 중요하다. 우리는 사람들에게 자신의 인터뷰 경험과, 그 과정에서 자신의 파트너와 조직에 대해 배운 것들을 공유하도록 요청한다. 대개의 경우, 참가자들은 그토록 쉽고 빠르게 의미 있는 대화를 나눌 수 있다는 사실과, 그들이 얼마나 많은 공통점을 가지고 있는지, 또 파트너가 회사에 공헌한 바에 대해 얼마나 많이 배울 수 있는지에 대해 놀란다. 한번은 평소 혼자 있기를 좋아한다고 알려진 어느 세일즈 부문 부사장이 자신이 경험한 도입 인터뷰가 효과적이고 생산적이며 파트너와 친해지는데 도움이 되었다고 말했으며, 자신의 부하 1,200명 모두가 긍정 인터뷰를 경험하게 해달라고 요청하여 우리마저 그 열정에 놀란 적이 있었다. 이 시점에 이르자 그룹은 우리가 정한 의제는 뒷전으로 미루고 그들의 조직에서 실시할 서밋에 대해 토론하기 시작했다.

적극적인 자문단 구성

에이아이 서밋을 후원하겠다는 결정이 내려지면 우리는 자문단[2] 구성을 제안한다. 자문단은 서밋의 감독과 진행, 자원 제공의 역할을 담당하며 최대 8명을 넘지 않는 소그룹이다. 때로는 기존의 경영진이 자문단이 되기도 한다. 헌터 더글러스 윈도우 패션 사업부문의 사례가 바로 이런 경우에 해당된다. BUMS라고도 불리던 해당 사업부 경영진은 그들의 에이아이 정책인 포커스 2000[3]의 후원을 책임졌다.

그러나 대개의 경우, 직능을 포괄하는 자문단이 구성된다. 네바다 아동복지서비스 통합 서밋 자문단은 네바다 주와 해당 카운티, 그리고 다양한 아동복지기관의 리더들로 구성되었다. 샌터 애너스타 호텔 앤 카지노 자문단은 이사회 회장을 비롯하여 총지배인, 부지배인, HR 부문장, 교육개발 책임자로 구성되었다.

자문단이 구성되면 우리는 대개 하루를 할애하여 그들과 중요한 변화의제에 관한 서밋 프로세스에 집중하고 자문단의 역할을 명확히 한다. 이때 자원 제공 약속 확인, 서밋 중요성의 홍보 계획 수립, 그리고 기획팀[4] 선정의 작업도 병행한다. 우리는 '긍정 변화를 위한 리더십'에 대한 에이아이가 이 회의를 시작하는 유용한 방법이라는 사실을 발견했다. 우리는 인터뷰 질문을 통해 참가자에게 그들이 경험했던 가장 성공적인 변화 정책을 이야기해줄 것과, 그것을 가능케 한 동력과 요소를 파악할 것을 요청한다. 우리는 그들이 이러한 변화정책의 미래를 바라보도록 요청한다. 즉 구체적 변화 의제에 집중하고, 변화 과정 이전, 도중, 그리고 이후에 사람들이 어떻게 서로 협력할 것인지 생각하며, 성과와 영향력을 상상해보도록 말이다. 마지막으로, 그들이 성공을 위해 이루어야 할 핵심 과제와 활동을 현실적으로 고려해볼 것을 권한다. 그리고 나머지 시간은 이 모든 것들을 종합하는 데 할애한다.

서밋의 중요한 변화 의제에 집중

자문단 회의에서 가장 먼저 할 일 중 하나는 서밋의 전략적 초점에 대해 합의를 도출하는 것이다. 이 시점에서 서밋의 주제나 명칭을 확정하는 것은 필요하지도 바람직하지도 않다. 그것은 기획팀의 소관이기 때문이다. 그러나 변화 의제를 명확히 하는 것은 필수적이다. 이미 언급한 바와 같이, 서밋이 성공을 거두려면 그것을 후원하는 조직 및 공동체에 전략적으로 중요하고 분명한 목표에 집중해야 한다. 변화 의제가 무엇이든, 이해관계가 있는 그룹 모두에게 우선순위가 높을수록 서밋이 집중해야 할 의제로 적합하다고 볼 수 있다.

미 해군의 경우, 자문단이나 후원자들이 처음으로 수립한 과제에는 모든 계층에서의 리더십이 포함되어 있었다. 로드웨이 익스프레스의 경우, 최적 마진과 직원주도의 성과였다. 맥도널드는 전략적 경쟁우위였고, 캐나다 국방부는 인적자원부서의 미래 역할로 정했다. 네바다 주는 주 및 카운티의 아동복지 서비스 통합이었고, 러브레이스 헬스케어 시스템은 간호사 확보를 택했다. 전국사립학교협회는 다양성, 샌터 애너스타 카지노는 최상의 고객 서비스, 뉴트리멘탈은 전략 기획을 목표로 잡았다. 이런 목표들은 변화 의제를 정하기에 충분할 정도로 구체적이면서도, 기획팀과 다른 이해관계자들이 서밋의 구체적 주제를 결정하기 위해 광범위한 대화를 할 수 있을 정도로 폭넓은 것이었다. 예를 들어, 해군 사례에서 우리 동료 프랭크 바렛과 데이비드 쿠퍼라이더는 기획팀과의 협력을 통해, 모든 계층에서의 리더십이라는 광범위한 전략적 주제를 모든 사람들이 열정을 바쳐 지지할 수 있는 구체적인 주제로 전환해냈다. '담대하게 깨어난 해군의 모든 리더: 자율적 탁월성 문화를 향하여'

자문단의 역할을 분명히 함

자문단이 자신의 고유한 역할을 이해하고, 그것이 기획팀이나 퍼실리테이터 혹은 기타 주체의 역할들과 어떻게 다른지를 명확히 깨닫도록 돕는 일은 언제나 중요하다. 이것은 자문단이 이런 종류의 대규모 변화 프로세스를 과거에 경험해본 적이 없을 경우 특히 그러하다. 그런 점에서 '긍정

표 4.2 에이아이 서밋 이전, 도중 그리고 이후 자문단의 핵심 역할

이 전	도 중	이 후
• 중요한 조직 변화의제에 집중하라. • 에이아이 서밋의 중요성을 홍보하라. • 성공의 보장을 위한 자원(시간, 돈, 사람)을 제공하라. • 다양하고 범조직적인 기획팀을 선정하고 그들에게 권한을 부여하라.	• 처음부터 끝까지 참석하라. 다양한 자발적 역할을 교대로 수행하라. • 서밋 퍼실리테이터들과 피드백을 주고받아라. • 마음을 열라. 다른 사람들과 생각과 느낌을 나누라. • 조직의 많은 목소리에 의도적으로, 또 깊이 귀 기울여라.	• 모든 후속조치 활동에서 끊임없이 긍정적 관심을 보여라. • 적극적 후속조치의 중요성을 홍보하라. 집중 실천사항을 선정하라. • 에이아이 서밋 활동기록을 요청하고, 진전을 위한 후속 회의를 약속하라.
	• 에너지와 열정을 발산하라. 다른 사람들로부터 원하는 바를 솔선수범하여 보여주라. • 다른 사람들이 생각과 관점을 나누도록 격려하라. • 함께 미래를 창조하는 일에 열정적으로 기여하라.	• 개방적 공유와 지지를 촉진하는 환경을 조성하여 변혁을 주도하라. • 지속적으로 강화하고, 홍보하며, 진척상황을 점검하라. 조치, 목표, 성과를 통해 서밋의 동력을 유지하라. • 변화 프로세스의 순조로운 진행을 위한 자원과 지지를 제공하라.

변화를 위한 리더십'을 대상으로 에이아이를 수행하는 것은 대단히 가치 있는 일이다. 서로 인터뷰를 진행하고, 변화를 이끌었던 경험을 나눔으로써 자문단 구성원들은 서밋을 성공적으로 후원하는 데 필요한 리스트를 확보할 수 있다.

일반적인 자문단의 역할(서밋 이전, 도중, 그리고 이후의)이 표 4.2에 제시되어있다. 서밋 이전에 자문단이 수행할 핵심 역할은 4가지이다. 즉, 중요한 조직 변화 의제에 서밋을 집중하고, 서밋의 중요성을 홍보하며, 성공에 필요한 자원을 제공하고, 기획팀을 선정하고 권한을 부여하는 일이 그것이다.

자원 제공을 약속함

에이아이 서밋을 효과적으로 수행하기 위해서는 많은 자원과 지지가 필요하다. 자문단은 서밋의 전반적 성공을 위해서는 그에 따른 자원이 필요하다는 사실을 명확히 이해하고 이를 아낌없이 실행에 옮겨야 한다. 에이아이 서밋 운영에 필요한 자원은 처음부터 논의되어야 한다.

에이아이를 효과적으로 후원하는 데 필요한 자원은 자금 외에도 사람, 시설과 장비, 시간 할애, 장소, 그리고 음식 등이 있다. 표4.3에는 서밋에 필요한 자원을 분명히 파악하는 데 도움이 될 자원 조합이 나타나있다.

모든 서밋은 저마다 다르며 각각에 필요한 자원 역시 다르다. 변화 의제, 서밋 소요 시간, 참가인원, 조직문화와 재정 상태의 요소가 필요한 자원의 수준에 영향을 미칠 것이다. 우리와 함께 했던 조직들은 서밋 장소를 호텔, 대학 캠퍼스, 그리고 컨벤션 센터로 선택했다. 어떤 조직은 근사한

표 4.3 에이아이 서밋 필요 자원 조합

	이 전	도 중	이 후
사람	• 자문단(6~8명) • 기획팀(12~20명) • 퍼실리테이터(참가자 100명당 2명) • 인터뷰팀(사전인터뷰 진행시) • 조직구성원(사전인터뷰 진행시) • 이해관계자들(사진인터뷰 진행시)	• 자문단 • 기획팀 • 퍼실리테이터 • 조직구성원 • 이해관계자들	• 혁신팀(정책 수립시) • 자문단: 긍정 변화 지속을 위한 안내와 지원 제공 • 기획팀: 서밋 성공사례 및 후속 단계 홍보
시간	• 자문단: 1일/월 • 기획팀: 5일/월 • 인터뷰팀: 20시간 −1회당 2시간, 10회 진행 • 조직구성원: 매회 1시간 인터뷰 • 이해관계자: 매회 1시간 인터뷰	• 조직전체 참여: 3~5일 • 기획팀: 전체 참여, 그리고 간단한 조회 및 퍼실리테이터들과 마감회의 • 자문단: 전체 참여 및 퍼실리테이터들과 마감회의	• 혁신팀: 정책에 따라 추후 결정 • 자문단: 1일/월 • 기획팀: 서밋에 관한 의사소통 및 요약에 4~5일, 혹은 긍정변화 네트워크나 에이아이 2단계 착수 시 추가시간 필요
장소: 회의실, 장비, 음식	• 회의 일정 및 시간 • 숙소 확보(방 개수) • 교통편 • 행사장 준비 −넓이와 배치(유리창 확보) −토론실 추가 확보 −테이블(원탁이 더 좋음)과 의자 −음식 준비 및 품질점검 −벽 면적 혹은 파티션 −시청각 장비 −적절한 휴식 공간	• 매일 회의실 준비(토론실 포함) • 시청각 장비 준비 −이젤, 화이트보드, 마커펜 −프로젝터 및 PC −비디오카메라(촬영시) −마이크 −컴퓨터 투표장비(필요시) −복사기, 컴퓨터, 프린터 −음식과 재충전 −필요시 숙소 및 교통 확보	• 장소 및 장비 사용내역 확인 • 장비관리자 면담 및 피드백 • 서밋장소에서 공항까지 교통편 확보(필요시) • 장비를 원래 장소로 운송할 교통편 확보(필요시)
비품, 부자재	• 참가 초대장 • 등록 프로세스 • 좌석 배치 • 워크북/유인물 • 필요 비품	• 참가자 명단 및 명찰 • 참가자 워크북/유인물 • 참가자 테이블용 비품 • 벽보 부착용 폼 보드(필요시) • 평가 설문지 • 참가자용 선물(원할 경우)	• 서밋 기간 중 결정

음식을 주문 공급하기도 했고, 어떤 경우는 간단한 점심을 기증받아 제공하기도 했다.

시청각 장비의 종류로는 플립차트 판을 구비한 이젤과 마커에서부터 전문적인 비디오 기록 장치까지 다양한 종류가 있다.

필요 자원을 미리 명확히 하고 제공하는 데 시간을 할애하면 신뢰가 구축되고, 예상치 못한 문제가 미연에 방지되며, 에이아이 서밋의 성공 가능성이 높아질 수 있다. 뉴트리멘탈의 경우에는 식품 공장의 일부를 비워 피크닉용 테이블과 750개의 의자를 빌려 채워놓았다. 널찍한 공간 한 쪽 끝에 무대를 준비하고 임시로 음향설비를 설치했다. 3일에 걸쳐 회사 전체가 지역 공동체 리더, 공급자, 그리고 고객들과 만남을 가졌다. 그들은 모두 함께 한 자리에 모여 서밋을 위해 맞춘 똑같은 티셔츠를 입고 회사의 새로운 방향을 계획했다. 6개월 후, 이 회사의 매출은 300퍼센트나 증가했고, 직원의 사기는 200퍼센트 성장했다. 그들이 자원에 투자한 금액은 직원들의 사기와 회사의 성과 모두를 통해 보상을 받았다.

서밋의 중요성 홍보

변화 의제를 선정하고, 역할을 명확히 하며, 자원을 확보했다면, 자문단은 서밋의 중요성을 조직 전체에 분명히 알려야 한다. 홍보는 뉴스레터 기사, 메모, 직원회의와 같은 공식적인 수단과, 서밋 프로세스에 대한 개인적 희망을 담은 추천이나 진술과 같은 비공식적 수단을 결합할 때 가장 효과적이다. 긍정적이면서 최대한 창의적으로 서밋을 홍보하라. 직원들이 정기적으로 이메일을 확인할 수 없고, 회사 뉴스레터를 잘 읽지 않거나 주요 소식원으로 여기지 않는 한 회사는 포스터를 만들어 사내 식당과 출근 시간기록계 그리고 휴게실에 걸어놓기도 했다.

우리는 모든 직원들에게 에이아이 프로세스와 에이아이 서밋이 진행될 예정이라는 사실을 알리는 일련의 '킥오프' 미팅을 추천하기도 한다. 우리는 그 기간 동안 기획팀으로 활동할 자원자를 모아 인터뷰 진행자 역할을 담당하고 다양한 사업부와 부서에서 에이아이 코디네이터로 봉사할 것을 요청한다. 킥오프 미팅은 조직이 범조직적인 정책을 추진해본 적이 없거나 직원들의 전적인 헌신이 성공에 필수 요소가 되는 경우에 특히 요긴하다. 그런 회의를 통해 모든 사람들이 서밋이 무엇인지를 알게 되고, 서밋이 중요한 이유와 그들의 참여가 핵심적인 이유를 알게 된다.

서밋 기획팀 선정

서밋은 종료되었고 기획팀은 보고를 하는 중이었다. 근무복에서 평상복으로 갈아입은 것처럼 기획팀으로서의 책임도 내려놓았다. 팀원들이 한 사람씩 발표하면서 서밋의 성과가 점차 명확히 드러났다. 서밋은 큰 성공을 거두었고, 기획팀의 역할은 훨씬 더 큰 성공을 거두었다. 이들은 전형적인 기획팀이었다. 관리직과 현장 직원이 모두 포함되어 조직 내 다양한 직능을 대변하였다. 또한 조직 내 모든 직위를 망라하여 부회장, HR 부문장, 홍보책임자, 현장관리자 2명, 이사, 노조간부, 그리고 2명의 현장직원 등으로 구성되어 있었다. 그들은 지난 4개월간 희망과 자원, 좌절, 분명한 의견을 서로 나누며 열심히 노력해왔다. 마침내 그들은 회사 최초로 250명 규모의 에이아이 서밋을 이루어냈다. 그 모든 일의 시작은 자문단이 그들을 기획팀으로 봉사하도록 선정하면서부터였다.

에이아이 서밋을 위한 기획팀을 선정하고 권한을 부여하는 책임은 바로 자문단에게 있다. 기획팀의 역할은 서밋을 진행하는 데 필요한 모든 것을 실행하는 것이기 때문에 자문단은 기획팀 구성에 큰 관심을 기울여야 한다. 효과적인 기획팀이 없다면 서밋도 진행될 수 없다. 표 4.4는 기획팀의 특징과 팀원 개인의 특징을 설명하고 있다. 우리는 이 표를 이용하여 자문단이 기획팀을 위한 최적의 구성원을 선정하도록 돕는다. 이 표를 일반적인 지침으로 여기에 제시한다.

표 4.4 성공적인 에이아이 기획팀의 특징

팀으로서 특징	개인으로서 특징
• 여러 직위, 직능 및 사업부를 대변하는 다양한 구성 • HR, 대내외 홍보 담당, 그리고 현장 직원 등의 회사 구성원들이 포함될 것 • 공식적, 비공식적 리더들이 포함될 것 (관리직, 현장, 노조) • 에이아이 서밋의 성공에 영향력을 크게 미치는 모든 그룹이 포함될 것	• 조직 내에서 신망이 두터움 • 인간관계가 원만하고 경청하는 태도 • 행동형이며, 책임지고 완수하는 성격임 • 조직의 비전과 전략 방향을 이해하고 지지함 • 에이아이 서밋 참여에 열정을 보임 • 팀워크, 참여, 협력을 소중히 여김

우리는 컨설턴트로서, 자문단과 기획팀 모두에 적극적으로 참여한다. 우리는 최소한 1달에 한 번 자문단과 만나며, 기획팀과는 그보다 더 자주 만날 기회를 가진다. 우리는 기획팀과의 긴밀한 협력을 통해, 에이아이 서밋 기획 프로세스 전반에 걸쳐 성공을 위한 그들의 노력에 길잡이 역할을

한다.

기획팀 선정이 완료되면 에이아이 서밋을 성공적으로 후원하기 위한 기초가 마련된 셈이다. 5장과 6장에서 우리는 서밋이 실제로 진행되기 전까지 기획팀이 수행해야 할 모든 일을 다룰 것이다.

5장_에이아이 서밋 기획

　최초의 종교 연합 운동URI 정책 서밋은 아직 URI라는 개념이 윌리엄 스윙 주교와 그의 종파를 초월한 일부 동료의 마음속에 타오르는 희망에 지나지 않던 시절부터 시작되었다. 그들은 회의장을 마련하고 65명의 종교 지도자들을 초대하여, 종교간 평화를 추구하는 글로벌 범종교 조직 구상의 타당성을 논의하기 위해 4일간의 회의를 개최했다. 회의 개최 6주 전에, 데이비드 쿠퍼라이더와 구루데브 캘사는 그들에게 에이아이를 소개해주었고, 그 회의의 기반으로서 에이아이를 채택하자는 결정이 신속히 내려졌던 것이다.

　기획 회의가 진행되면서, 점차 2가지 핵심 성공 요소가 분명히 드러났다. 즉, 분명하고 강력한 목표가 설정되어야 하며, 모든 이해관계자들이 참석해야 한다는 것이다. 신문에 보도된 것처럼 스윙 주교가 종교 연합 운동의 구성에 몰두해 있는 마당에 타당성 문제는 더 이상 논의할 필요가 없었다. 서밋의 과제는 타당성의 고려가 아니라, 헌신 및 행동을 환기시키는 것으로 재정의되어야 했다. 또한 URI가 진정한 글로벌 조직이 되기 위해서는 종교 지도자뿐만 아니라 세계적 리더, 글로벌 조직 운영자, 언론이 이해관계자 명단에 포함되어야 했다. 그 결과, 애초에 종교 지도자들이 모여 URI의 타당성을 토론할 예정이던 회의는 'URI: 행동을 위한 시간' 이라는 주제로 세계적 리더들이 진행하는 회의로 변모했다.

에이아이 서밋 기획은 서밋과 그 이후에 일어날 모든 일의 씨앗을 뿌리는 매우 중요한 일이다. URI 사례에서 보듯이, 기획은 그 자체로 조직과 그 구성원들에게 변혁을 안겨주는 일이다. 기획은 그들의 초점을 전환하여 사람, 에너지, 그리고 자원을 결집하여 목표를 더 크게 바꾸며 애초에 상상했던 것보다 더 큰 일들을 성취해낸다.

서밋 기획 활동은 크게 7가지 범주로 나뉜다.

- 서밋 기획팀 구성
- 서밋 과제 정의
- 서밋 참가자 파악
- 서밋 형식 결정
- 서밋 설계하기
- 서밋 홍보 전략 수립
- 서밋 실행 계획 준비

도해 5.1은 7가지 범주와 각각에 필요한 고려사항을 보여준다. 이 장에서 우리는 그 중 4가지를 먼저 다룬다. 즉, 기획팀 구성, 과제 정의, 참가자 파악, 그리고 형식 결정이다. 6장에서는 나머지 3가지인 디자인 창출, 홍보 전략 수립, 그리고 실행 계획 준비를 논의한다. 따라서 이 두 장은 서밋 기획과 디자인의 공식이 아닌 광범위한 개관을 제공한다. 이 장의 목적은 당신의 조직과 변화 의제에 서밋 프로세스를 적용할 수 있도록 돕는 것이다.

서밋 기획팀
- 기획팀에게 에이아이를 소개
- 기획팀 역할 정의

서밋 과제
- 협력을 통한 서밋 과제 정의
- 강력한 서밋 과제 도출

서밋 참가자
- 이해관계자 파악을 위한 틀 구축
- 이해관계자 지도 작성
- 내부 이해관계자 선정
- 외부 이해관계자 선정
- 있을 법하지 않은 조합의 위력
- 초대장 발송
- 참가 독려
- 현장 등록 절차 계획

서밋 형식
- 다수의 미니 서밋 개최
- 다수의 미니 서밋 간 실시간 온라인 연결
- 사전 및 사후 작업 순서
- 짧은 에이아이 미팅의 반복 프로세스

서밋 설계
- 서밋 의제 도출
- 긍정 인터뷰 가이드 작성
- 사전 인터뷰 계획
- 서밋 참가자 워크북 제작
- 서밋 행사 기록 방법 결정

서밋 홍보
- 서밋 과제와 프로세스의 브랜딩
- 서밋 마케팅 방법 결정

서밋 실행 계획
- 누가 실행 계획을 수립하는가?
- 서밋 장소 선정
- 회의장 형태
- 테이블, 의자, 좌석 배치
- 벽 공간
- 장비 및 기술지원
- 토론실
- 식사와 휴식
- 이동, 교통, 주차

서밋 기획팀

자문단이 기획팀 구성원을 선정하면, 기획팀은 회의를 통해 에이아이 학습, 그들의 역할과 책임 파악, 에이아이 서밋 프로세스 기획 작업에 착수해야한다. 대략 2~3개월이라는 시간이 소요되는 작업이다. 기획팀 구성원 중에는 에이아이를 어느 정도 알고 있는 사람도 있고 그렇지 않은 사람도 있기 마련이다. 따라서 우리는 가장 먼저 에이아이와 에이아이 서밋을 소개하여 팀원들의 수준을 공평하게 맞춘다.

기획팀에게 에이아이를 소개

우리는 많은 방법으로 에이아이를 소개한다. 어떤 경우에는 해당 기획팀을 위해 특별히 고안된 '사내 교육'을 진행하기도 했다. 사내 교육은 학습과 기획 모두를 위한 기회이다. 브리티시 에어웨이 사례에서는 기획팀을 위한 이틀짜리 초기 워크숍 기간에 인터뷰 주제가 선정되고 인터뷰 가이드 초안이 작성되었다. 또 홍보, 초대, 실행계획, 그리고 서밋 의제 선정 작업을 도울 자원자들이 모집되었다. 워크숍 기간 동안 기획팀은 에이아이를 배우고 기획 작업을 위한 조직 구성을 완료했다. 경험에 따르면 기획팀이 에이아이 서밋 프로세스에 착수하려면 최소한 이틀이라는 시간이 필요하다. 많은 경우, 특히 조직이 에이아이를 처음으로 접하거나 변화 정책의 규모가 크고 복잡한 경우라면, 최초 기획 회의에 3일을 할애하는 것이 더좋다. 도해 5.2는 이틀간의 기획팀 회의를 위한 의제 사례를 보여준다.

기획팀에게 에이아이를 소개하는 두 번째 방법은 우리가 개최하는 에이아이 공식 워크숍에 초대하는 것이다. 이 방법은 학습, 기획, 팀워크 구축에 모두 유익하다. 헌터 더글러스 윈도우 패션 사업부문 사례에서는 직위와 직능을 망라하여 구성된 7명이 우리가 뉴멕시코 타오스에서 개최하는 연례 에이아이 워크숍에 참석하여 에이아이를 배우고, 팀워크를 다지며, 기획안 초안을 작성했다. 그들이 워크숍을 마치고 떠날 때쯤엔 에이아이를 조직에게 소개하고, 범조직적 탐색에 착수하며, 에이아이를 개최할 준비를 마친 상태였다.

도해 5.2 이틀간의 기획팀 회의 의제 사례

첫째 날

8:30-9:00	개회, 환영사, 안내
9:00-9:30	에이아이의 간략한 소개, 스토리 포함 (퍼실리테이터)
9:30-11:00	일대일 긍정 인터뷰 (휴식시간 포함)
11:00-11:15	인터뷰 프로세스 소개 (퍼실리테이터)
11:15-12:00	에이아이 4D 사이클 및 에이아이 서밋 방법 소개, 스토리 포함
12:00-1:00	(퍼실리테이터)
1:00-2:15	중식
2:15-3:15	인터뷰 스토리 공유 (소그룹) 및 긍정적 핵심요소 맵 작성 (전체 그룹)
3:15-3:30	서밋 과제 및 주제 정의 (소그룹 진행 후 전체 그룹)
3:30-4:45	휴식
4:45-5:00	서밋 참가자 파악 (소그룹 진행 후 전체 그룹)
	마무리

둘째 날

8:30-8:45	개회, 점검
8:45-9:30	서밋 과제 및 이해관계자 확정 (소그룹 진행 후 전체 그룹)
9:30-10:15	비전 수립: 이상적인 서밋의 모습 (소그룹 진행 후 전체 그룹)
10:15-10:30	휴식
10:30-11:00	서밋 의제 사례 발표 (퍼실리테이터)
11:00-12:00	서밋 의제 조정 (소그룹 진행 후 전체 그룹)
12:00-1:00	중식
1:00-2:30	인터뷰 가이드 작성 (소그룹과 전체 그룹 간 교차 진행)
2:30-2:45	휴식
2:45-4:30	서밋 워크북, 문서화, 홍보 및 실행 계획을 수행할 하부그룹 조직
4:30-5:00	점검 및 마무리

기획팀의 일부 또는 전원을 여타 조직의 서밋으로 초대하는 경우도 있다. 예를 들어; 미 해군이 '모든 계층에서의 리더십'이라는 주제로 첫 서

밋을 열었을 때, 시스코 시스템즈, 재향군인회, 캡 제미니 언스트 앤 영, URI 직원들은 서밋을 직접 경험해보기 위해 참석했다. 어떤 방법을 사용하든, 기획팀 전원이 에이아이와 에이아이 서밋을 이해하여 이를 자신들의 조직 기획에 적용할 수 있도록 하는 것이 필수적이다.

기획팀 역할 정의

이미 언급했듯이, 기획팀의 역할은 에이아이 서밋의 성공에 필요한 모든 일을 수행하는 것이다. 이를 위해서는 보통 앞서 살펴본 7가지 범주 모두에 주의를 기울여야 한다. 이 모든 활동에는 세심한 주의와 함께 조직 전반에 걸친 수많은 사람들의 도움이 필요하다. 또한 각 단계마다 기획팀과 자문단의 조화가 권장할 만하다. 우리는 때때로 기획팀과 자문단의 정기적 회의를 주선하기도 한다. 어떤 경우에는 한두 명의 핵심 리더를 중심으로 두 팀 모두와 협력하면서 양자 간의 조정을 이루어내기도 한다. 어떤 방법을 쓰든 기획팀은 자문단에게 자원의 점검과 균형, 초청 인원 정보, 의사소통 지원을 요청해야 한다.

서밋의 규모가 커질수록 기획팀 규모도 커진다. 200명 정도의 소규모 서밋이라면 기획팀은 구체적 임무를 띤 다양한 구성원들이 모인 하나의 단일팀으로 작업할 수 있다. 대규모 서밋의 경우에는 기획 작업의 서로 다른 측면을 담당하는 하부 팀 구성을 권장한다.

서밋 과제

목적이 뚜렷하고 강력하며 조직의 사업과 직접적인 관련을 가질수록 에이아이 서밋의 성공 잠재력은 극대화된다. 서밋 과제의 정의는 기획 프로세스 중 가장 중요한 단계이다. 이것은 탐색의 영역을 정의하고 곧 이어질 인터뷰, 데이터 수집, 실행, 후속 조치에 필요한 틀을 제공한다. 효과적인 서밋 과제는 참가자들이 가장 높은 수준의 공헌을 이룰 수 있도록 그들을 일깨우고 에너지와 활기를 북돋운다.

협력을 통한 서밋 과제 정의

서밋 과제 정의는 자문단과 기획팀간의 협력적인 노력이다. 자문단은 중요한 이슈, 도전과제, 임박한 기회, 또는 서밋에 대한 그들의 기대 등 폭넓은 정보를 제공한다. 제공되는 정보는 대개 다음과 같은 질문들로부터 생성된다. 즉, '우리가 이 서밋에서 진정으로 원하는 바는 무엇인가?', '우리의 궁극적 희망과 열망은 무엇인가?', '성공이란 어떤 모습일까?' 등이다. 기획팀은 자문단의 정보를 활용하여 궁극적으로 고유한 서밋 과제를 정의하게 된다. 도해 5.3에서는 에이아이 서밋 과제 사례를 볼 수 있다.

도해 5.3 에이아이 서밋 과제 사례

- 긍정적 시각을 통한 고객 서비스 강화
- 탁월한 도시 리더십
- 세계 최고 HR 사업 파트너가 되자
- 저스트인타임 학습
- 최고의 팀워크
- 탁월한 실행: 과거를 기념하고 미래를 창조하라
- 함께하는 미래: 새천년의 사명을 계획하라

강력한 서밋 과제 도출

조직은 그들이 연구하는 방향으로 움직인다는 생각에 비춰볼 때, 서밋 과제는 원하는 미래상을 대담하게 제시할 수 있어야 한다. 서밋 과제 선정 시 해야 할 질문은 다음과 같다.

1) **긍정적으로 기술되었는가?** 조직은 문제 파악에 너무나 많은 시간과 돈, 관심을 기울는 경우가 많다. 시장점유율 손실에서부터 직원 이직률, 성과 저조, 경기 침제, 그리고 생산성 저하에 이르기까지 말이다. 이렇게 결점에만 몰두하는 경향은 서로 잘못을 지적하고 비난하는 풍조, 그리고 불화와 사기 저하라는 결과를 야기한다. 서밋 과제를 긍정적인 면에 초점을 맞추는 것이 핵심적이다.

    긍정적 서밋 과제 설정을 위해서는 문제를 재구성해 볼 필요가 있다. 예를 들어, 우리와 함께 일한 어떤 그룹은 매출의 장애물을 극복한다는 그들의 주요 관심사의 틀을 재구성하여 서밋의 과제를 '창의성과 협력을 통한 매출 증가'라고 새롭게 정의했다. 또 다른 사례에서는, 시장점유율 하락이라는 문제를 새로운 관점으로 보아, '생산성 혁신을 통한 업계 리더십 확보'라는 서밋 과제가 도출되었다. 문제를 재구성하여 긍정적 서술로 바꾸면 서밋과 조직의 관심이 결점에서 긍정적 잠재력으로 이전된다.

2) **진정으로 원하는 것인가?** 정말 관심이 없는 주제에 대한 회의에 4일이나 앉아있는 것보다 사람을 지치게 만드는 일도 없을 것이다. 예를 들어, 맥도널드의 글로벌 참가자 300명이 함께 모여 글로벌 직원채용 및 유지 강화 방법에 관해 대화를 나누었을 때, 그들은 그 주제의 실현을

진심으로 원했다. 패스트푸드 업계는 경쟁이 치열해서 최고의 직원을 모집하고 유지하는 것이 차별된 경쟁우위를 점하는 길이다. 만약 그들이 다른 주제, 이를테면 팀워크나 협력에 관한 서밋에 참석했더라면, 흥미는 느꼈을지 모르지만 직원채용과 유지라는 이 주제만큼 열정을 발휘하지는 못했을 것이다. 서밋 과제는 언제나 조직의 가장 전략적인 관심 대상에 집중해야한다.

3) **진정한 호기심에 따른 것인가?** 훌륭한 서밋 과제는 현재 상황을 연장시켜주며, 서로간에 학습하도록 요구한다. 훌륭한 서밋 과제는 사람들로 하여금 다른 사람이 가치있게 여기는 것과, 사업, 고객 및 프로세스에 관해 다른 사람들이 알고 있는 것에 대해 질문하고 탐색하며 경청하고 배우게 한다.

'차원 높은 고객 서비스 문화 창출' 이라는 서밋 과제를 생각해보자. 이 과제는 차원 높은 고객 서비스가 의미하는 바가 무엇인지, 또 그것은 어떤 모습인지를 배우고 토론하며 결국은 이를 정의해야 할 필요가 있음을 역설하고 있다. 우리는 최근에 자신들의 서비스 원칙을 도출하기 위해 1,000명이 모인 어떤 조직에 이 과제를 적용한 적이 있다. 후에 그 원칙은 그 조직의 성과 및 측정 시스템의 기초가 되었다.

4) **협력적 행동을 요구하는가?** 오늘날 높은 수준의 상호작용, 또는 상호의 존없이 이룩할 수 있는 일은 거의 없다. 우리는 서밋 과제를 다음과 같은 관계지향적 언어로 정의할 것을 추천한다. 즉, '공동 작업', '협력', '파트너십', '상호간', '우리', '우리의', '함께', 또는 '연합' 등의 단어들이다. 이 단어들을 포함하는 구체적인 서밋 과제에는 '미래를 위한 파트너십 구축', '우리의 미래를 창조하자.' 또는 '우리는 연합하여 탁

월함을 추구한다.' 등이 있다.

서밋 과제는 서밋 기간과 그 이후까지도 토론과 행동의 지침으로 작용할 것이라는 점을 명심하라. 마치 봄에 뿌린 씨앗처럼 시간이 흐를수록 점점 자라나고 확산될 것이다. 풍성한 수확을 이루기 위해서는 처음부터 시간을 들여 현명하게 서밋 과제를 정해야 한다.

서밋 참가자

에이아이 서밋에 초대할 사람을 결정하는 일은 기획팀에게 대단한 학습이자, 조직 전원 참여에 대한 헌신도를 평가하는 초기 시험이 될 수 있다. 초대 대상자를 결정하기 위해 기획팀은 먼저 모든 이해관계자 명단을 작성해야 한다. 즉, 서밋에서 일어날 결정이나 행동과 관련된 조직 내부 및 외부의 사람들이나 그룹을 말한다.

직위와 직능을 망라하여 구성된 기획팀이 시간을 내어 이 일을 수행하다 보면, 그들은 자신들의 사업에 대해, 그리고 미래를 창조하는 데 누가 관련이 되어있는지에 대해 많은 것을 배울 수 있다. 예를 들어, 한 의료센터는 의사, 간호사, 정책입안자, 행정가와 더불어 환자 및 지역공동체 보건 관계자들 역시 보건 분야의 미래를 창조하는 일에 함께 참여할 필요가 있음을 깨달았다. 그들은 이 모든 그룹의 대표를 서밋에 초대했다. 또 어떤 대학의 경우도 이와 유사하게 교수, 직원, 이사회, 정규 및 시간제 학생, 그리고 고등학교 학생지도 상담가 등을 전략기획 서밋에 초대했다.

이해관계자 파악을 위한 틀 구축

우리가 즐겨 사용하는 이해관계자 파악을 위한 틀은 '관계의 다섯 I'[1] 라고 불리는 것이다. 이 틀은 간단하고 포괄적이며 쉽게 사용할 수 있다. 기획팀은 이 틀을 적용하여 조직 가치사슬과 관련된 사람들이나 그룹을 나열한다. 그들은 아래와 같은 특징이 있다.

1) **관심**Interest. 서밋 과제와 그 잠재적 성과에 관심이 있다. 예를 들면, 지역사회 구성원들은 신규 생산 공장이 들어설 위치가 어디인지에 관해 대단히 깊은 관심과 의견을 가지고 있을 것이다.

2) **영향력**Influence. 공식, 비공식적으로 서밋 과제 성취에 필요한 자원을 공급할 능력이 있다. 예를 들어, 노조가 있는 직장의 경우, 노조 지도자와 경영진 모두가 효과적인 서밋을 위해 참석해야 한다.

3) **정보**Information. 서밋의 성공을 위해 필요한 정보 혹은 정보 접근 능력을 보유한다. 예를 들어, 고객들은 상품과 서비스를 제공하는 조직에 대한 선호라는 면에서 핵심 정보를 보유하고 있다.

4) **파급 효과**Impact. 서밋 기간 중 발생하는 일들에 영향을 미치거나 그로부터 영향을 입을 가능성이 높다. 예를 들면, 지역 개발 서밋 초청 리스트에는 도시계획 디자이너와 시민이 모두 포함되어야 한다.

5) **투자**Investment. 서밋의 과제 및 성과와 관련하여 재정적으로 투자하거나 마음을 쏟는다. 업계를 되살릴 마켓 리더십을 주제로 한 전략기획 서밋에는 주주, 유통업자, 그리고 상품 디자이너를 모두 초대해야 한다.

이해관계자 지도 작성

잠재적 이해관계자 전원의 리스트를 확보했다면, 이해관계자 지도를 작성해야한다. 지도 작성은 초대되거나 참석할 모든 사람 및 그룹, 그들이 부여할 가치, 그리고 참여함으로써 그들이 얻을 긍정적인 이점을 한 눈에 보여준다. 이 시점에서 우리는 구체적인 참석자 명단과 그룹 및 부서를 파악하기 시작한다.

이해관계자 지도 작성 시, 전체 조직원이 서밋에 참가하기로 되어 있다면 내부 이해관계자까지 파악할 필요는 없다. 그러나 규모, 비용 등의 이유로 각 직원 그룹을 대표하는 인원만 참석하는 경우라면 이해관계자 지도에는 반드시 내부 이해관계자까지 포함되어야 한다. 도해 5.4는 이해관계자 지도의 한 형태로서, 내부 및 외부 이해관계자들, 그들이 서밋에 제공해야 하는 내용, 그리고 서밋에 참여함으로써 그들이 얻을 수 있는 긍정적인 이점이 포함되어 있다.

도해 5.4 이해관계자 지도

이해관계자 그룹(내부)	추천인 명단	추천인 제공 내용	추천인이 얻을 이점
이해관계자 그룹(외부)	추천인 명단	추천인 제공 내용	추천인이 얻을 이점

내부 이해관계자 선정

이해관계자 지도가 완성되면, 기획팀은 이제 서밋에 실제로 초청될 내부 및 외부 이해관계자를 명시한 초청객 리스트를 작성해야 한다. 내부 이해관계자(직원)를 선정하는 방법에는 3가지가 있다.

1) 전원 참가: 조직의 모든 직원들이 참가한다.
2) 대표자 참가: 조직의 모든 그룹, 부서, 직능, 직위를 대표하는 사람들이 참가한다.
3) 소수 선정된 인원 초대: 서밋의 과제 달성에 부합하고 중요하다고 생각되는 사람들로서, 조직 내 특정 그룹, 부서, 직능, 혹은 직위에서 선정되어 초대된 사람들이 참가한다.

표 5.1은 직원 참가자 선정을 위한 다양한 방법들의 상대적 장단점을 보여준다.

우리는 참가율을 획기적으로 개선할 수 있는 방법의 하나로 자기 추천이라는 방식을 발견했다. 브리티시 에어웨이, 헌터 더글러스, 캐나다 방송협회에서 우리는 서밋에 참석할 자원자를 모집했다. 그 때마다 사람들은 참가를 자원하는 사려 깊은 편지를 써서 그들이 제공할 내용과 참가를 원하는 이유를 밝혔다. 기획팀은 가득 쌓인 자기 추천서들을 읽고 난 뒤, 자원자들의 창의력과 그들이 간직한 꿈으로부터 얼마나 많은 것을 배웠는지에 대해 말했다. 미처 깨닫지 못했던 창의성과 헌신이 발현되었으며, 비공식적 리더들이 발굴되었고, 조직 내에 자기책임감과 위험을 기꺼이 감수하려는 분위기가 강화되었다. 캐나다 방송협회의 경우 그 열정적인 편지들이 서밋 규모에 대한 생각을 바꾸어 애초 125명으로 예상한 참가자 수가 300명 이상으로 증가했다.

표 5.1 내부 이해관계자 참석자 명단 선정 방법

방 법	장 점	단 점
모든 사람	• 모든 관점이 존중된다. • 각자 자신의 의견을 말한다. • 주인의식 고취 • 전체를 바라보는 관점 형성 • 극적인 변화 속도 – 불참석자들을 설득할 필요 없음	• 업무중단 혹은 임시직 고용 비용
제비뽑기로 참가 대표 선정	• 개방성과 공정성이 가장 높음 • 흥분 고조	• 핵심사항이나 필요지식을 얻지 못할 위험 • 해당 그룹이나 부서를 대표하는 사람이 어야 함
지명 혹은 추천으로 참가 대표 선정	• 비교적 개방적이고 공정해 보임 • 참가에 자부심을 느낌 • 비공식적 리더십 형성	• 핵심사항이나 필요지식을 얻지 못할 위험 • 해당 그룹이나 부서를 대표하는 사람이 어야 함
직접 선정	• 핵심사항과 필수 지식 획득	• 개방성과 공정성이 가장 낮음

외부 이해관계자 선정

외부 이해관계자 선정 작업은 매우 다른 프로세스를 거친다. 대개 전체 조직 구성원들의 광범위한 의견이 필요하다. 대다수 조직에는 조직 내 다른 부서와 협력하는 다양한 이해관계자 그룹이 존재한다. 예를 들면, 항공사에 식품을 납품하는 공급업자는 조종사, 고객서비스 담당자, 혹은 간부들보다는 구매부서나 계류장 근무 직원들과 훨씬 더 가까운 업무 관계를 유지한다. 모든 이해관계자는 조직과 특수하고 고유한 관계를 유지하며 기획팀은 이런 관계를 파악해내야 한다.

이미 기획팀이 다양한 이해관계자 그룹을 대변하도록 구성되었다면, 이해관계자 명단을 확보하는 한 가지 간단한 방법은 기획팀 구성원들이 조직 내 동료들과 만나 명단을 수집하는 것이다. 또는 팀 회의에서 15분간 시간을 할애해서 팀원들에게 추천 요청을 해달라고 부서장들에게 부탁하는 방법도 있다.

있을 법하지 않은 조합의 위력

데이비드 쿠퍼라이더는 딜레마로 인지된 문제에 대해 양극단의 입장을 대변하는 사람들이나 그룹을 '있을 법하지 않은 조합'이라고 정의했다. 바로 이들이야말로 에이아이 서밋에서 특정 의제에 대해 중요하고 새로운 진전을 이룩하기 위해 함께 모여야 할 사람들인 경우가 많다. 예를 들어, 존 디어와 GTE의 경우 노조와 경영진이 한 자리에 모여야 했다. URI 사례에서는 무슬림과 유대인, 기독교인과 불교인, 영적 표현과 토속 전통이 서로 만나야했다. 이 모든 사례에서, '대립적' 관점들이 대화를 나누지 않았다면, 의미 있고 영속적이며 지속 가능한 발전은 결코 이루어지지 않았을 것이다. 그들은 '일상적인 방식'으로 문제를 해결해야 했을 것이다.

마찬가지로, 어떤 서밋에서든지 프로세스에 대해 전혀 다른 관점을 가진 사람들이 참여하는 것은 매우 중요한 일이다. 이렇게 함으로써 모든 의견을 들을 수 있고, 새로운 관계와 유대가 이루어지며, 미처 상상치도 못했던 혁신적 해결책이 나타난다. 서밋이란 결코 소극적인 곳이 아니다. 서

밋은 회사의 중요한 이슈에 대해 의미 있는 대화와 활기찬 행동이 이루어
지는 토론의 장이다.

초대장 발송

기획팀은 서밋에 초대할 사람을 결정한 다음 참가자 명단을 작성하고
초대장을 발송한다. 참가자 명단에는 성명, 직능 그리고 그들이 대변하는
조직이 기술되어 있다. 그리고 참가자 명단은 다음 사항을 기록한 데이터
베이스의 역할도 한다.

- 초청객
- 참석 의향
- 특별 요구사항
- 참가자 명단에 실릴 성명과 연락처

도해 5.5 초청객 명단 사례

이해관계자 그룹	초청객 성명 및 직위	연락처	참석여부 (예/아니오)	특별요구사항 (필요시)
경 영 진				
고 객				
공 급 업 자				
H R 부 서				
생 산 부 서				
서 밋 스 텝				

도해 5.5는 어떤 서밋 상황에도 유용하게 사용될 수 있는 초청객 명단 사례를 보여준다.

초청객 명단 작성이 완료되면 초대장을 작성하여 모든 초청객들에게 발송한다. 초대장에는 다음의 정보가 실려 있어야 한다.

- 서밋의 목적과 잠재적 성과
- 참가해야 할 이유 – 가치와 유익
- 날짜, 시간, 행사기간, 장소 (구체적으로, 빠짐없이)
- 회신 연락처
- 서밋 사전 준비 활동
- 감사의 말

참가 독려

참가 독려 수단으로는 초대장 외에도 많은 것들이 있다. 내부 참가자들을 독려하기 위해 직원들의 가정으로 안내장을 보낼 수도 있다. 관리자들은 정기 팀 회의에서 서밋의 중요성을 역설할 수 있다. 사내 뉴스레터에 관련 기사를 실을 수도 있다. 기획팀과 자문단 구성원들이 부서 회의에 참석해서 서밋의 중요성과 서밋에서 기대되는 바를 설명할 수 있다. 캐나다 방송협회의 서밋 광고에는 기획팀이 행동에 나선 사진과 함께 다음과 같은 문구를 실었다. "좌석 한정 – 우리의 미래가 결정됩니다." 이에 대한 반응은 마치 브로드웨이 히트 쇼 티켓이 팔려나가듯 폭발적이었다!

외부 참가자를 독려하는 좋은 방법 중 하나는 조직의 리더 명의로 초청장을 발송한 다음 일일이 전화를 거는 것이다. 외부 초청객과 개인적인 친분이 있는 조직 구성원이 전화해서 참석에 감사를 표하고 그들이 가진 질문에 대답해 준다면 가장 효과적이다. 대개 외부 초청객들은 에이아이 또는 에이아이 서밋에 관한 사전지식을 거의 혹은 전혀 가지고 있지 않다. 모든 외부 초청객에게 발송되는 초대장에 데이비드 쿠퍼라이더와 다이아나 휘트니의 책자 '에이아이'[2] 또는 버나드 모어와 제인 왓킨스의 책자 '에이아이의 핵심'[3]을 동봉하기를 추천한다.

현장 등록 절차 계획

서밋 참가와 관련한 마지막 활동은 현장 등록 절차이다. 기획팀에서 현장 등록을 담당할 인원은 서밋 개최 전에 필요한 등록 프로세스를 마련해 두어야 한다. 프로세스에 포함되어야 할 사항은 다음과 같다.

- 참가자들이 등록하고, 매일 출석을 확인하는 절차
- 참가자들에게 미리 배정된 좌석을 부여하는 절차. 좌석배정은 각 작업 테이블 그룹별로 다양성을 극대화할 수 있는 장치이므로 중요하다. 한 가지 쉬운 방법은 미리 참가자들 명찰에 테이블 번호를 부여해두는 것이다. 또 다른 방법은 명단의 이름 옆에 테이블 번호를 매겨두었다가 해당 참가자가 등록할 때 명찰에 그 번호를 옮겨 쓰는 것이다. 두 번째 방법은 마지막에 참가 취소나 불참자가 발생해서 좌석을 재배치할 때 유연성을 발휘할 수 있는 장점이 있다.
- 필요시 참가자 명단을 확인하고 정보를 수정하는 절차

서밋 형식

경험에 비추어 볼 때, 서밋을 통해 근본적이고 지속적인 혁신과 변화를 이룩하고 싶다면 최소한 3일은 필요하다. 더 깊게 파고들어 조직 전체를 중요한 조직 디자인 작업이나, 행동 정책에 관한 전술 계획에 참여시키고 싶다면, 4일 혹은 5일을 진행하는 것이 더 좋다. 우리는 4×4 서밋 형식 (4일간 4D를 진행하는 형태)을 추천한다. 이에 대해서는 7~10장에서 자세히 설명할 것이다. 그러나 조직 전체가 4일간이나 시간을 할애하는 것이 도저히 불가능하다면, 그 대안으로 다음과 같은 형식을 고려해볼 수 있다.

1) 조직 전체를 세부 그룹으로 나누어 다수의 미니 서밋을 진행
2) 다수의 미니 서밋을 온라인으로 연결하여 동시에 진행
3) 사전 작업 및 사후 작업 순서로 진행
4) 4D의 각 단계에 초점을 맞춘, 더 짧은 에이아이 미팅의 반복 진행

이상은 전 세계의 혁신적 실행가들이 고안해낸 여러 방법 중 4가지를 예시한 것이다. 이제 각각의 사례를 살펴보자.

다수의 미니 서밋 개최

최근 우리는 뉴멕시코주 버나릴로(앨버커키 외곽)에 자리한 미국인 소유주의 샌터 애너스타 호텔 앤 카지노와 고객 서비스에 관한 주제로 함께 일한 적이 있다. 라스베이거스나 애틀랜틱시티와 달리 앨버커키는 주변의 단골 고객에 의존하는 지역 시장이란 점을 알고 있던 샌터 애너스타 총지

배인 존 크위클리크는, 고객 서비스 수준을 향상시켜 샌터 애너스타를 경쟁자들과 차별화시키는 방법으로써 에이아이 서밋 프로세스를 활용하고자 했다. 그러나 당연한 이야기지만 카지노 사업에서는 하루 24시간 영업이 지속되어야 한다. 손님을 맞이하는 사람, 웨이터, 출납원, 보안요원, 주차 안내원, 객실 청소부 등과 기타 수많은 사람들이 24시간 내내 손님을 접대하고 호텔을 매끄럽게 운영하기 위해 분주히 움직인다. 4일간의 서밋을 위해 조직 전체가 자리를 비운다는 것은 사실상 불가능한 일이었다.

따라서 우리는 이틀짜리 미니 서밋을 3개월간 총 6회에 걸쳐 진행하여 약 850명에 달하는 조직의 전 구성원들을 참여시켰다. 주제는 '차원 높은 고객 서비스 제공'이었다. 첫 번째 미니 서밋에는 이사회와 최고 리더를 포함하여 총 40명이 참여했다. 그 회의에서 우리는 통상적인 4D 과정을 모두 진행했지만, '실현하기' 단계에서는 고객 서비스 실행을 계획하는 대신, 뒤이을 다른 미니 서밋의 계획, 스케줄, 홍보를 책임질 그룹의 구성 작업을 진행했다.

다음으로 우리는 4번의 미니 서밋을 연달아 개최하였고, 매번 직능과 교대조를 고려하여 선정된 200~225명이 참가했다. 우리는 최고 리더들에게 총 4회의 '전직원' 미니 서밋 중 최소한 2회 이상씩 참가해줄 것을 요청했다. 서밋에서 직원들은 4D 사이클 작업을 수행하여 다음 3가지 성과를 도출해냈다. 즉, (1) 개인 및 팀별로 자신의 업무와 부서에 즉각 적용할 수 있는 일련의 고객 서비스 행동 정책, (2) 전사적 차원에서 실행될 고객 서비스 정책 제안, 그리고 (3) 조직 서비스 원칙 제안이었다.

총 4회의 전직원 미니 서밋에서 제안된 전사적 정책과 서비스 원칙은 2일간 진행된 통합 미니 서밋에 상정되었다. 이사회와 임원진, 그리고 각각의 직원 미니 서밋에서 15명씩 선발된 인원이 여기에 참석했다. 이들은 다시 한 번 4D 사이클을 거치면서, 차원 높은 고객 서비스를 제공하기 위한 12개 서비스 원칙과 8개 전사적 행동 정책을 최종 도출했다. 관심사에 따라 각 정책을 후원하고 실행에 옮기기 위한 팀들이 구성되었다.

프로세스가 가져온 결과는 놀라웠다. 통합 미니 서밋 종료 3개월 후, 샌터 애너스타는 직원 만족도, 고객 만족도, 고객 재방문율, 신규고객 유입, 매출, 수익성에서 모두 놀라운 상승을 보였다.

다수의 미니 서밋 간 실시간 온라인 연결

GTE 전화사업부 회장으로 재직 중이던 톰 화이트는 6만 7,000명에 달하는 전 직원의 참여를 통해 '고도로 성공적인 전화 회사'라는 조직 문화를 '고도로 성공적이고, 혁신적이며, 발 빠른 무선통신 회사'로 바꾸는 프로세스로서 에이아이를 선택했다. 변화의 핵심에는 모든 계층의 직원들을 에이아이로 훈련하여 회사에 긍정적 영향을 미치며, 조직 내에 '긍정 혁명'을 창출하려는 노력이 포함되어 있었다.

그러나 한 가지 문제는 그 규모에 있었다. 처음 진행한 3번의 회의에는 각각 60~100명 정도가 참석했다. 에이아이가 인기를 얻기 시작하자, 자신이 언제 참석할 수 있는지를 묻는 사람들이 점점 늘어났다. 더 많은 사람들에게 더 빨리, 그것도 비용을 최소화하며 기회를 주기 위해, 우리는 화상 연결을 통한 동시 회의를 시도해보기로 결정했다. 이 방법을 사용하면 3개 시간대에, 5개 지역에 흩어진 600명의 직원들이 하나의 회의에 동시에 참여할 수 있었다.

우리는 댈러스에서 이 프로그램을 지휘했다. 그 회의실에는 위성방송

영상 및 음향 기술자들을 포함한 100명이 넘는 사람들이 함께 있었다. 다른 장소에도 기술진 퍼실리테이터와 에이아이 퍼실리테이터가 모두 있었다. 일방향 비디오를 통해 5개 지역의 모든 참가자들이 댈러스에 있던 우리와 다른 그룹 사람들을 모두 지켜볼 수 있었다. 쌍방향 오디오는 5개 지역 간의 모든 공개 대화와 의사소통을 가능하게 했다.

이 실험을 시작하면서 우리가 품었던 한 가지 의문은 어떻게 현장의 에너지와 영향력을 그대로 전달할 수 있을까 하는 것이었다. 우리는 에이아이 서밋에서 창출되는 엄청난 긍정적 에너지와 희망, 열정이 여러 지역을 기술적으로 연결한 회의에서도 그대로 전달될 수 있을지가 의문이었다. 그러나 그 결과는 만족스러웠다. 각 지역 그룹은 스스로 결속과 그들 나름대로의 정신을 구축해냈고, 동시에, 참석한 많은 사람들은 더 큰 전체의 일원이라는 중요한 경험과 깊은 영감을 얻었다. 이런 노력에 힘입어 GTE는 미국 교육훈련협회가 수여하는 올해의 최고 문화변혁상을 수상하는 영광을 누렸다.

GTE 사례가 보여주듯이, 정보기술을 활용함으로써 전체그룹은 구성원이 자신의 지식, 스킬, 경험을 조직의 변화 의제에 공헌하는 작업을 훨씬 더 쉽게, 적은 비용으로 수행할 수 있었다. 물론 잠재적인 단점도 있다. 즉, 가끔씩 발생하는 기술적 문제나 모든 참가자들이 얼굴을 맞대고 교류하지 못한다는 점, 그리고 준비에 시간이 더 소요된다는 점이다. 그러나 우리는 그런 단점보다는 장점이 훨씬 더 크다고 생각한다. 앞으로도 에이아이 서밋에 기술을 응용하는 작업을 계속 시도해보기를 권한다.

사전 및 사후 작업 순서

사전 작업, 사후 작업 순서의 좋은 사례는 티라와 컨설팅 주식회사의 키스 콕스 회장[4]으로부터 비롯됐다. 그는 최근 FM 시스템즈 주식회사의 직원 채용 및 유지에 관한 업무를 수행했다. 그 회사는 전자보안 및 도난경보 회사로서 오하이오 북동부의 포춘 500대 기업을 주요 고객으로 삼고 있었다. 콕스가 업무에 착수할 당시, 그 회사는 권위적인 문화를 가진 기능적/위계적 조직으로 직원의 참여나 발언의 기회가 거의 없는 회사였다. 회사 성장이 정체기에 빠져 있었던 데다 직원들의 사기는 낮고 이직률은 높았으며, 부서 간 업무 관계에는 불편한 분위기가 팽배해 있었다. 새 회장은 취임과 동시에 '매력적인' 업무 환경을 창출하는 작업을 구상하면서, 키스 콕스에게 이를 도와달라고 요청했다. 새로운 환경은 팀워크, 권한부여, 직원의 자발적 성취, 혁신, 그리고 높은 성과 등으로 특징지어질 터였다.

콕스는 참가자들이 중요한 사전 및 사후 작업을 수행하는, 이틀짜리 미니 서밋을 디자인했다. 첫째, 그는 조직이 추구해왔던 긍정적 가치(책임감, 팀워크, 고객 만족, 헌신, 진실성) 지도를 작성하기 위해 전사적 문화 평가 작업을 수행했다. 이후, 이 5가지 긍정적 가치들은 에이아이 미니 서밋 프로세스의 초점이 되었다. 그는 다양한 직능이 섞인 기획팀을 구성하여 그 다섯 가지 긍정적 가치들이 사내에서 활기차게 구현되었던 때가 언제인지를 탐구할 인터뷰 계획서를 작성하도록 했다. 기획팀은 또한 인터뷰가 필요한 모든 이해관계자를 파악했다. 여기에는 직원, 고객, 공급업자, 하청업체, 지역공동체 지도자들이 포함되었다. 인터뷰는 에이아이 미니 서밋 첫날의 시작 행사에서 모든 직원들을 대상으로 진행되었다.

회사는 금요일 하루를 휴업하고 전 직원에게 토요일 회의에 유급으로 참석할 것을 요청하여 총 이틀을 할애했다. 서밋 첫째 날에는 발굴하기와 꿈꾸기 단계, 둘째 날에는 디자인하기와 실현하기를 진행했다. 참가자들은 첫째 날을 시작하면서 그들의 가장 긍정적인 스토리, 그리고 미리 인터뷰에서 말했던 내용들을 서로 나누었다. 다음으로 그들은 조직의 '핵심적 긍정요소' 맵을 작성했고, 퍼실리테이터의 도움으로 이미지 훈련을 한 다음, 그들의 꿈과 그 선언문을 창의적으로 발표하는 것으로 하루를 마감했다. 둘째 날에 참가자들은 조직 구조 모델이라는 개념을 소개받았고, '그들의 꿈을 실현하기 위한' 조직 구성요소를 한두 가지 선택하고 재디자인하라는 과제를 부여받았다. 그 후, 각 그룹은 각자의 디자인 변화를 실현할 1개년 실행 계획을 작성했다.

미니 서밋 이후에 해야 할 작업도 있었다. 미니 서밋 프로세스로 인해 새로운 문화를 구축하고 강화시켜줄 25가지 장단기 전략이 도출되었다. 또 전략별 우선순위가 부여되었고, 실천을 위한 계획이 수립되었다(예: 고객 서비스 부서 신설).

에이아이 프로세스 종료 1년 후, FM 시스템즈는 상당한 발전을 이룩했다. 직능별로 고립되었던 조직분위기가 사라지고 팀워크가 비약적으로 성장했다. 조직 환경은 권한부여와 리더십 공유를 특징으로 하는 팀 중심 분위기로 바뀌어갔다. 에이아이는 조직이 취해야 할 사고방식으로 상당한 견인력을 얻게 되었다. 탐구는 성과 피드백에서 조직 디자인에 이르기까지 모든 것을 다루는 방법론이 되었다.

이 회사는 재정적으로 최고의 해를 맞이하게 되었다. 그리고 무엇보다 중요한 것은, 이 회사가 최고 인재를 영입하고 사람, 프로세스, 기술의 지속적인 변화를 통해 새로운 문화를 지원하는 노력을 함으로써 인력풀을 강화했다는 사실이다.

짧은 에이아이 미팅의 반복 프로세스

카루나 매니지먼트 주식회사 라비 프라단[5] 회장은 남아시아(인도, 방글라데시, 스리랑카, 네팔, 파키스탄, 부탄) 지역의 25개 정부 산하 병원들과 일할 때 반나절짜리 회의의 반복 프로세스를 활용했다. 그는 이 병원들이 수준 높은 24시간 산부인과 서비스를, 특히 위험에 처한 15~20%의 산모들에게 제공하도록 돕고 있었다. 프로젝트의 최종 목표는 남아시아의 높은 산모 사망률을 낮추는 것이었다. 이 지역은 세계 인구의 5분의 1, 그리고 전 세계 산모 사망률의 절반을 차지하였다. 이 프로젝트는 UNICEF, 빌&멜린다 게이츠 재단, 각국 보건성, 그리고 해당 지역 병원들의 지원으로 추진되었다.

프라단이 취한 첫 번째 단계는 각국에 에이아이 퍼실리테이터 그룹을 양성하는 것이었다. 이어서 그들은 각 병원에 반나절짜리 회의를 4회씩 개최하였다. 회의에서는 직위를 망라하여 선발된 50~100명의 직원들이 에이아이 4D 사이클의 각 단계를 하나씩 수행했다. 예를 들어 첫째 날은 발굴하기에 집중하여 긍정 인터뷰와 핵심적 긍정요소 맵을 작성했다. 약 일주일 후에 개최된 둘째 날에는 꿈꾸기, 즉 높은 수준의 24시간 서비스가 구현되는 이상적인 미래의 모습을 상상하고 꿈 선언문을 작성했다. 셋째 날은 디자인하기에 집중했다. 마지막 넷째 날에 각 병원은 '혁신 과제'라고 부르는 구체적 도전과제를 담당할 팀을 구성했다. 약 1개월 후에 지역별 퍼실리테이터들은 리더 그룹 및 각 혁신 팀들을 만나 목표를 성취할 수 있도록 코치해 주었다. 5개월 후, 최종 워크숍이 개최되었다. 또한 그 정책의 일환으로 산부인과 부서는 구체적인 공급물자, 장비, 그리고 기술 교육을 제공받았다.

이런 접근방식의 효과는 산부인과 서비스의 양과 질, 기타 의료 서비스 개선, 여러 부서 간의 증가된 협력 및 공동작업, 높은 수준의 동기와 책임 감, 더욱 참여적으로 변모한 리더십 스타일, 지역공동체 이해관계자들의 참여 증가, 비용 절감, 재고관리 개선, 자부심과 주인의식 향상, 자신의 가치와 긍정 변화 주도 역량을 인정하는 태도 등으로 나타났다. 구체적인 사례를 2가지 들어보자. 카라치에 소재한 300개의 병상을 가진 한 병원 은 직원이나 예산의 추가 투입 없이 산부인과 환자 수용률이 2배로 증가 되었다. 그 결과 그 병원은 국가 '훈련 센터'로 지정되었다. 방글라데시의 한 병원이 추진한 산부인과 서비스 정책은 어려운 여건 속에서도 어떤 성 취를 거둘 수 있는지에 관한 모범사례로서 국영 TV에 방영되었다. 남아시 아의 역사와 환경, 경영 문화, 그리고 정부기관의 수행능력이라는 조건을 고려할 때, 이러한 변화와 성과는 유례없는 성공사례로 남게 될 것이다.

성공적 기획의 비결: 긍정 변화를 모델링하라

헌터 더글러스 윈도우 패션 사업부문은 자사의 조직문화를 높은 직원 참여와 학습의 분위기로 바꾸기 위해 킥오프 미팅을 열고 전 직원들 중에 서 에이아이 정책 기획 작업을 도울 자원자를 모집했다. 한 달 후 열린 기 획 회의(그 자체로 하나의 미니 서밋)에는 100명이 참석하여 과제 정의, 참가자 선정, 서밋 형식 디자인, 사전 인터뷰 진행, 행사 전반에 관한 홍보 개시 및 유지, 서밋 의제와 워크북 작성, 그리고 전체 프로세스 통합 작업을 수행했다. 이렇게 높은 참여도를 보인 기획 프로세스는 오늘날 '헌터 더글러스 방식'으로 불리는 업무관행을 최초로 실행한 중요한 사건이었다.

에이아이 서밋 기획이 성공을 거두려면 말한 것을 실천해야만 한다. 기획팀이 모델로 삼는 대상은 일상적인 업무 방식이 아니라, 사람들이 가장 갈망하고 꿈꾸는 업무 방식이 되어야 한다. 서밋 기획은 조직보다 앞서 있어야 하며, 새롭고 차별화된 방식으로 일함으로써 새로운 업무방식으로 조직을 이끌어야 한다. 에이아이 서밋 기획은 매우 창조적인 노력이다. 획기적인 방식을 만들어내는 데에는 시간과 창의력이 필요하며, 그와 동시에 그것을 발굴하고, 꿈꾸며, 디자인하는 일에 다른 사람의 도움이 끌어들여야 한다. 에이아이 서밋 프로세스를 통해, 기획팀의 말과 행동은 조직의 새로운 미래를 향한 새로운 길을 개척한다.

6장 _ 에이아이 서밋 디자인 창출

서밋 디자인은 에이아이 서밋 기획 작업의 통합된 일부로서, 서밋에서 진행되는 매순간의 활동을 개관하는 의제를 만들어내는 일이다. 훌륭한 디자인은 조직의 배경과 변화 의제, 그리고 자원을 고려하여 이들을 에이아이의 원칙으로 통합하여 다음과 같은 행동의 흐름을 창조해낸다.

- 구체적 과제에 집중하면서도 참여를 이끌어낸다.
- 진지한 작업과 재미를 모두 구현하여 활기를 불어넣는다.
- 사람들에게 발언권을 주며 그들이 전체의 일원임을 느끼게 한다.
- 안전한 학습 환경과 다양성이라는 즐거움을 조성한다.
- 불확실성을 편안하게 느끼며 자발적인 혁신을 추구하도록 만든다.

사람들에게 서밋 프로세스에 관한 정보를 주고 흥미를 유발하는 홍보 전략 역시 에이아이 서밋의 성공의 핵심 요소이다. 가장 강력한 전략은 홍보 분야의 유명한 속담인 '똑같은 메시지를, 다양한 매체를 통해, 오랫동안'을 적용하고, 개인적인 인간관계를 광범위하게 활용하는 것이다. 마지막으로, 실행 계획이 핵심이다. 참가자들이 에이아이 서밋의 흐름과 타이밍은 참가자들에게 자연스럽게 느껴야 한다. 이를 위해서는 실행 계획에 충분한 시간과 관심을 기울여야 한다. 이 장에서는 에이아이 서밋 디자인, 홍보 전략 구상, 실행 계획 준비에 관한 핵심사항을 살펴볼 것이다. 이것은 성공적인 서밋을 기획하는 마지막 3단계들이다.

서밋 디자인

이제 우리는 서밋의 내용과 참가자, 그 형식을 모두 알고 있다. 이제 우리는 참가자들이 서밋 기간에 4D 사이클을 수행하면서 거쳐야 할 활동의 흐름을 기획해야 한다. 해야 할 일은 다음과 같다.

- 서밋 의제 도출
- 긍정 인터뷰 가이드 작성
- 사전 인터뷰 계획 (필요시)
- 서밋 참가자 워크북 제작
- 서밋 행사 문서화 방법 결정

결국은 기획팀의 책임이겠지만, 누가 실제로 서밋 의제를 도출하고 기록 작업을 지원해야 하는지 종종 의문이 생긴다. 기획팀 구성원이 에이아이의 경험이나 전문적인 지식이 많지 않은데다, 기획 작업은 신속히 이루어져야 하며, 자원 역시 제한되어 있을 수 있다. 상황에 따라 의제, 인터뷰 가이드, 워크북의 제작은 에이아이 컨설턴트 팀이 단독으로 수행하거나, 에이아이 컨설턴트와 기획팀 구성원 중 일부로 구성된 소그룹, 혹은 기획팀과 조직의 다른 인원으로 이루어진 대규모 그룹이 수행하게 된다.

표 6.1에는 3가지 대안에 대한 각각의 장단점이 나와 있다.

의제와 인터뷰 가이드, 워크북을 누가 만드는가에 상관없이, 궁극적으로 즐거움, 학습, 건강한 인간관계, 자율경영, 근본적 조직혁신을 극대화하는 서밋 환경을 만들어내는 것이 관건이다.

표 6.1 의제, 인터뷰 가이드, 워크북 제작 주체에 대한 선택

주 체	장 점	단 점
에이아이 컨설턴트	• 방대한 에이아이 전문지식 • 활동 개발 스킬 탁월 • 선택안에 대한 합의에 도달하기 쉬움 • 빠르고 효율적인 제작	• 조직의 역사와 배경에 취약 • 의제 몰입에 더 많은 시간과 신뢰가 필요 • 조직 구성원들과의 관계에 상대적으로 취약
에이아이 컨설턴트와 기획팀 구성원으로 이루어진 소그룹	• 에이아이 전문성과 조직 이해의 결합 • 팀워크의 모범이 됨 • 조직 문화에 부합하는 의제	• 학습에 시간 소요 • 의제 선택 시 상호 합의에 시간 소요
에이아이 컨설턴트, 기획팀 구성원, 조직의 다른 사람들이 포함된 대규모 팀	• 조직 이해도 가장 우수 • 에이아이 전문성과 조직 이해의 결합 • 가치 있는 의견을 제시하는 다양한 이해관계자 그룹에 의견 제시 기회 부여 • 의제 확정 시 수용이 용이 • 에이아이 서밋에 대한 강한 지지 • 서밋의 잠재적 방해요소를 표면화함 • 강한 공동체 의식 구축 • 더 좋은 의제를 도출할 잠재력	• 모든 의견의 발언과 경청을 위한 퍼실리테이션 필요 • 의제 선택안에 대한 합의를 이끌어내기 어려움 • 차이 조정에 시간 소요 • 더 많은 자원과 비용 소요

서밋 의제 도출

　최고의 서밋 의제는 참가자들이 단순하고 쉽게 이해할 수 있는 것이어야 한다. 그러나 단순함을 구현하기 위해서는 무엇을 언제 할지, 시간이 얼마나 걸릴지, 영감을 주는 환경을 어떻게 조성할 것인지에 대해 상당한 고민과 의식적인 결정 과정이 요구된다. 이미 언급한 바 있듯이 모든 서밋은 저마다 다르다. 서밋은 제각기 고유한 배경과 목적, 그리고 일련의 상황을 가지고 있다. 효과적인 서밋 의제 창출에는 과학만큼이나 정교한 기술이 필요하다.

　에이아이 서밋 의제는 에이아이 발굴하기, 꿈꾸기, 디자인하기, 실현하기라는 4D 사이클과 흐름을 같이 한다. 7~10장과 부록에는 의제 사례가 수록되어 있다. 도해 6.1은 서밋 의제 도출 시 고려할 질문을 보여준다.

타이밍: 에이아이 서밋 의제 구상의 중요한 고려 사항

　도해 6.1에 제시된 질문과 더불어, 각 활동에 할애할 시간을 고려하는 것도 중요하다. 거대그룹을 이끌 때는 시간을 넉넉히 잡기보다는 모자라게 잡는 것이 좋다. 물론, 우리는 정확히 시간을 지킨다는 계획을 세운다. 그러나 큰그룹에는 반드시 남보다 빨리 앞서가는 사람이 있게 마련이다. 평균보다 약간 빨리 진행되도록 설정하는 것이 좋다. 이렇게 하면 속도가 빠른 사람들의 관심과 참여를 유지할 수 있고, 조금 늦는 사람들은 필요할 경우 휴식 시간을 활용하여 마칠 수 있다.

　아울러, 우리는 본 의제에 한두 가지 선택 활동을 일반적으로 포함시킨다. 전체적인 흐름이나 서밋의 성공 여부에 그다지 영향을 미치지는 않지

첫째 날: 발굴하기
- 발굴하기를 어떻게 소개할 것인가? 에이아이에 관한 어떤 정보를 알려줄 것인가?
- 에이아이 인터뷰를 어떻게 진행할 것인가? 진행 장소는 어디로 할 것인가?
- 개인별 인터뷰는 어떻게 진행할 것인가? 인터뷰에서 도출된 스토리와 교훈을 공유할 때 어떤 종류의 그룹 성찰 방법을 사용할 것인가?
- 핵심적 긍정요소 맵 작성 시 어떤 프로세스를 활용할 것인가? 어떤 유형의 성찰 프로세스를 사용할 것인가? 데이터는 어떻게 수집할 것인가? 누가 수집할 것인가? 핵심적 긍정요소를 어떻게 요약할 것인가?
- 지속성 검사를 할 필요가 있는가? 일정표를 작성할 필요는 있는가?
- 과거 인터뷰 데이터를 활용할 것인가? 그렇다면 어떻게, 또 언제 활용할 것인가? 참가자들이 알아야 할 것은 무엇인가? 어떻게 하면 그것을 가장 잘 준비할 수 있을까?
- 발굴하기 단계의 결과와 꿈꾸기 단계의 내용을 어떻게 연결할 것인가?

둘째 날: 꿈꾸기
- 꿈꾸기 단계를 어떻게 설명하며 어떤 내용을 다룰 것인가?
- 발굴하기 단계에서 도출된 데이터를 꿈꾸기 단계에서 어떻게 활용할 것인가?
- 조직의 미래 비전을 토론하고 기술하기 위해 어떤 그룹 활동을 수행할 것인가? 필요할 경우, 논의를 집중하기 위해 어떤 프로세스를 적용할 것인가?
- 참가자들은 이상적 미래를 어떻게 제시할 것인가(창의적 발표, 촌극, 잡지 표지, TV쇼 등)? 발표는 총 몇 회 정도 진행할 것인가(모든 그룹, 혹은 선별된 그룹만)?
- 공동 비전을 어떻게 요약할 것인가? 그것을 어떻게 활용할 것인가?
- 벤치마킹 데이터 등의 기타 데이터 자료를 꿈꾸기 단계의 보조 자료로 활용할 것인가? 어떻게, 또 언제 활용할 것인가? 자료를 미리 준비할 사람은 누구인가?
- 꿈꾸기 단계의 결과와 디자인하기 단계의 내용을 어떻게 연결할 것인가?

셋째 날: 디자인하기
- 디자인하기 단계를 어떻게 설명할 것인가?
- 꿈꾸기 단계에서 도출된 데이터를 디자인하기 단계에서 어떻게 활용할 것인가?
- 사회적 구조를 파악하기 위해 어떤 활동을 수행할 것인가? 디자인 요소는 무엇인가?
- 도발적 제안을 개발하기 위해 사용할 프로세스는 무엇인가? 필요할 경우, 논의를 집중하기 위해 어떤 프로세스를 적용할 것인가? 도발적 제안이 충분히 과감한지 어떻게 보장하는가?
- 조직을 이상적 모습으로 바꾸기 위한 정책 혹은 실행 제안을 모색할 것인가? 그 작업을 어떻게 수행할 것인가?
- 디자인하기 단계의 결과와 실현하기 단계의 내용을 어떻게 연결할 것인가?

넷째 날: 실현하기
- 실현하기 단계를 어떻게 설명할 것인가?
- 디자인하기 단계에서 도출된 데이터를 실현하기 단계에서 어떻게 활용할 것인가?
- 꿈과 디자인의 내용을 실현하기 위한 잠재적 활동을 도출하기 위해 어떤 그룹 활동을 수행할 것인가? 그 활동을 어떻게 조직화하거나 범위를 좁힐 것인가?
- 실행/혁신 팀을 어떻게 구성할 것인가? 어떻게 실행 정책에 착수할 것인가? 팀들이 그 책임을 어떻게 맡을 것인가?
- 어떤 종류의 서밋 보고서를 작성할 것인가? 누가 그 일을 할 것인가?
- 서밋에서 기울인 노력을 조직의 나머지 사람들에게 어떻게 알릴 것인가?

만 포함해도 되는 내용들이다. 이런 방법을 통해 만약 어떤 활동이 계획보다 길어질 경우, 우리는 선택 활동을 하나 생략함으로써 서밋 프로세스나 목표에 지장을 주지 않고도 시간을 만회할 수 있다.

개인, 소그룹, 전체 활동 간의 균형

서밋 의제 도출 시 가장 중요한 것 중 한 가지는 개인, 소그룹, 전체 활동 사이의 균형을 유지하는 일이다. 이 세 가지 사이의 균형을 잘 유지함으로써 사람들은 개인적 성찰과 다른 사람들과의 대화, 그리고 조직의 일체감에 공헌할 시간을 골고루 확보할 수 있다. 개인적 성찰은 일대일 긍정 인터뷰, 혹은 개인적인 관점을 플립차트, 일정표, 또는 기회지도에 기록하는 활동을 통해 성취된다. 그리고 투표를 행사하거나 공개토론 시간에 하는 발언을 통해 전체그룹 활동에 참여함으로써 성찰할 수 있다. 서밋 기간에 최소한 하루에 한 번 '개인의 목소리'를 낼 수 있는 기회를 주는 것이 중요하다.

서밋 활동의 대부분(토론, 발표 및 창의적 제안 활동)은 소그룹으로 진행된다. 일반적으로 참가자들은 '최대한 골고루 섞인' 그룹에 속하게 된다. 사람들의 다양한 조합을 극대화하기 위해서이다. 예를 들어, 보건서비스 조직 서밋에서는, 각 테이블에 이해관계자 그룹에서 선정된 8명의 사람들을 모아 놓을 수 있다. 즉 의사, 간호사, 관리자, 경영자, 현장 직원, 환자 보호자, 실험실 기사, 그리고 환자가 각 1명씩 모여 그룹을 이룬다. 그러나 때로는 이해관계자 그룹(예를 들어 모든 의사들 그룹이나 모든 환자들 그룹), 디자인 그룹(예를 들어 새로운 환자 서비스 흐름이나 성과측정 시스템의 개선 디자인을 원하는 모든 사람들), 또는 실행팀(예를 들어 간호사 보유율 향상이나 의사, 간호사, 기술진 간의 협력 증진 정책의 출범을 원하는 모든 사람들)별로 따로 모인 경우도 있었다. 이에 관한 상세한 내용은 7~10장에서 다룬다.

서밋이 진행되는 4일간 통합된 활동 흐름의 일환으로 소그룹 프로세스를 계획하는 것이 중요하다. 예를 들어, 첫째 날 소그룹 활동의 내용은 보통 구성원들이 서로 만나 자신을 소개하고 서밋에 참가한 동기를 밝히는 것으로 구성된다. 둘째 날에는 서로의 꿈을 공유하고 그룹 공통의 꿈을 도출해내는 활동을 한다. 셋째 날은 디자인에 관한 내용이고, 넷째 날은 실현하기와 관련된 활동이다. 이렇게 점진적으로 구성된 활동들은 사람들이 유대를 구축하여 함께 무언가를 창조할 수 있는 안전한 환경을 제공한다.

효과적인 서밋에서는 개인의 발언과 소그룹 프로세스가 충분히 이루어지는 것 외에도 참가자들이 일체감을 느낄 수 있는 환경이 조성된다. 그것은 개인으로든 소그룹을 통해서든, 모든 사람들이 참가하는 활동을 통해 이루어진다. 모든 사람들이 참여하는 전체 활동은 시각적 기록방식을 활용한다면 특히 더 강력한 효과를 발휘할 수 있다. 모든 사람이 일정표에 기록하고, 기회지도에 그림을 그리며, 핵심적 긍정요소에 일부 요소를 추가하거나 전자투표기를 통해 투표하는 활동에 참가하면 강력한 일체감이 조성된다.

한 사람이 발언하며 진행하는 전체 활동으로는 이런 효과를 얻을 수 없다. 사실 그 정반대 효과가 발생한다. 그 방법은 동등한 참여와 공동 창조 활동을 꿈꾸며 참가한 사람들을 오히려 소외시킨다. 그러므로 경영진과 전문가 등 소위 '목소리가 큰 사람들만' 발표하고, 참가자들은 청중이 되어 듣기만 하는 방식은 피해야 한다.

이해관계자 그룹의 목소리를 반영하라

서밋에는 대개 모임에 관련있는 이해 집단이 모두 참가한다. 고객, 공급자, 지역사회 구성원, 정부 기관 및 기타 외부 이해관계자들이 모두 모인다. 그러나 이것이 불가능할 때도 있다. 핵심 고객이 참석할 수 없다거나, 어린이들이 학교를 빠질 수 없다거나, 혹은 간호사들이 병원을 비울 수 없는 경우가 그런 예이다. 이럴 경우, 그들의 의견을 어떤 식으로든 서밋에 반영할 수단을 강구하는 것이 중요하다.

고객들이 첫째 날만 참석할 수 있거나 자신의 꿈에 관한 인터뷰를 둘째 날에 해야 하는 서밋도 있었다. 어떤 경우에는 이해관계자 그룹이 모두 불참한 채 사전 긍정 인터뷰를 한 적도 있었다. 또는 꿈꾸기 활동에서 참가자 3분의 1에게 그들의 자녀들의 꿈을 묘사하라고 하고, 또 다른 3분의 1에게는 그들의 부모, 나머지 3분의 1에게는 자신의 꿈을 묘사하라고 요청한 적도 있었다. 이러한 활동들은 참석하지 못한 이해관계자 그룹의 목소리를 반영하는 창의적인 방법이다. 그러나 역시 이해관계자 그룹들로부터 직접 듣는 것보다 나은 것은 없다.

긍정변화에 집중하라

에이아이 서밋 의제를 도출한다는 것은 긍정변화의 모멘텀을 창출한다는 의미이다. 탐색, 분석, 대화, 토론의 시작점은 문제점이 아니라 핵심적 긍정요소(강점, 자원, 역량, 자산, 희망, 꿈, 긍정적 잠재력, 또는 경쟁력)이다. 에이아이 서밋 의제를 도출할 때는 긍정적 핵심요소를 발굴하고, 상상하며, 조직의 미래 구조에 맞춰 디자인하는 일에 모든 활동을 집중하라.

리더가 서밋에 참여하는 방법을 기획하라

우리는 서밋 의제를 구상할 때, 최고 리더의 발언 기회를 회의의 시작과 마지막으로 2번 할애한다. 우리는 고위간부가 간단한 소개말(최대 30분)로 회의를 시작하는 것이 좋다는 사실을 발견했다. 소개말에는 서밋이 회사에 미치는 중요성, 성취하려는 목표, 그리고 그들이 모든 직원들과 함께 참여하고 배우는 것을 얼마나 기대하고 있는지의 내용이 담긴다. 서밋 마지막에는 서밋에서 경험한 내용, 그로 인해 품게 된 미래의 희망, 그리고 당연히 모든 사람들의 참여와 의견에 대한 감사과 같은 진솔한 발언이 가장 좋다.

에이아이 서밋의 일차적인 원칙은 평등한 발언 기회이다. 즉 모든 사람들의 생각이 소중히 여겨지고, 그들이 평등한 표현 기회와 주목을 받을 수 있어야 한다는 의미이다. 에이아이 서밋에서는 경영자가 사람들에게 지시하는 발언을 한 뒤 자리를 뜨는 발언 상황은 결코 없다. 고위간부들도 처음부터 끝까지 자리를 지킨다. 그들은 개회 연설을 한 다음, 지정된 테이블 그룹에 속해 다른 사람들과 똑같이 프로그램에 참여한다.

에이아이 인터뷰 가이드 작성

에이아이 서밋은 그 형식과 관계없이 긍정 인터뷰 프로세스로 시작된다. 우리는 서밋 참가자들이 서밋 시작 후 2시간 내에 긍정 인터뷰를 할 수 있도록 계획한다. 최대 1~2시간이면 서밋의 목적과 에이아이 프로세스의 소개가 완료되며, 그 후 인터뷰로 넘어간다. 2시간 이상은 너무 길다.

긍정 인터뷰 프로세스를 진행하는 목적은 서밋에 대한 '홀로그램적 시작'이 이루어지도록 하기 위한 것이다. 홀로그램이란 전체의 이미지가 각 부분에 모두 들어있는 영상이다. 마찬가지로 긍정 인터뷰에서 제시되는 질문 역시 서밋 기간 내내 논의될 주제와 관련되어 있다. 표 6.2는 서밋 의제와 인터뷰 가이드 사이의 관계를 고객 서비스에 관한 서밋의 사례를 사용하여 보여준다. 전체 인터뷰 가이드는 부록에 수록되어 있다.

표 6.2 인터뷰 가이드와 서밋 의제의 관계

폭넓은 서밋 의제	인터뷰 질문	질문의 목적
• 고객서비스의 핵심적 긍정요소 발견 • 위대한 고객서비스를 제공하는 조직 꿈꾸기 • 고객을 만족시키고 그들을 확보하는 조직문화 디자인하기 • 뛰어난 고객서비스를 위한 혁신 착수	• 위대한 고객서비스에 관한 최고의 순간 경험 • 위대한 고객서비스 수상자로 선정된 조직의 모습 상상 • 고객서비스의 모범 조직이 사용하는 리더십, 구조, 프로세스, 가치, 관행들 • 뛰어난 고객서비스를 실현하는 행동 및 방법에 관한 아이디어	• 핵심적 긍정요소 맵을 구성하는 스토리 및 데이터 축적 • 이상적인 꿈꾸기 활동 수행 • 이상적 조직 디자인을 묘사하는 '도발적 제안' 작성에 적용할 정보 및 아이디어 수집 • 서밋 이후에 실행할 아이디어 도출

인터뷰 가이드 작성은 기획팀의 책임이다. 그러나 그들은 자문단이나 조직 내 다른 사람들의 조언을 구해야 한다. 좋은 인터뷰 가이드는 대개 몇 단계의 개발 과정을 반복함으로써 완성된다. 서밋 이전에 소그룹을 상대로 시범적으로 적용해보는 것이 좋다. 이렇게 함으로써 할당된 시간 내에 인터뷰를 적절하게 수행할 수 있는지를 확인할 수 있다.

긍정 인터뷰 작성에는 다음과 같은 3단계 절차가 필요하다.

1) 긍정 주제 선정

2) 긍정 질문 작성

3) 인터뷰 가이드 작성

1단계: 긍정 주제 선정

효과적인 인터뷰 가이드는 서밋 목표와 관련된 3~5가지 긍정 주제에 집중한다. 예를 들어, 서밋의 목표가 노사 파트너십이라면 인터뷰 가이드에는 생산적 파트너십, 노사 협력, 공동 리더십, 동등한 업무 환경, 합의에 기초한 의사 결정 및 직장 민주화 등과 관련된 질문이 포함된다. 이처럼 선정된 모든 주제는 서밋 목표와 직접적인 관련을 갖는다.

긍정 주제 선정 프로세스는 '포괄적' 긍정 인터뷰를 통해 시작된다. 우리는 일반적인 서밋 과제에 관한 4~5가지 질문으로 구성된 포괄적 인터뷰 가이드를 만들어, 기획팀 구성원들이 서로 인터뷰할 때 사용해보도록 한다. 노사 파트너십을 주제로 한 경우라면, 포괄적 인터뷰 가이드에는 다음과 같은 질문이 포함될 수 있다.

- 최고의 업무 경험
- 자신과 자신의 일, 그리고 조직에 대해 가치 있게 생각하는 점
- 노사 관계의 긍정적인 트렌드
- 노사 파트너십의 미래에 대한 꿈

포괄적 인터뷰를 수행하고 인터뷰에서 나온 스토리를 공유함으로써 기획팀은 서밋의 과제를 이해하고 3~5가지의 의미 있고 전략적으로 중요한

긍정 주제를 선정할 수 있다. 그들은 포괄적 인터뷰에서 나온 스토리를 데이터로 삼아 어떤 주제가 서밋 과제와 관련된 학습과 행동을 이끌어낼 수 있는지 결정한다. 긍정 주제 선정에 관한 상세한 정보를 얻고 싶다면 '에이아이 핸드북'을 참조하기 바란다.[1]

2단계: 긍정 인터뷰 질문 작성

각각의 긍정 주제는 그대로 긍정 인터뷰 질문이 된다. 또한 긍정 인터뷰 질문은 두 부분, 즉 긍정 도입부와 일련의 실제 질문들로 이루어진다. 도해 6.2에 제시된 질문은 브리티시 에어웨이가 도출하여 사용한 인터뷰 가이드에 나온 사례이다. 여기에는 긍정 주제, 도입부, 일련의 질문들이

도해 6.2 긍정 인터뷰 질문 사례

주 제: 영원한 유산

도입부: 브리티시 에어웨이는 리더와 혁신가로서의 뛰어난 유산을 가지고 있다. 하늘을 나는 배에서 하늘을 나는 침대로, 3일간의 비행에서 3시간의 비행으로, 역내에서 세계로 발전해오는 동안, 우리는 세계인이 가장 선호하는 항공사가 되었다. 이 점을 명심하고, 우리의 유산을 활용하고 미래로 나아가는 길을 개척하자.

질 문: 1) 브리티시 에어웨이에 처음 입사하던 순간을 생각해보라.
- 당신은 어떤 매력과 흥분을 느꼈나?
- 우리의 역사 중 어떤 점에 흥미를 느꼈나?

2) 현재 브리티시 에어웨이에서 근무하면서 가지는 자부심은 어떤 것인가? 브리티시 에어웨이 가족의 일원이라는 자부심을 느꼈던 때에 관해 한 가지 스토리를 공개해 달라.

3) 새천년을 맞이하면서 브리티시 에어웨이에 대한 당신의 꿈, 비전, 그리고 가장 큰 희망은 무엇인가?

4) 미래에도 보존해야 할 우리 조직의 고유한 유산을 2~3가지 꼽아보라.

있고, 이 모두를 합하여 긍정 인터뷰 질문이라고 부른다.

훌륭하게 작성된 긍정 인터뷰 질문은 스토리를 이끌어내고, 경험으로부터의 성찰과 학습을 유발하며, 사람과 조직에서 최고의 모습을 드러낸다. 에이아이 질문 기술에 관한 상세한 지침이 필요하다면, '긍정 질문 백과사전: 당신의 조직에서 최고를 이끌어내라'[2]를 참조하길 추천한다.

3단계: 인터뷰 가이드 작성

최종 인터뷰 가이드는 세 부분, 즉 도입 질문, 긍정 주제 질문, 마무리 질문으로 이뤄져있다. 도해 6.3은 전형적인 긍정 인터뷰 가이드의 일반적 구조를 보여준다. 도입 및 마무리 부분을 위한 질문 사례가 포함되어있다.

긍정 인터뷰 가이드가 작성되면 이를 인쇄한다. 별도 기록물로 인쇄할 수도 있고, 서밋 워크북에 포함시킬 수도 있다. 어떤 형식을 택하든 질문들 사이사이에 인터뷰 진행자가 기록할 수 있는 충분한 여백을 남겨두는 것을 잊지 말라. 맨 첫 페이지에는 인터뷰 목적에 관한 머리글을 종종 추가하기도 한다. 머리글은 다음과 같은 질문에 대한 답변을 포함한다. 즉 이 행사를 진행하는 이유는 무엇인가? 내가 말하는 모든 내용은 어떻게 될 것인가? 또한 긍정 인터뷰에 대한 간단한 안내사항이 포함되어있다.

긍정 인터뷰 가이드가 완성되면 서밋 혹은 사전 작업에서 인터뷰를 진행할 준비를 마친 셈이다. 서밋에서만 인터뷰가 진행된다면 워크북에 안내서를 포함시키는 것이 좋을 것이다. 사전 인터뷰를 진행하는 경우라면 인터뷰 가이드는 별도 기록물로 인쇄하는 편이 좋다.

Ⅰ. 개인 및 조직 가치의 발판을 마련하는 도입 부분
- 당신을 이 조직으로 이끈 동기는 무엇이었나? 첫인상은 어떠했나?
- 자신과 자신의 일, 그리고 조직의 어떤 점을 가장 소중히 여기는가?
- 조직에서 겪었던 최고의 순간이나 전성기의 경험을 말해보라. 그 이유는 무엇인가?
- 이 조직에 생명력을 부여하는 요소는 무엇인가?

Ⅱ. 선택 주제를 탐색하는 중간 부분
- 이 부분에는 대개 3~5개의 긍정 주제별로 각 2~3개의 질문이 포함되어있다.
- 긍정 주제는 리더십, 팀워크, 협력, 존중, 탁월한 품질, 뛰어난 서비스, 놀라운 속도, 매력적인 문화, 사회적 공헌, 시장 성장 등 조직이 배우고 강화하고자 하는 '핵심적 긍정요소'의 어떤 측면도 다룰 수 있다.

Ⅲ. 새로운 미래를 명료화 하는 마무리 부분
- 우리에게 가장 영감을 주는 미래의 이미지는 무엇인가? 우리는 어떤 존재가 될 소명을 가지고 있는가?
- 당신이 오늘밤 깊은 잠에 빠져 3년 동안 깨어나지 못한다고 해보자. 그동안 기적이 일어나 조직은 당신이 원해왔던 모든 요소를 갖추었다. 그로 인해 조직과 그 문화에는 긍정적이고 효과적인 많은 변화가 이루어졌다. 당신은 매우 행복하다. 당신이 잠에서 깨어나 눈을 떴을 때, 조직의 새롭고, 긍정적이며, 달라진 점은 무엇일까? 사람들의 행동이나 말에서 알 수 있는 점은 무엇인가?
- 미래를 상상해볼 때, 당신이 조직을 원하는 대로 바꿀 수 있다면 선택하고 싶은 3가지 소원은 무엇인가?

사전 인터뷰 계획

에이아이 서밋 형식상 사전 인터뷰가 필요한 경우라면 데이터 수집, 의미부여, 그리고 보고의 프로세스를 세심하게 고려할 필요가 있다. 다음의 질문은 반드시 주의 깊은 답변이 필요하다.

- 사전 데이터 수집의 일환으로 몇 명을 인터뷰할 것인가?
- 인터뷰 대상은 조직 구성원 전체로 할 것인가, 대표자 일부를 선정하여 할 것인가?
- 이해관계자를 인터뷰 대상에 포함시킬 것인가? 그렇다면 몇 명을, 누구를 대상으로 할 것인가?
- 누가 인터뷰를 진행할 것인가?
- 인터뷰 진행자 훈련이 필요한가? 언제 어떤 방법으로 할 것인가?
- 인터뷰 진행자가 데이터를 서밋 활동의 일부로 사용할 것인가, 아니면 미리 요약하여 서밋에서 활용할 보고서에 포함시킬 것인가?
- 인터뷰 진행자는 에이아이 인터뷰 전체를 인용할 것인가, 아니면 그들이 들은 생각, 인용, 스토리 중 최고사례를 요약하여 사용할 것인가?
- 서밋 이전에 보고서를 작성할 경우 그 정보를 누구에게 전달하며, 전달해야 하는 내용은 정확히 무엇인가? 데이터 조합 및 보고는 어떤 방법으로 수행하는가?

특정 회사의 사전 인터뷰 프로세스를 상세히 살펴보고 싶다면, '에이아이의 위력'[3] 중 헌터 더글러스 윈도우 패션 사업부문 사례를 참조하기 바란다. 그들은 조직문화 변혁에 관한 첫 번째 서밋 이전에, 600명의 직원과 100명의 고객, 공급자, 지역사회 구성원들을 대상으로 인터뷰를 진행했다. 또한 4회의 데이터 통합 및 의미부여에 관한 회의를 가졌다. 인터뷰 과정의 결과는 보고서로 요약한 뒤 서밋에 참가한 직원과 이해관계자 전원에게 배포되었다.

서밋 참가자 워크북 제작

서밋이 시작되기 전에 기획팀이 마지막으로 작성해야 하는 문서는 참가자 워크북이다. 거기에는 서밋 기간에 참가자들이 사용할 모든 자료와 워크시트가 수록되어있다. 서밋 참가자 워크북의 목차는 다음과 같다.

1) 서밋의 목적, 목표 및 의제
2) 에이아이란 무엇인가?
3) 에이아이 4D 사이클
4) 긍정 인터뷰 가이드
5) 워크시트 1: 인터뷰 파트너와의 인사
6) 워크시트 2: 긍정적 핵심요소 지도 작성
7) 워크시트 3: 함께 꿈꾸기
8) 워크시트 4: 도발적 제안 도출
9) 워크시트 5: 탐색을 행동으로 - 혁신팀 구성

이것은 가능한 목차의 간략한 개요일 뿐이며 결코 모든 종류의 목차를 대변하지는 않는다. 훌륭하게 준비된 서밋 워크북에는 퍼실리테이터가 공유하고 가르칠 수 있는 모든 정보와, 모든 활동에 사용될 워크시트가 포함되어있다. 참가자 워크북 사례는 부록에서 참조하라.

서밋 행사 기록 방법 결정

서밋 디자인의 또 다른 측면은 행사 내용과 서밋의 중요한 성과 중 무엇을 어떻게 기록할 것인가 하는 문제이다. 가능한 방법으로는 비디오 녹화와 디지털 사진, 실시간 컴퓨터 기록, 플립차트 및 벽보 등이 있다. 우리가 에이아이 서밋의 내용 중에서 무엇을 기록하고 보존할 것인지 계획하는 데 도움을 줄 2가지 질문이 있다.

첫째, 서밋 프로세스에 도움이 될 것은 무엇인가? 즉, 참가자들이 프로세스를 따라가고, 공유 및 토론되는 내용을 이해하는 데 어떤 종류의 문서화가 도움이 될 것인가? 무엇이 토론에 열정을 북돋울 것인가?

둘째, 장차 사용될 것에 대비해 기록해야 하는 내용은 무엇인가? 다시 말해, 서밋 기간에 도출되는 내용 중 후속 조치가 따르거나 나중에 최종적으로 마무리될 대상은 무엇인가?

보존 대상과 그 이유

무엇을 기록하고 보존할 것인가는 서밋마다 다르다. 에이아이는 효과를 발휘하는 것에 집중하므로, 인터뷰 데이터와 스토리는 조직의 지혜를 전달하는 주체이며, 따라서 조직 전체에 걸쳐 수집되고 전파되어야 한다. 대개의 경우, 우리는 다음 내용을 보존하고 전파하는 것이 유익하다는 사실을 발견했다.

- 스토리. 베스트 프랙티스와 조직의 모범사례에 관한 스토리를 남기는 방법은 기록뿐 아니라 비디오도 있다. 비디오는 서밋 종료 후 구내식당

이나 휴게실에서 상영하기에 좋다. 사내 뉴스레터에 사용할 수도 있다. 어떤 조직은 베스트 프랙티스 스토리를 담은 책을 만들어 고객이나 공급자들에게 감사의 선물로 주기도 한다.

- 인용할 만한 내용. 인터뷰 데이터나 서밋 토론으로부터 멋진 인용문을 발췌하기도 한다. 서밋이 끝난 후 발췌된 인용문 등을 다양하게 사용할 수 있다. 포스터에 활용하거나 조직 각 부서에 배포할 수도 있다. 또한 채용 브로셔, 마케팅 자료 및 연례보고서 등의 홍보 자료에 사용되기도 한다.

- 핵심적 긍정요소 맵. 대부분의 조직들은 유익하면서도 에너지를 주는 핵심적 긍정요소 맵을 작성한다. 그리하여 서밋 후에도 보존하며 활용하고자 한다. 맵을 코팅하여 구내식당에 걸어두거나 포스터 크기로 복사하여 전 부서에 배포하였다. 브리티시 에어웨이는 북미 지역 22개소의 공항에서 만든 '베스트 프랙티스 액자'를 한 해 동안 모든 공항을 순회시켰는데, 모든 액자를 모든 공항에 선보일 때까지 계속했다.

- 꿈 이미지. 꿈에 관한 촌극은 비디오로 녹화한 뒤 서밋 후에 상영될 수 있다. 서밋에 참석하지 못한 사람들도 비디오를 보면서 참여하고 프로세스를 따라갈 수 있다. 아울러 참석자들도 테이프에 수록된 꿈꾸기 촌극 등을 다시 보면서 당시의 느낌을 되살릴 수 있다.

- 도발적 제안 혹은 원칙. 도발적 제안이나 디자인 원칙은 필수적으로 보존되어야 한다. 서밋 기간 중 컴퓨터에 저장하거나 서밋 종료 후 플립차트에 남겨진 기록을 발췌하면 된다. 어떤 방법을 사용하든, 그것을 저장하고 다듬어서 서밋 이후에 조직 전체에서 다시 사용하는 것이 중요하다. 'URI 원칙'은 모든 회의 공간에 게시되었고 수많은 회의에 앞

서 낭독되었다.

- 실천을 향한 약속. 우리는 실천하기로 다짐한 사람들에게 자신의 결심을 적은 워크시트를 제출하도록 요청한다. 이것은 약속을 기록하고 향후 정책을 위한 행동을 계획하는 역할을 한다. 이 기록은 진척상황 점검과 필요한 지원을 수행하는 자문단으로 이관된다.

그래픽 퍼실리테이션

우리는 언제나 가능한 한 그래픽 퍼실리테이터와 함께 일하도록 계획한다. 그들은 전체 서밋 행사를 크고 다양한 색상의 마인드맵, 그림 및 상징을 이용하여 기록한다. 그래픽 퍼실리테이터들은 전체 그룹의 토론의 의미에 집중하고 이를 그림으로 표현함으로써 서밋 프로세스를 돕는다. 참가자들은 자신의 아이디어가 벽에 그림으로 나타나면 자부심과 성취감을 느낀다. 그래픽 퍼실리테이션은 사람들의 아이디어가 존중받고 있으며 대화를 통해 가시적인 일이 일어난다는 것을 보여준다.

비디오 녹화

우리는 가능한 한 에이아이 서밋을 비디오로 녹화해주도록 전문가에게 의뢰한다. 비디오는 실제로 참석하지 못하는 사람들이 서밋을 알 수 있는 훌륭한 도구가 된다. 참석하지 못했던 사람에게 비디오는 차선책이 된다. 그러나 보다 중요한 것은 서밋 이후에 구내식당, 휴게실, 그리고 회의실에서 비디오를 다시 틀어줌으로써 서밋의 경험을 되새길 수 있다는 사실이다. 또한 서밋 이후 조직에 합류한 신규직원들에게 교육도구로 활용할 수도 있다. 캐나다 국방부에서는 점차 확대되어가는 서밋 비디오테이프 자료를 활용함으로써 내부 OD 컨설턴트 전원이 조직의 미래의 꿈과 계획, 그리고 에이아이에 관하여 학습한다.

서밋 홍보

서밋 과제, 참가자, 형식, 그리고 디자인을 결정했다면, 이제 기획팀은 조직 전체와 이해관계자 그룹을 대상으로 홍보 전략을 기획할 때이다. 서밋 사전 홍보의 목적은 뚜렷하다. 사람들에게 서밋을 알리고 열정을 불러일으키는 것이다. 사람들은 서밋의 정체와 목적, 그들이 반드시 참가해야 하는 이유를 알아야 한다. 또 다음과 같은 사실을 미리 알 필요가 있다.

- 서밋은 실용적이다. 그들은 자신이 중요하게 생각하는 문제를 말할 기회를 얻는다.
- 서밋은 안전하다. 자신에게 부정적인 영향이 미칠까 걱정할 필요 없이 발언할 수 있다.
- 서밋은 재미있다. 4일간의 회의는 활력과 영감을 제공해준다.
- 서밋은 강력하다. 토론되고 결정되는 사항들은 조직에 전략적인 중요성을 가진다.

마샬 맥루한의 '매체는 바로 메시지이다.' 라는 말은 서밋 홍보에도 여지없이 적용된다. 홍보 수단은 서밋의 중요성과 재미, 참여와 포용 정신을 여실히 보여주어야 한다. 서밋 홍보는 일종의 내부 마케팅 캠페인으로 생각해 봐도 가장 효과적일 것이다.

서밋 과제와 프로세스의 브랜딩

조직은 에이아이 서밋 프로세스를 자사 상황에 적용하면서, 자신들만의 고유한 핵심 주제, 슬로건 또는 일종의 브랜드를 만들고 싶어진다. 어떤 기획팀 구성원이 제안했듯이, 그것은 서밋 과제를 '노래'로 만드는 방법이다. 몇 가지 사례를 들어보자.

- '하나된 우리는 탁월함을 추구한다United We Strive for Excellence'. 전 직원을 총 3회의 서밋 중 하나에 참여토록 한 합병 프로젝트명
- '포커스 2000: 모든 목소리, 모든 선택안, 모든 아이디어Focus 2000: All Voices, All Options, All Ideas'. 회사 문화 변혁을 위한 매우 성공적인 2개년 프로그램의 제목
- '둘의 위력The Power of Two'. 100명 규모의 서밋 이전에 1,200명 직원 대상의 긍정 인터뷰를 진행했던 고객서비스 정책명

이러한 예들은 모두 에이아이 서밋을 후원하는 조직의 직원들이 만들어 낸 것이다. '하나된 우리는 탁월함을 추구한다.'는 공모 당선작이었다. 그 조직은 서밋의 제목을 공모했다. 직원들이 모든 후보작 중에서 투표를 통해 당선작을 선택했다. 당선작은 플래카드, 티셔츠, 그리고 포스터에 게시되었고 서밋과 기타 에이아이 활동의 슬로건이 되었다.

'포커스 2000: 모든 목소리, 모든 선택안, 모든 아이디어'는 모든 사람이 프로세스에 참여하는 것이 중요하다는 사실을 강조하기 위해 홍보팀이 창안해 낸 것이다. 그들은 또 뉴스레터 제목을 '포커스 2000 인콰이어러'로 지었으며, 이 뉴스레터를 통해 모든 사람들은 조직의 에이아이 활

동 최신 동향을 알 수 있었다.

서밋 마케팅 방법 결정

에이아이 서밋 마케팅에 사용되는 홍보 내용은 메시지 내용과 품질에 있어 분명하고, 간단하며, 일관성이 있어야 한다. 서밋 메시지는 긍정적 어조를 유지하면서도 추가적인 대화를 촉진하는 질문을 포함해야 한다. 효과적인 서밋 홍보 계획에는 홍보하고자 하는 내용이 무엇인지, 누가 홍보 책임자인지, 언제까지 홍보할 것인지, 구체적인 홍보 방법은 무엇인지, 그리고 홍보활동의 예상 성과가 무엇인지가 명시된다.

에이아이 서밋 마케팅에 사용되는 다양한 방법이 도해 6.4에 제시되었다. 어떤 방법을 선택하든, '똑같은 메시지를, 다양한 매체를 통해, 오랫동안!' 이라는 격언을 기억하기 바란다.

서밋 실행 계획

실행 계획에 충분한 시간과 주의를 기울이면 모든 사람들을 위해 행사가 매끄럽게 진행되는 데 도움이 된다. 공간, 좌석 배치, 워크북, 명찰, 펜과 연필, 마이크, 컴퓨터, 주차, 그리고 음식 등 모든 세부 사항들이 정교하게 조직되고 조정되어야 한다. 실행 계획은 매우 중요하다. 그것은 서밋을 살릴 수도, 망칠 수도 있는 요소이다. 표 6.3은 서밋 기획 시 실행 계획 측면에서 고려해야 할 가장 중요한 사항들을 보여주는 체크리스트이다.

입소문

비공식 네트워크로 소문을 퍼뜨리는 것은 메시지 전달의 훌륭한 수단이다. 기획팀 및 자문단 구성원들은 서밋의 비공식 마케팅과 장점 홍보에서 큰 역할을 할 수 있다. 회의 또는 조직의 다른 직능 활동에서 발표를 함으로써 서밋에 대한 열정과 관심을 불러일으킬 수 있다. 핵심 이해관계자들과의 일대일 회의 역시 관심과 참여를 독려하는 효과적인 방법으로 추천할 만하다.

이메일/보이스메일

이메일 및 보이스메일 발송은 서밋의 소문을 신속하고 효율적으로 퍼뜨리는 훌륭한 방법이다. 이 방법은 보다 상세한 정보를 어디에서 얻을 수 있는지 알릴 수도 있다.

우편물 또는 대량 서신

조직구성원 전체를 대상으로 우편물을 발송하는 것도 서밋 메시지를 빠르고 효과적으로 전달할 수 있는 방법이다. 조직구성원들에게 직접 전달되는 우편물은 맞춤 제작이 가능하고, 사람들이 좋아하는 방법과 스타일을 살릴 수 있다.

브로셔 혹은 전단지

우아한 3단 형식으로 브로셔와 전단지를 제작하여 여러 전략적 장소에 배포해 놓을 수 있다. 브로셔와 전단지는 잘만 만들면 아주 많은 정보를 담을 수 있는 검증된 홍보 수단이다.

뉴스레터

회사 뉴스레터는 서밋의 인지도를 높이고 그 목적과 의도를 전달하는 강력한 수단이 될 수 있다. 뉴스레터에는 관심을 자극하고 탐색을 촉진하는 스토리나 짧은 기사를 담을 수 있다.

포스터 및 게시판

사람들의 눈에 잘 띄는 곳에 포스터를 설치해야 한다. 사람들이 자주 지나치는 곳에 설치된 게시판은 포스터나 그 밖의 홍보물을 설치할 수 있는 최고의 공간이다. 게시판에 설치하는 포스터는 자주 새롭게 바꿔야하며 사람들이 잘 볼 수 있게 배치해야 한다.

비디오

서밋을 홍보하는 짧은 비디오 영상이 효과적일 수 있다. 어떤 조직은 기획팀 회의에 관한 6분짜리 비디오를 만들었다. 영상에는 서밋에서 진행될 것과 많은 동일한 활동을 수행하는 기획팀의 모습이 담겼으며, 한동안 직원 식당에서 연속해서 상영되었다.

인터넷 사이트

오늘날 널리 사용되는 인터넷 사이트는 서밋 메시지를 전달하는 데 매우 효과적인 방법이다. 누구나 컴퓨터로 언제든지 접속해서 볼 수 있다. 하이퍼링크를 통해 추가 정보 제공 사이트로 연결되도록 해놓으면 서밋 관련 정보에 쉽게 접근할 수 있다.

기념품

기념품(펜, 연필, 커피잔, 티셔츠 등)은 서밋에 대한 열정과 관심을 촉진하는 강력한 수단이다. 서밋 이후에도 당시를 기억하고 대화를 유발하는 역할을 한다.

표 6.3 실행계획 체크리스트

항 목	세 부 사 항
공간 배치	• 원탁 테이블 1개당 참가자 최대 8명, 최대한 골고루 섞인 인원 배치 • 서로 눈을 마주치는 데 불편함이 없게, 참가자들이 편안하게 • 핵심적 긍정요소 맵을 벽에 설치(필요시 스티로폼 보드에 설치)한다. 250명 규모의 서밋이라면 벽에 게시할 핵심적 긍정요소 맵은 2.5m×6m 정도 크기의 큰 직사각형 종이면 된다. • 기회 지도 작성 시 필요한 지도의 크기는, 전체 그룹이 150명 이하일 경우, 1.8m×3.7m 크기면 된다. 그룹 규모가 150명 이상이라면, 각 이해관계자 그룹 당 1.2m×1.2m 크기의 종이를 벽에 걸어놓는 것이 좋다. 벽 면적이 충분하지 못할 경우에는 스티로폼 보드 3개로 된 대형 지도 혹은 각 소지도 당 하나의 스티로폼 보드를 배정하면 된다. 이해관계자 그룹별로 각각 다른 색깔의 매직마커가 최소한 6개씩 필요하다. 개인별로 7개씩의 스티커도 필요하다. (각 이해관계자 그룹별로 다른 색상이어야 한다.) • 모든 활동에 필요한 넓은 공간과 편리한 동선 • 별도로 마련된 휴식용 테이블 • 토론 공간 혹은 토론실
장비	기술 장비 • 음향 시스템: 무선 마이크 최소 4세트 (퍼실리테이터용 2개, 이동용 2개) • 필요할 경우 TV 및 VTR • 필요할 경우 컴퓨터, 프린터, 복사기 • 프로젝터 – 파워포인트 발표용 거치형 혹은 이동형 • 프로젝션 스크린 – 그룹 규모가 클수록 대형 필요 • 음악 장비 (기본 장비에 부대시설로 포함되지 않았을 경우) 일반 장비 • 각 테이블당 이젤과 종이 1세트, 필요할 때까지 통로를 피해 벽에 기대어 보관, 퍼실리테이터용 이젤 2개 • 여분의 플립차트 종이 • 등록 테이블 및 의자 서너 개 – 회의장 밖에 준비. 명찰, 참가자 워크북, 테이블 배정표 및 개인별 비품이 포함된 등록 패키지 지급용 • 테이블당 특정 서밋 활동(긍정적 핵심요소 및 기회 지도 작성)에 필요한 비품 여분 할당 – 가위, 접착제, 다양한 색상의 소형 스티커, 색종이, 고무줄, 스테이플러 등 • 벽 면적이 부족할 경우 스티로폼 보드 – 1.2m×2.4m 규격, 1.3cm 두께 스티로폼 보드 약 15개 (핵심적 긍정요소 지도에 5개, 기회 지도 1장당 1개씩) • 꿈꾸기 단계에서 참가자들이 창의적인 발표(촌극 등)를 하도록 계획했다면, 테이블별로 충분한 소도구(모자, 의상 등)를 배치해두는 것이 좋다.

	• 외투용 옷걸이
	• 서밋 규모가 150~300명 정도라면 퍼실리테이터용 연단(높이 30센티미터), 300명 이상이라면 무대 준비
	• 가능하다면 서밋 플래카드 설치
	• 메시지 보드
테이블 비품	테이블당 아래 비품이 포함된 바구니 혹은 함 1개씩
	• 다양한 색상의 마커 1통
	• 접착테이프 1롤
	• 참가자별 펜/연필
	• 다양한 색상의 포스트잇 여러 개
	• 테이블 번호
	• 파이프 클리너와 봉제인형이 있으면 좋다.
참가자용 비품	• 등록 패키지
	• 각 참가자별 미리 인쇄된 명찰
	• 각 참가자별 서밋 워크북
퍼실리테이터용 비품	• 장비 및 비품이 미리 구비된 테이블
	• 퍼실리테이터용 별도 테이블
	• 다양한 색상의 마커 2통
	• 접착테이프 1롤
	• 준비된 플립차트
	• 환영 인사
	• 서밋 목표
음식	• 식사 메뉴 및 다과 준비 – 특별 요구사항이 있을 경우 반영 (시간과 장소 미리 결정)

누가 실행 계획을 수립하는가?

대부분의 경우, 기획팀 구성원들이 실행 계획에 참여하게 된다. 하지만 실행 계획만 전담하는 별도 팀이 구성되는 경우도 있다. 여기에는 기획팀 구성원 일부와 해당 조직의 회의 기획부서, 교육훈련 부서, 혹은 교육센터 직원들이 포함될 수 있다. 경험에 따르면 대부분의 조직에는 장소 섭외, 외식업체 선정, 워크북 제작, 음향장비 대여의 업무에 정통하고 유능한 직원들이 있다. 항상 그들을 처음부터 업무에 착수하도록 하는 것이 좋다.

이뿐만 아니라 서밋을 개최할 정도로 규모가 큰 대회 장소들은 서밋 실행 계획을 위해 기꺼이 자원을 공급할 수 있는 전문 인력을 확보하고 있다.

서밋 장소 선정

서밋 장소 선정에 있어 최우선 고려사항은 공간, 즉 주 회의장 규모이다. 에이아이 서밋을 개최하기 위해서는 큰 공간이 필요하다. 주 회의장은 수많은 사람들이 모여 8명씩 원탁에 둘러앉고, 스크린과 연단(필요 시)을 설치하며, 사람들이 돌아다니며 벽보에 글을 쓰고, 촌극을 준비하여 실행할 정도로 충분한 크기여야 한다. 우리가 발견해낸 공식에 따르면 참가자 8명당 $3.6m \times 3.6m(13m^2)$ 크기의 면적이 필요하다. 이 넓이는 좌석에만 해당된다. 따라서 여기에 50퍼센트를 더하면 나머지 모든 요소를 포함하는 면적이 된다.

가장 널리 사용되는 장소는 호텔 연회장, 대규모 회의장, 강당이지만 더 창의성을 발휘해야 하는 경우도 있다. 앞 장에서 언급했듯이, 뉴트리멘탈은 전 직원이 참여하는 4회의 연례 서밋을 자사의 식품 공장에서 열었다. 캘리포니아 금융서비스는 예산에 맞는 호텔 연회장을 찾을 수 없어 100명 규모의 첫 번째 서밋을 회사 주차장 건물 한 개 층에서 개최했다. 그들은 단지 신선한 공기를 너무 많이 쐬었다는 것과 적합한 음향시스템을 찾기 어려웠다는 점이 어려웠을 뿐이라고 말했다! 종교 연합 운동은 제3회 연례 글로벌 서밋 기간 동안 충분한 규모의 회의장을 구하지 못해서 천막을 하나 빌려서 스탠포드 대학교 캠퍼스에 설치했다. 기숙사, 대학 구내식당, 그리고 라운지가 참가자 숙소 및 식당으로 사용되었다.

회의장 형태

우리는 사각형의 거대한 회의장이 최적의 서밋 장소라는 사실을 발견했다. 그 형태가 참가자들이 퍼실리테이터와 서로를 바라보기에 가장 적당하다. 회의장은 창문, 밝은 조명, 온도 조절, 훌륭한 음향시스템을 갖추어야 하며 시야를 가리는 물건이 없어야 한다. 퍼실리테이터와 회의장 전면은 모두의 시야에 들어와야 한다. 누구나 회의장의 모든 작업 공간을 분명히 볼 수 있어야 하며, 누가 어느 곳에서 일어나 발언하든 음성이 뚜렷하게 들려야 한다.

일반적으로 회의장 전면에는 커다란 스크린을 하나 이상 설치하며, 컴퓨터, 마이크 및 기타 비품을 올려둘 테이블을 설치한다. 정면에는 퍼실리테이터가 발표하지 않을 동안 사용할 좌석을 마련한다. 무대나 테이블, 또는 어떤 물건이라도 퍼실리테이터를 가려서는 안 된다.

무대, 연단, 스크린

그룹 규모가 150명 이하라면 무대나 연단을 사용하지 않는다. 우리가 참가자들과 같은 높이에 설 수 있고, 주위를 거의 자유롭게 걸어 다닐 수 있도록 하기 위해서이다. 그룹 규모가 150~300명일 경우, 회의장 뒤편의 사람들이 발표자를 쉽게 볼 수 있어야 하기 때문에 높이 30cm의 연단을 요청하여 설치한다. 그 정도면 우리를 포함한 발표자들이 연단에서 내려와 테이블 사이를 돌아다니기도 쉽다. 300명 이상 규모라면 무대를 설치하는 편이 가장 좋다. 서밋 도중에 전체 그룹이 발표자를 볼 수 있는 방법은 이것뿐이다. 그러나 무대를 설치하더라도, 쉽게 올라갈 수 있는 계단과 경사대를 설치하여 사람들이 테이블과 무대 사이를 신속히 오갈 수 있도록 하는 것이 중요하다. 이와 함께 회의장 앞쪽에서 무슨 일이 진행되고 있는지 알 수 있도록 적절한 개수의 프로젝션 스크린을 설치하는 것이 필수적이다.

테이블, 의자, 좌석배치

우리는 참가자들이 더욱 안락과 만족을 느낄 수 있도록 원탁과 편한 의자를 마련할 것을 권장한다. 원탁은 참가자들이 서로 얼굴을 대면한 채 훌륭한 대화와 상호작용을 나눌 수 있는 이상적인 도구이다. 지름 1.5m에 8명이 둘러앉을 수 있는 공간을 갖춘 테이블을 각각 배치하는 것이 이 목적에 가장 부합한다. 우리가 성공적으로 활용했던 대안으로, 테이블을 모두 치워버리고 의자 8개를 둥글게 배치하는 방법도 있다. 의자는 안락한 것을 준비해야 함을 기억하라. 참가자들은 대부분의 시간 동안 앉아서 지내므로 좋은 의자를 사용하는 것은 큰 차이를 만들어낸다. 바퀴 달린 의자라면 더할 나위 없겠지만 서밋 예산에 비해 비용이 과도할 수 있다.

벽 공간

회의장에는 두꺼운 종이를 걸어놓을 벽 면적이 충분해야 한다. 이 종이들은 나중에 핵심적 긍정요소 맵, 기회 지도, 그리고 지속성을 점검할 일정표로 변모한다. 또 참가자 그룹의 작업 결과를 걸어둘 벽도 필요하다. 회의장에 벽이 충분치 않다면 임시로 스티로폼 보드를 설치하는 것도 차선책이 될 수 있다. 1.2m×2.4m 크기에 두께가 1.3cm인 스티로폼 보드는 매우 가벼울 뿐만 아니라 여러 개를 테이프로 쉽게 붙일 수도 있다. 기존 벽이나 기둥에 세워두어도 충분히 서 있을 수 있다.

장비 및 기술 지원

에이아이 서밋에 사용되는 시청각 장비는 대개 노트북 컴퓨터, 프로젝터, 프로젝션 스크린, TV/VTR, 비디오 녹화기 그리고 음향 시스템이다. 가능한 한, 이동하기 편리한 무선 마이크를 준비하도록 권한다. 그 밖의 장비로는 프린터, 플립차트 종이가 포함된 이젤, 비품 준비와 등록 절차에 사용될 충분한 개수의 추가 테이블이 있다.

음향 및 영상 기술자, 카메라맨, 그리고 컴퓨터 전문가 등 제 기량을 갖춘 기술자들을 상주시키며 언제나 가까운 곳에 대기시키는 것이 중요하다. 여러 지역을 동시에 연결하는 서밋에의 경우 특히 그러하다. 회의장 측이 이런 인력을 지원해준다고 가정해서는 안 된다. 이 점은 매우 중요하다. 우리는 오디오나 비디오가 잘 작동하다가 갑자기 멈춘다든지, 컴퓨터가 고장 나거나 호환이 안되는 상황을 수없이 겪었다. 기술적인 문제로 서밋이 방해를 받는 상황보다 더 난감한 것은 장비를 고칠 사람이 아무도 없는 경우이다.

토론실

회의장이 좌석배치를 효과적으로 바꿀 만큼 크지 않다면, 별도의 충분한 토론실을 확보해 두어야 한다. 토론실은 주 회의장에서 충분히 가까운 거리에 있어서 이동이나 시간 관리가 쉬워야 한다.

통찰, 재미, 활력을 주는 요소

호텔 연회장이나 기타 대규모 회의장을 서밋만의 장소로 만드는 데는 사려깊은 고려가 필요하다. 우리는 회의장을 작업에 맞게 구별하여 꾸미고 창의성과 재미를 자아낼 수 있게 만드는 것을 좋아한다. 다양한 도구를 사용할 수 있는데, 예를 들어 인상적인 포스터, 참가자들의 사진, 건축 자재 박스, 미술 도구들이 놓인 테이블, 의상, 식물을 활용하면 된다. 사람들은 회의장 안으로 들어서면서 호기심을 느끼고, 기대감에 에너지를 발산한다. 그리고 눈앞에 펼쳐진 것들을 보면서 놀라게 된다.

브리티시 에어웨이 사례에서, 우리는 직원들의 말을 인용한 문구와 그들의 사진으로 포스터를 만들었다. 그리고 포스터를 회의장 벽에 걸어놓고 사람들이 입장할 때 동료들의 말과 사진이 참가자들을 맞이하게 했다. 또한 직원들이 현장에서 업무하는 이미지나, 이전에 서밋을 개최했었다면 당시 이미지로 미리 슬라이드 쇼를 준비하여 상영한 적도 많았다.

회의장 장식에 어떤 것을 사용하든, 일반적으로 장식은 서밋 도중의 활동에서 소도구 역할을 한다. 회의장 구석이나 테이블에는 통찰을 주는 어린이용 책들, 콜라주 제작용 잡지, 마커, 테이프, 긍정적 핵심요소를 그릴 미술 도구, 꿈꾸기 촌극을 위한 악기와 의상, 집짓기 블록과 조립식 장난감을 놓을 수 있다. 이런 도구들은 조직 디자인 활동에 유용하게 사용된다.

식사와 휴식

항상 건강식을 공급하라. 몸에 좋은 음식은 에너지를 공급하면 참가자들이 행복감을 느끼고 결국 창의적이고 적극적인 참여가 유발된다. 설탕과 카페인을 너무 많이 섭취하면 대사 작용을 촉진하여 오후 늦은 시간이 되면 무기력증이 찾아온다. 에너지가 저하되면 프로세스에 대한 열정이나 미래에 대한 희망 역시 줄어들 수밖에 없다.

식사와 휴식 제공은 서밋 주회의장이 아닌 장소에서 하는 것이 좋다.

그래야 서밋 활동을 방해하지 않고 식사를 준비하고 치울 수 있다. 목표는 가장 신속하게 식사를 대접하는 것이다. 식기에 담아내든, 뷔페, 혹은 도시락으로 준비하든, 그 과정이 매우 매끄럽게 진행되어야 한다. 회의장 직원들에게 준비 과정을 효율적으로 진행하는 것의 중요성을 미리 알리도록 한다.

이동, 교통, 주차

서밋 장소를 선정할 때 이동 시간, 대중교통 편의성, 주차 문제도 고려해야한다. 어떤 서밋 행사에서는 주차권을 제대로 지급하지 않아 참가자 약 30명이 주차 위반 티켓을 발부받은 적이 있었다!

준비된 마음가짐과 잘 계획된 서밋에 변화가 찾아온다

200명이나 300명, 혹은 1,000명의 사람들이 4일간이나 함께 모인 상황에서는 어떤 일이 일어날지 전부를 예측하거나 계획할 수 없다. 미리 세심하고 철저하게 계획하면 융통성을 발휘할 수 있고 퍼실리테이터 역시 서밋 기간에 발생하는 그룹의 요청에 쉽게 대처할 수 있다. 연습이 자유를 안겨주듯이 충고한 계획은 서밋이 진행되는 동안 안전과 자발성, 창의성을 조성한다.

기획팀의 업무는 눈에 띄지 않을지도 모르지만, 그럴수록 좋은 것이다. 미리 말했듯이 잘 기획된 서밋은 참가자들에게는 물 흐르듯이 자연스러워 보일 것이다. 성공적인 기획은 높은 수준의 에너지, 새로운 관계에서 오는 흥분, 자연스럽게 진행되는 프로세스, 중요 이슈의 신속한 진전, 그리고 말할 것도 없이 음식, 실용적인 워크북, 그리고 아무 탈 없이 행사를 마치는 것에 대한 칭찬으로 분명히 드러난다. 기획팀에게 감사하는 것을 잊지 말라!

3부

진행 방안

자, 이제 당신이 기다리던 순간이 왔다! 당신과 자문단, 그리고 기획팀은 지금껏 모든 일을 잘 준비해 왔으며, 이제 조직 전체가 서밋을 시작할 때가 되었다. 당신은 행사장 입구에서 사람들이 속속 도착하는 모습을 보며 흥분을 느낀다. 퍼실리테이터와 자문단 및 기획팀 구성원들과 함께, 당신은 낯익은 동료들에게 인사하며, 회사 직원 및 외부 이해관계자들을 맞이한다.

당신은 뒤로 물러서서 사람들이 등록 테이블로 다가가 명찰을 받고, 회의장 안으로 들어가 좌석을 확인한 후, 로비로 다시 나와 커피를 뽑아들고 활발하게 대화를 나누는 모습을 지켜본다. 어떤 사람들은 아직 확신을 갖지 못하고 여전히 회의적인 태도를 보이지만, 그간의 홍보 캠페인은 성공적이었으며 무엇보다 에너지가 느껴졌고 사람들의 태도도 열정적이었다.

이제 최종 점검을 위해 회의장 안으로 들어가 보니, 테이블은 모두 40개가 배치되어 있고, 각 테이블에는 8개씩의 안락한 의자가 놓여있다. 각 테이블에는 번호가 매겨져있고, 참가자 워크북, 펜, 마커 1통, 접착테이프 1롤, 여러 색상의 판지 몇 장, 그리고 파이프클리너와 재미를 위한 봉제인형이 담긴 작은 바구니가 놓여있다.

회의장 앞쪽에는 연단이 놓여있다. 연단 위에는 퍼실리테이터를 위해 작은 테이블 하나와 의자 2개, 플립차트 2개가 놓여있고, 장비용 테이블 위에는 디지털 프로젝터 2대, 노트북 1대, VTR, 소형 마이크 2개가 놓여있다. 연단의 양 옆으로는 2개의 거대한 프로젝션 스크린이 설치되어 어느 방향에서도 분명하게 눈에 띈다. 둘 중 한 쪽에는

'환영합니다!'라는 문구가, 그리고 다른 한 쪽에는 서밋 과제가 씌어있다. 두 스크린 옆 벽 쪽으로 놓인 약 5m 정도 길이의 테이블 위로는 꿈꾸기 단계 발표에 쓰일 모자, 마스크, 털목도리, 의상, 조화造花, 악기가 쌓여있다. 한 쪽 벽에 부착된 2.5m×6m 짜리 흰색 마분지 상단에는 크고 굵은 글씨로 '우리 장점의 핵심적 긍정요소'라는 글씨가 보인다. 반대편 벽에는 어린이들의 그림으로 만든 거대한 콜라주과 동료들의 그림, 그리고 이전 서밋에서 발췌한 인용문과 강렬한 스토리들로 가득 찬 수십 장의 포스터가 걸려있다. 뒤쪽 벽에는 2.5m 길이의 비품 테이블과 육중한 음향 장비, 그리고 4명의 또 다른 퍼실리테이터가 사용할 테이블이 있고 그 위에는 노트북컴퓨터 2대, 디지털카메라 2대, 그리고 무선마이크 4개가 놓여있다. 멀리 뒤쪽 구석자리에는 영상 기술자들이 조명, 카메라, 붐 마이크를 질서정연하게 설치 중이다. 40개의 플립차트가 동선을 방해하지 않도록 벽에 기대어 세워져 있다. 모든 것이 빈틈없이 짜여져 즉시 시작할 수 있게 준비되었다.

그렇다. 이제 시간이 되었다. 드디어 당신의 에이아이 서밋이 시작된다!

3부에서는 본론으로 들어가, 성공적인 에이아이 서밋을 진행하는 방법을 다룬다. 우리는 4×4 서밋 모델에 따라 4일 동안 4D 사이클을 진행한다. 7장에서는 발굴하기 단계의 세부사항을, 8장에서는 꿈꾸기, 9장은 디자인하기, 그리고 10장에서는 실현하기 단계를 살펴본다. 마지막 11장에서 우리는 긍정 퍼실리테이션의 정신과 실제를 살펴본다. 이 다섯 장에서 우리는 에이아이 서밋 도중에 해야 할 일을 종합적으로 정리한다.

7장 _ 발굴하기

    몇 년 전, 미국 침례교 국제 선교회ABIM 수석책임자 존 샌드퀴스트는 이 조직의 비전과 방향을 새롭게 구축할 때가 되었다고 생각했다. 10년 전 그가 이 조직에 들어왔을 때 그런 프로세스를 수행한 적이 있었지만, 새 시대에는 새로운 정책이 필요해졌기 때문에 그는 폭넓은 이해관계자들과 함께 어떤 정책이 필요한지를 찾고자 했다. 그는 그 일을 수행하기 위해 ABIM 기획책임자 스탠 슬레이드와 우리를 주목했다.

    ABIM은 수십 여개 국가에서 일해 오면서 국제적인 파트너들과 오랫동안 긴밀하게 협력해온 뛰어난 역사를 간직하고 있었으므로, 우리는 맨 먼저 25명으로 구성된 '글로벌 특별 기획팀'을 구성하여 ABIM의 프로그램과 관계의 다양성을 검토해 보도록 했다. 특별팀 구성원들은 전 세계에 흩어져 인터뷰 진행자를 교육했고, 그 진행자들은 다시 약 1,200명의 파트너들을 인터뷰했다. 인터뷰의 목적은 ABIM 조직의 핵심적 긍정요소를 발견하는 것이었다. 즉 그들의 최고의 순간, 사명에 생기를 불어넣어 준 조직의 목적, 원칙, 프로그램, 관행, 그리고 관계의 질을 발견하는 것이었다. 또 하나의 인터뷰 목적은 파트너들이 ABIM과 그 미래에 대해 어떤 열망을 지니고 있는지 경청하는 것이었다. 인터뷰 결과는 위스콘신 주 그린레이크에서 1월에 개최된 에이아이 서밋으로 수집되었다.

한 직원의 말을 빌면 그 서밋은 "완벽한 경험이었으며, 크고 멋지며 대담무쌍한 기획 파티"와도 같았다! 서밋에는 전 세계 ABIM 직원 전원과 그의 자녀들(약 300명)이 참여했고, 4일간 꼬박 진행되는 눈 놀이, 노래, 예배, 네트워킹, 강점 발견, 트렌드 파악, 미래 비전 수립의 활동이 이어졌다.

서밋의 결과, ABIM은 향후 10년간의 전략계획을 새로이 수립하여 사명 우선순위, 전략 및 측정 가능한 목표를 완성하였으며, 그들 중 다수는 조직의 새로운 방향을 의미 있게 제시하는 내용이었다. 존 샌드퀴스트는 이렇게 말했다. "에이아이 서밋은 우리 모두에게 진정한 최고의 경험이었습니다. 우리는 에너지와 영감을 얻고, 소명과 방향을 근본적으로 새롭게 하는 시간을 함께 보냈습니다." 스탠 슬레이드는 이렇게 덧붙였다. "우리 조직의 현장 직원들이 '우리'라고 말할 때는 그들 자신이나 조직의 동료들을 가리킬 때가 아니라 그들이 봉사하는 사람들을 지칭하는 때였으며, 여기에는 여러 중요한 이유가 있습니다. 서밋을 통해 우리는 서로에 대한 강력하고 잊을 수 없는 소속감과 공동 목표에 대한 헌신의 자세를 품게 되었습니다. 에이아이 프로세스 전체(그리고 중심에서 지렛대 역할을 한 서밋)는 우리 모두에게 미래를 바라보는 책임과 각자 추구할 역할을 부여했습니다."

ABIM 스토리가 시사하듯이, 발굴하기 단계의 과제는 조직의 핵심적 긍정요소를 탐구하는 것이다. 발굴하기란 어린아이와 같이 눈을 크게 뜨고, 자신과 다른 사람들 그리고 조직 전체에 내재된 최선의 모습을 탐색하여, 나머지 3단계인 꿈꾸기, 디자인하기, 실현하기에 대한 확신의 토대와 폭넓은 이해를 얻어내기 위한 시작점이다. 이 장에서 우리는 에이아이 서밋의 첫째 날인 발굴하기 단계를 살펴본다. 그 내용은 다음과 같다.

시 간	활 동
오전	**핵심 과제: 시작, AI 소개, 관계 구축, 조별 긍정 인터뷰를 통해 핵심적 긍정 요소 발굴 착수**
8:30–9:00	참가자들이 도착하여 몇 가지 사전 활동을 실시한다. 예를 들어 미리 벽에 게시된 일정표에 조직, 업계, 그리고 세계 역사상 최고의 순간을 열거하는 활동 등이다. (선택사항)
9:00–9:15	환영 인사, 후원자 연설 (이 곳에 모인 이유, 달성하고자 하는 목적 등)
9:15–9:45	에이아이, 4D 및 전체 행사 일정 소개
9:45–10:00	조별 긍정 인터뷰 소개
10:00–11:45	조별 긍정 인터뷰 진행 (휴식 시간 포함)
11:45–12:00	프로세스 차원의 조별 인터뷰 보고
12:00–12:30	개요: 에이아이 개념적 토대
12:30–1:30	중식
오후	**핵심 과제: 소그룹별 팀 구축, 조직의 핵심적 긍정요소 발굴 및 맵 작성, 전체성 함양 시작**
1:30–2:45	테이블 그룹에서, 인터뷰에서 스토리를 공유하고 핵심적 긍정요소를 발굴 (조직이 스스로 최고가 되게 하는 동력과 요소)
2:45–3:15	테이블 그룹별로 전체 그룹 앞에서 보고
3:15–3:45	휴식
3:45–4:45	조직의 과거와 현재에서 가장 중요하고 생기를 불어넣는 측면을 강조하기 위해 전원이 참여하여 핵심적 긍정요소 맵 작성
4:45–5:00	발굴하기 활동 요약 및 향후 3일간의 내용 소개

- 따뜻한 환영인사
- 분위기 조성
- 후원자 연설
- 에이아이 소개
- 조별 긍정 인터뷰 착수

- 인터뷰 결과 보고
- 긍정적 핵심요소 발굴 및 맵 작성
- 에이아이의 개념적 토대 소개

또한 발굴하기 단계에서 진행할 수 있는 추가 활동을 살펴본다. 그것은 지속성 검사, 스토리텔링, 그리고 '원로 연설' 등이다. 마지막으로 과거 서밋에서 발췌한 인용문이 포함된 포스터, 사진 전시, 비디오, 스토리북, 보고서, 그리고 도발적 제안 등의 사전 데이터를 에이아이 서밋 의제에 통합하는 방법을 기술한다. 도해 7.1은 발굴하기 단계의 전형적인 진행 사례를 보여준다. 이것은 가능한 사례 중 하나일 뿐이며, 다른 방법도 시험해 보기를 권장한다.

분위기 조성

참가자들은 새로운 상황의 첫 순간만 경험해도 앞으로 어떤 일이 일어날지 감지할 수 있다. 이때야말로 건강한 관계와 높은 기대감을 위한 분위기를 조성할 기회이다. 분위기 조성의 기회는 참가자들을 환영하는 방법이나 오전 프로그램을 시작하기 전의 활동, 후원자 연설의 어조, 그리고 에이아이를 소개하는 방법에서 찾을 수 있다.

따뜻한 환영인사
환영으로 시작함으로써 안전하고, 개방적이며 포용적인 참가의 분위기를 오래도록 이어갈 수 있다. 우리는 3가지 방식의 인사를 활용한다.

첫째, 주차장, 정문, 복도에 사람들을 배치하여 참가자들을 환영하고, 방향을 알려주며, 회의장까지 안내하도록 한다. 우리는 주로 이 일을 실행 계획팀의 팀원들에게 맡긴다.

둘째, 등록 절차가 진행되는 구역을 체계적으로 조직하여 사람들이 등록하고, 명찰을 수령하며, 좌석으로 향하는 절차를 쉽게 마칠 수 있게 한다. 이 역시 실행계획팀의 역할이다.

셋째, 사람들이 회의장 안으로 입장할 때 퍼실리테이터가 비공식적으로 인사를 건네는 것만으로 이미 관계가 구축된다. 우리는 회의장 안을 돌아 다니며 사람들에게 우리를 소개하고, 간단히 통성명을 한다.

이렇게 함으로써 서밋 참가자들은 처음부터 일종의 유대감을 얻을 수 있다. 우리 역시 이렇게 하여 회의장 분위기를 느낄 수 있다. 사람들이 얼마나 친절한지, 들떠있는지 또는 불안해 하고 있는지, 서밋 프로세스를 얼마나 이해하고 있는지를 알 수 있다.

활기찬 시작

서밋을 공식적으로 시작하기 전에 사람들이 간단한 활동을 스스로 할 수 있도록 하면 유용하다. 이것은 사람들이 낯선 환경에서 어쩔 수 없이 갖게 되는 불안을 완화해주고 공식적 프로그램이 시작되기 이전 시간을 생산적으로 사용하게 해준다. 이같은 활동의 예로는 조직 역사상 최고의 순간들을 시간 순으로 나열해 본다든지 서밋 이전에 다른 조직 구성원들이 만들어 낸 데이터들을 보여주고 읽어보게 하는 것을 들 수 있다. 이런 추가 활동들에 관해서는 나중에 다룰 것이다. 이 단계의 전반적인 목표는 편안한 분위기를 조성하고, 생산적이고 참여적인 활동의 기준을 세우는 것이다.

후원자 연설

서밋 서두에 사람들은 조직의 리더, 즉 후원자가 이 모임의 목적과 중요성에 관해 연설하는 내용을 듣기 원한다. 희망적이고 격려를 주는 메시지는 사람들이 서밋의 목표에 집중하는 데 도움을 주며, 프로세스가 중요하며 진지하게 받아들여질 것이라는 사실을 전달한다. 또한 후원자의 시작 연설은 조직 리더들이 현재의 어려움을 솔직하게 (누구를 비난하는 태도가 아니라) 인정하고, 모든 사람들에게 더 나은 미래를 창조하는 작업에 함께하길 요청할 수 있는 기회이기도 하다.

페어뷰 초등학교 톰 모릴 교장은 바로 그런 방식으로 에이아이 서밋을 시작했다. 그는 3개의 소규모 학교가 하나의 대규모 기관으로 통합된 최근의 사건으로 인해 회의장의 모든 사람들이 느끼고 있는 소외감과 박탈감 및 공동체적 상실감 등을 진심으로 공감하는 연설을 했다. 그는 우선 모든 사람들이 알고 있는 사실을 공개적으로 인정했다. 즉 이번 결정이 번복될 가능성은 매우 낮다는 사실이었다. 그리고 그가 바라보는 미래의 기회, 즉 통합된 그 세 학교의 문화가 가진 장점을 발굴하여 계승할 수 있는 기회에 대해 말했다. 그가 제시한 비전은 어린이들이 교사와 직원들이 발휘할 최고의 장점을 경험하고, 사람들이 자신의 기여에 대한 유대감과 가치를 느낄 수 있는 학교에 대한 비전이었다. 마지막으로 그는 사람들에게 각 학교가 대변하는 3가지 문화의 정수를 이끌어내자고 호소하면서, 과거 최고의 모습에 기초를 둔 새로운 학교를 창조하는 여정에 참여하기를 원하느냐고 질문했다. 회의장의 모든 사람들은 손을 들어 화답했다.

에이아이 소개

발굴하기 작업에 쉽게 착수하기 위해 참가자들이 알아야할 사실은 (1) 에이아이가 무엇이며 왜 사용되는가, (2) 4D 사이클이 무엇이고 어떻게 토론에서 길잡이 역할을 하는지, (3) 인터뷰에서 스토리를 물어보는 이유와 서밋 기간 내내 어떻게 사용되는지, (4) 긍정 인터뷰의 고유한 특징과 그 진행법이다. 우리는 대개 약 30분 정도를 할애하여 이 점에 관한 개론적 정보를 설명한 후, 참가자들에게 긍정 인터뷰를 수행하도록 요청한다.

이 내용은 때에 따라 다양하지만, 우리는 대개 이 책의 1장에 포함된 내용의 상당수를 다룬다. 에이아이의 배경을 소개하고, 조직 개발과 변화를 위한 강력한 도구로서 에이아이를 제시하며, 핵심적 긍정요소 개념을 소개한 후, 에이아이 4D 사이클을 설명한다. 에이아이의 5가지 원칙을 간략하게 소개하는 경우도 있다.[1] 그런 다음, 에이아이와 4D 사이클이 어떻게 서밋의 활동과 흐름을 안내하는 데 활용되는지 설명한다. 마지막으로 우리는 서밋의 구체적 목적과 의제를 검토한다. 우리는 목적과 의제를 언급하기 전에 에이아이를 소개하는 것이 서밋을 시작하는 데 높은 수준의 에너지와 흥분을 불러일으킨다는 사실을 발견했다.

조별 긍정 인터뷰 착수

긍정 인터뷰는 전체 프로세스의 핵심부이다. 그것은 분명히 전체 조직이 사용할 수 있는 암묵적 지식을 만들어낼 뿐만 아니라 긍정적 불확실성을 조성하고 새로운 관계를 구축하는 수단이기도 하다. 긍정적 불확실성은 혁신과 미래 가능성이 출현하는 문을 열고, 새로운 관계 구축은 그 가능성을 실제적 행동을 바꾸는 데 필요한 에너지와 결속을 창출한다.

우리는 인터뷰를 성공적으로 진행하기 위해서는 개인당 45분~1시간 정도의 시간이 필요하다는 사실을 경험했다. 참가자들이 자율적으로 커피타임을 가지는 시간을 포함하여 1시간 반~2시간 정도를 주는 것이 좋다. 이렇게 하면 진도가 다소 늦은 사람들을 배려하고, 빠른 사람들에게는 좀 더 긴 휴식시간을 주는 효과가 있다.

모든 참가자들을 인터뷰 조로 편성하는 데는 다소 주의가 필요하다. 그 과정은 2단계로 진행하는 것이 좋다. 먼저 모든 사람들이 파트너를 확보했는지 확인한 후 인터뷰 진행 프로세스를 위한 지침을 제시한다. 이것은 소극적인 성격을 가진 참가자들이 관계를 맺는 데 도움이 된다.

긍정 인터뷰를 시작할 때, 우리는 이 인터뷰가 서로 다른 세계관을 가진 사람들과 사귈 수 있는 특별한 기회라는 점을 언급한다. 인터뷰 파트너 선정의 지침으로서 우리가 제시하는 것은 다음과 같다.

- 전혀, 혹은 거의 모르는 사람을 택하라.
- 다른 부서, 직능, 조직에서 근무하는 사람을 택하라.
- 나이, 인종, 성별이 다른 사람을 택하라.

사람들이 이런 지침에 따라 인터뷰를 마친 후 "우리는 엄청나게 많은 공통점을 가지고 있었어요!"라고 소리칠 때가 가장 재미있다.

인터뷰 파트너를 정하는 것 외에도, 인터뷰 진행방법을 분명하게 안내하는 것도 중요한 일이다. 지침은 다음과 같이 간단하다.

- 모든 사람이 서로 인터뷰를 주고 받는다.
- 인터뷰 가이드에 따라 질문을 던지되, 반드시 정해진 시간 안에 모든 질문을 하라.
- 인터뷰 가이드는 단지 지침일 뿐이며, 각자의 고유한 속도와 방향에 따라 진행하라. 파트너가 특정 질문에 대답할 내용이 없다면 다음 질문으로 넘어가라.
- '누가, 무엇을, 언제, 왜, 어떻게'라는 질문을 사용하여 파트너의 스토리를 유도하라.
- 파트너가 긍정적 질문이라는 틀에서 벗어날 경우에는 조심스럽게 경청하며 잠시 동안 말할 시간을 준 다음, 지침에 제시된 인터뷰 질문으로 주의를 돌려라.
- 어린아이와 같은 호기심과 경탄을 간직한 채 인터뷰를 진행하고, 파트너가 무엇을 가장 중요하게 생각하는지를 발굴하라.
- 스토리를 들으면서 기록하여, 나중에 파트너를 소개하고 그의 생각을 그룹과 나눌 수 있도록 준비하라.

각 인터뷰에 할당된 시간과 전체 그룹으로 다시 모이는 시간을 포함한 전체 소요 시간을 분명히 알려라. 또 인터뷰를 진행할 장소를 참가자들에게 알려주어라. 주회의장에 그대로 남아 인터뷰를 진행하기를 원한다면 그렇게 말해라. 야외 또는 다른 회의실이나 장소를 자유롭게 사용할 수 있게 하려면 참가자들에게 그렇게 알려라. 모든 세부사항을 분명히 알려주는 것은 프로세스를 매끄럽게 진행하는 데 도움이 된다.

구두로 전달하는 지침은 거의 항상 참가자 워크북에 간단하게 적힌 지침에 의해 보완된다. 부록의 '활동1'에 이런 지침의 사례와 에이아이 인터뷰 가이드 사례가 수록되어 있다.

사람들이 인터뷰 프로세스에 착수하는 데는 항상 5분 정도의 시간이 소요된다. 우리는 대개 사람들이 인터뷰 흐름에 완전히 참여할 수 있도록 15분 정도의 시간을 준 다음, 질문이 있을 경우를 대비해 사람들 사이를 돌아다닌다. 인터뷰에 개입하지는 않는다. 참석자들이 우리를 필요할 경우를 대비해 돌아다닐 뿐이다.

인터뷰 결과 보고

긍정 인터뷰는 높은 에너지가 발산되는 활동이다. 인터뷰를 끝내고 나면 참가자들은 매우 활기찬 상태로 그들이 배운 바를 공유할 준비가 되어 있다. 그러나 인터뷰 내용을 소그룹에서 밝히기 전에, 우리는 15분 정도 전체 그룹을 상대로 인터뷰 프로세스를 보고할 시간을 가진다. 인터뷰 내용이 아니라 프로세스에 대해서이다. 우리는 사람들에게 인터뷰가 어땠는지 단어나 생각을 말해보도록 요청한다. 그러면 그들은 여지없이 그 긍정적 에너지가 마음에 들었다고 대답한다. 새로운 친구를 사귈 수 있었고, 파트너와 상당한 공통점을 발견했으며, 자신과 파트너, 그리고 조직의 강점에 대해 많은 것을 배웠고, 매우 흥분되고, 영감을 주며, 자신을 고양시키며, 재미있는 경험이었다고 대답한다. 이 보고 활동이 중요한 이유는 사람들이 타인의 말을 경청하고, 전체와 교감을 나누며, 긍정 프로세스의 위력을 느끼는 계기가 되기 때문이다.

긍정적 핵심요소 발굴

보고가 끝나면 소그룹에서 각자 파트너를 소개하고 배운 것을 나누게 된다. 우리는 이 활동을 '긍정적 핵심요소 발굴'이라고 부르는데, 그것은 이 활동을 통해 조직이 최고의 기능을 발휘하는 데 있어서 숨겨진 강점이 사람들을 통해 드러나기 때문이다. 사람들이 강점과 강점, 희망과 희망, 즐거움과 즐거움을 서로 연관 짓는 모습을 지켜보고, 새로운 스토리를 주고받는 가운데 그들의 역량이 확대되는 광경을 목격할 때마다 늘 즐겁다. 이 활동은 사람들이 조직의 역사와 새로운 관계를 맺게 한다. 즉, 과거를 문제시하는 것이 아니라, 조직의 과거로부터 최고의 사례를 배우고 그것을 극대화함으로써 미래의 새로운 가능성을 창출하는 것이다. 이 활동은 협력적 확신의 환경을 구축함으로써 서밋의 전체적인 분위기를 조성한다.

대다수 에이아이 활동과 마찬가지로, 긍정적 핵심요소를 발굴하는 방법은 그 일을 수행하는 사람들의 수만큼이나 다양하다. 이제 그 중 우리가 찾아낸 2가지 효과적인 접근법을 살펴보자.

성공의 근본원인을 밝혀라

성공의 근본원인이란 성공을 야기하거나 창출하거나 혹은 지원하는 힘과 요소를 말한다. 이런 요소들은 개인, 업무 단위, 혹은 조직 차원에서 존재할 수 있다. 성공의 근본원인을 밝히기 위해 우리는 사람들에게 2가지 단계를 밟도록 한다. 첫째, 우리는 사람들에게 테이블을 순회하며 각 조별 인터뷰의 '도입' 부분과 '마무리' 부분의 스토리와 하이라이트를 공유함으로써 자신의 파트너를 소개하라고 한다. (인터뷰 가이드의 도입, 중간, 마무리 부분에 관한 설명은 6장을 참고하라.) 그 내용은 대체로 각자가 조직의 어떤 점에 매력을 느꼈는지, 최고의 경험이 무엇인지, 자신이 가장 소중히 여기는 가치는 무엇인지, 그리고 미래에 대해 어떤 이미지를 가지고 있는지를 묻는 질문들이다.

우리는 이 첫 단계를 '공동체의 자원을 발굴하는' 단계라고 부른다. 테이블에 둘러앉은 사람들의 경험, 재능, 강점, 열망을 인정하는 활동이기 때문이다. 또 다른 사람들이 그들의 파트너의 스토리를 나눌 때 발견되는 패턴이나 '아하' 하며 깨닫는 부분에 주의를 기울여줄 것을 요청한다. 그룹의 모든 사람들이 스토리를 나눈 다음, 해당 그룹에서 기록을 담당한 사람은 플립차트 종이에 두 가지 목록을 작성한다. 첫째는 최고 경험 스토리에 나타나는 패턴이고 둘째는 점차 드러나는 미래의 이미지이다. 부록 '활동 2'를 보면 이 활동을 위한 워크시트 사례가 있다.

두 번째 단계에서는 각자 소속 테이블로 돌아가 인터뷰 가이드의 '중간' 부분에 관한 파트너의 스토리와 하이라이트를 개인별로 공유한다. 이 부분은 서밋의 과제(예를 들면 리더십, 고객서비스, 협력)에 초점을 맞춘 '주제' 질문이다. 우리는 이 단계를 '조직이 최상의 상태일 때 조직의 긍정적 핵심요소 발굴'이라고 부른다. 사람들은 이 단계에서 서밋 주제와 관련하여 성공으로 이끄는 강점, 자산, 역량, 능력, 가치, 전통, 관행 및 기타 요소를 파악할 수 있다.

우리는 사람들에게 성공을 지원하고 가능하게 만드는 패턴을 잘 들어보라고 요청한다. 그 다음 기록담당자에게는 플립차트의 중앙에 세로로 길게 선을 그려줄 것을 부탁한다. 그들은 왼쪽 상단에 '스토리', 오른쪽 상단에는 '성공의 근본원인'이라는 제목을 기록한다. 마지막으로, 우리는 각 그룹을 향해 최고의 스토리 하나와 그들의 성공 근본원인 5가지 혹은 10가지를 포함한 3~4분간의 발표 준비를 요청한다. 부록 '활동 3'에는 이 활동의 워크시트 사례가 수록되어 있다.

긍정적 핵심요소 맵 작성

소그룹별로 성공의 근본원인을 발굴하는 작업이 완료되면, 그 내용을 전체 그룹 앞에서 나눌 차례다. 이것은 서밋 전체에서 매우 중요한 부분이다. 참가자들이 처음으로 전체 차원에서 서밋 주제의 내용을 공유하는 순간이기 때문이다. 회의장 안의 200명, 300명, 또는 1,000명의 사람들 사이에 강점, 자원, 그리고 역량이 집결되고 증폭되는 순간이다. 사람들은 '전체의 논리'를 즉시 접하게 되며, 전체 조직이 조화를 이루어 만들어내는 위력과 잠재력에서 영감을 받게 된다.

우리는 긍정적 핵심요소에 관한 무언가 거대하고 대담한 시각적 전시가 이 과정을 수행하는 최선의 방법임을 깨달았다. 우리는 이를 '핵심적 긍정요소 맵'이라고 부른다. 시각적 전시가 중요한 3가지 이유가 있다.

첫째, 위대한 예술작품이 그러하듯이, 그것은 회의장 내에 영감의 정신을 창조한다. 서밋이 진행되는 내내 사람들이 회의장 한 쪽을 바라보며 그들의 위대한 강점과 역량이 표시된 거대한 전시물을 확인할 때마다, 그것은 그들의 에너지를 북돋아주고, 격려하며, 고양시키는 역할을 한다.

둘째, 시각적 전시는 전체 그룹 토론에 초점을 맞추어 그로부터 의미를 이끌어낸다. 사람들은 자신의 생각이 벽에 전시된 것을 보면서 자부심과 성취감을 느낀다. 그들은 대화를 통해 뭔가를 이루어냈다는 것을 확인한다.

마지막으로, 시각 전시물은 서밋에서 이루어진 결과를 기억하고 알리는 최고의 수단이다. 그것은 원래 형태대로 보관될 수도 있고, 좀 더 간편한 크기로 축소하거나 사진으로 찍어서 보고서, 슬라이드 쇼, 앨범, 포스터, 깃발, 또는 기타 매체로 변환할 수 있다.

긍정적 핵심요소 맵을 작성하는 방법에는 여러 가지가 있다. 특히 우리는 커다란 2.5m×6m 규격의 마분지에 인쇄해 회의장 벽에 걸어두는 방식을 선호한다. 해당 조직에 특별한 의미를 갖는 형태로 만들거나, 종이에 의미 있는 문양을 그려 넣을 수 있다면 이상적일 것이다. 예를 들면, 로드웨이 익스프레스(트럭 회사)는 그 종이를 두 개의 트레일러를 끌고 있는 트럭 모양으로 만들었다. 한 트레일러는 모든 성공의 근본원인(발굴하기)을 상징하는 것이었다. 나머지 트레일러는 미래의 꿈에 관한 것이었다. 모든 데이터는 선하증권[3]을 이용해 만든 22cm×28cm 규격 색종이에 기록되어 부착되었다. 이 회사는 그 모든 긍정적 핵심요소들을 '선적'한 채, '성공의 여정을 향해 항해를 하고 있었다.' 서밋의 마지막 행사는 모든 사람들이 트럭 캡에다 자신의 이름을 서명하는 것이었다.

우리는 보통 모든 테이블마다 다양한 색상의 커다란 공작용 판지를 10장씩 나누어준다. 사람들이 자신의 스토리와 성공의 근본원인을 발표하기 직전에, 우리는 그들에게 조직에 특별한 의미를 가진 모양으로 판지를 오려 줄 것을 부탁한다. 예를 들어, 샌터 애너스타 호텔 앤 카지노 서밋에서 그들은 판지를 별 모양으로 오렸다. (다음 페이지 참고) 다른 조직들은 다이아몬드, 원, 삼각형 및 기타 모양을 사용했다. 그리고 나서 각 테이블별로 오려진 각 판지에 그들이 이룬 성공의 근본원인을 하나씩 기록하도록 요청한다. 그룹이 일어나 발표할 차례가 되면 그들은 벽에 걸린 긍정적 핵

---

3) 운송물을 받았다는 것을 인증하고 그 물품을 지정된 목적지까지 수송하겠다는 것을 약정하는 증권. – 역자 주

심요소 지도로 다가가서, 한 사람이 발표를 진행할 동안 해당 그룹의 나머지 구성원들이 성공의 근본원인을 지도에 부착한다. 모든 테이블 그룹들이 발표를 마치면, 모두가 핵심적 긍정요소 지도 주위에 모여 거기에 나타난 패턴, 하이라이트, 그리고 놀라운 점을 살펴본다.

생명력을 부여하는 테마를 파악하고 산포도를 작성하라

핵심적 긍정요소를 발굴하고 그 지도를 작성하는 두 번째 방법은, 그들과 조직이 가장 활기에 차 있을 때 존재하는 '테마'에 집중하면서 스토리를 공유하는 것이다. 테마는 인터뷰 가이드에 포함된 질문에서도 찾을 수 있다. 그것은 과거와, 꿈꾸기 및 디자인 단계에서 창조될 미래 이미지를 서로 연결해준다. 그것은 인터뷰에서 찾아낸 특별한 순간들이 일상적 규범이 된다면 조직이 어떤 모습이 될지를 함께 상상할 수 있는 토대가 된다.

도해 7.2에는 조직의 인터뷰를 통해 파악된 테마의 사례, 즉 생명을 부여하는 원동력의 사례가 제시되어 있다.

테마를 선정하는 비결은 없다. 조직에 생명을 부여하는 원동력이 무엇인지를 결정하는 일은 오로지 그룹 스스로의 몫이다. 에이아이 퍼실리테이터가 감당해야 할 도전과제는 그룹이 가능한 한 그 어떤 것에도 제한을 느끼지 않고 그들의 나아가야 할 방향으로 나아가면서도 과제를 완수하도록 돕는 것이다. 도해 7.3에는 테마 파악 활동에 대한 지침이 제시되어 있다.

도해 7.2 테마 사례

전문적 사회기술 기업 컨설턴트 그룹을 대상으로 "실무자로서 가장 활력이 넘치던 시절의 이야기를 해주십시오."라는 질문의 인터뷰를 진행한 결과로서 도출된 테마

- 사람들의 핵심 가치에 대한 작업
- 진정한 실천
- 사후까지 길이 남을 우리 일의 '흔적' 인식
- 실제적이고 진정한 사람이 되기
- 인간성을 소모하기보다는 창출하는 조직 설계

사회 서비스기관의 현장관리자들을 대상으로 자신의 업무에 관한 스토리를 이야기하면서 진행한 인터뷰에서 도출된 테마

- 공동 작업
- 연합의 장애물 제거
- 공동선을 향한 주인의식, 지지, 약속
- 상호 인정을 향한 약속
- 협력, 정보 공유, 사람들과의 교제
- 번영에서 긴축으로 전환이 혁신과 창의를 낳는다.

국립은행의 현장관리자들을 대상으로 자사의 최고 문화를 탐색하는 인터뷰에서 도출된 테마

- 최고가 되기
- 주인의식 공유
- 협력
- 진실성
- 권한위임

---

1) 작업 그룹 선정: 당신의 인터뷰 파트너와 함께 인터뷰 그룹 3조에 합류하여 총 8명으로 이루어진 그룹을 형성하라.

2) 당신의 그룹에서,

- (1) 토의 리더, (2) 시간관리 담당자, (3) 기록 담당자, (4) 보고자를 선정하라.
- 당신의 테이블 그룹에서, 모든 사람들은 각자 (간단하게) 인터뷰 파트너의 최고 스토리를 한두 가지 발표하라. 서로의 스토리를 듣고 난 후, 최고의 순간, 생명을 부여하는 원동력, 당신을 '사로잡는' 생각에 관한 스토리, 그리고 모든 일이 최고 상태에 도달할 때 삶이 어떠할지에 관한 테마 목록을 브레인스토밍 방식으로 나열하라. 당신의 그룹이 '브레인스토밍'한 목록으로부터, 3~5가지의 테마를 선정하고 합의하여 플립차트에 기록하라. 플립차트를 게시하라.

[주의: 만약 몇 가지 주제(즉, 강력한 리더십, 마음이 통하는 업무 환경 등)가 있고 각 주제가 별도의 질문에 대한 것이라면, 각 별도 주제에 대하여 이 활동을 시행할 수 있다.]

3) 테마: 테마란 사람들이 말하는 가장 멋진 흥분, 창의성, 보상을 경험한 때에 그 스토리에 담긴 아이디어나 개념을 말한다. 예를 들어, 당신이 듣는 스토리에는 사람들이 '성공의 느낌', '분명한 목적', 또는 '재미와 흥분'에 대해 말하는 내용이 있을 것이다. 이러한 문구가 바로 테마이다. 브레인스토밍 목록에 사람들이 파악할 수 있는 이런 문구가 모두 포함된다. 그 다음 그룹 전체가 중요하다고 생각하고, 당신이 생각하기에 이상적인 업무 환경과 조직이라면 갖추어야 하는 3~5가지의 테마를 선정하라.

4) 다음의 도표를 벽에 게시하도록 준비하라.

[주의: 이 활동에서 추천하는 적합한 테마의 수는 3~5가지이나, 그 숫자에 얽매일 필요가 없다는 점을 참가자들에게 주지시켜라. 이 활동의 목적은 사람들이 가장 중요하게 생각하는 아이디어를 포착하는 것이다. 또한 유사한 테마를 합치거나 어떤 식으로든 목록을 조합하려는 경향을 주의하라. 테마를 있는 그대로 적어라. 6단계에서 사람들은 유사한 테마를 확인할 수 있다.]

테 마	스 티 커
1)	
2)	
3)	
4)	
5)	

5) 산포도 작성: 각 테이블 그룹은 그들이 도표에 열거한 테마를 명료히 하는 모든 질문에 답변한다.

- 모든 사람들은 3~4장의 소형 스티커를 가지고 있다. 벽에 게시된 모든 테마 중 가장 중요하다고 생각되며 미래에 꿈꾸는 조직에 포함되어야 한다고 생각하는 모든 테마를 각자 결정한다.
- 최대 5분까지 생각한 후 자신이 선택한 테마에 스티커를 붙여라. 한 테마에 스티커 하나만 부착하라.

[주의: 소형 스티커 대신 마커를 사용하여 표시해도 된다. 한 가지 색상만 사용하면 산포도가 더욱 선명해진다.]

6) 산포도의 이해: 도표에서 무엇을 알 수 있는가? 어떤 테마가 이 그룹에게 가장 중요한가?

[주의: 이 단계에서 그룹은 유사한 테마들을 감지하고 그 점을 언급한다. 벽에 게시된 모든 테마는 회의장 내 적어도 어느 한 그룹에게는 중요하다는 생각을 강조하라. 산포도의 의도는 전체 그룹의 에너지를 시각적 이미지로 보여주는 것이며, 모든 사람이 다른 모든 사람들의 생각에 적극적으로 참여하도록 독려하는 것이다. 의사 결정을 위한 도구가 아니다. 한 곳에 모인 스티커의 숫자를 세거나 기록하지 말라. 우선순위를 매기는 활동이 아니다. 이 활동은 단지 그룹 전체로서 무엇이 중요한지 한 눈에 볼 수 있는 기회이다. 우리는 테마들에 거의 순위를 부여하지 않으며, 그렇게 함으로써 다음 단계(원하는 미래 이미지 공유)에서 모든 테마 데이터를 이미지의 기반으로 사용할 수 있다.]

에이아이라는 맥락에서는, 비록 단 하나의 스토리에서만 언급된 어떤 것이라도 성공의 근본원인, 생명을 부여하는 원동력, 또는 긍정적 핵심요소가 될 수 있다. 이런 것들을 우리는 '독특한 놀라움의 요소'라고 한다. 즉 사람들이 "맞아!"라는 감탄사로 반응하는 대상을 말한다. 이것은 통계적 타당성에 입각한 과학적 사상에 따르는 전통적 방법과는 다르다. 전통적 방식에서는 어떤 생각이 공식적으로 '목록에 오르기' 위해서는 어느 정도 이상 거론되어야한다. 에이아이에서는 단 한 사람이 파악한 테마조차도 그것이 다른 사람들의 심금을 울릴 수 있다면, 조직 전체에 생명을 부여하는 원동력이 될 가능성이 높다. 물론, 몇 명이 함께 언급한 것도 생명의 원동력이라고 본다. 여기서 핵심은 그 그룹이 생명의 원동력이 무엇인지 결정할 때, 직관적인 감성 역량을 건드려야 한다는 것이다.

에이아이의 개념적 토대 설명

인터뷰 프로세스는 긍정적 불확실성을 조성하는데 큰 효과를 발휘하므로, 인터뷰가 끝나고 나면 에이아이가 어떤 효과를 낼지에 대한 호기심이 충만해진다. 이 때 우리는 주로 스토리텔링에 근거하여 30~60분 정도의 비공식적인 발표를 통해 아래 자료의 일부 혹은 전부를 검토한다.

- 긍정 변화 대 결함 중심 변화 이론[2]
- 결함 담론의 문화적 결과[3]
- 핵심적 긍정요소 및 긍정 변화 사상[4]
- 긍정 행동을 유발하는 긍정 이미지 사상[5]

- 무조건적 긍정 질문의 위력[6]
- 지속성, 변화, 새로움 간 균형의 중요성[7]

발굴하기 단계의 선택적 활동

발굴하기 단계에서 수행해야 하는 핵심 활동이 있는 반면, 선택적인 활동도 있다. 우리는 핵심 활동이 조별 인터뷰, 소그룹별 핵심적 긍정요소 발굴, 그리고 전체 그룹 차원의 보고와 핵심적 긍정요소 맵 작성이라고 본다. 이러한 흐름을 통해 일대일 친밀감이 싹트고, 소그룹 학습이 진행되며, 전체 그룹 차원의 의미 통합이 이루어진다.

우리가 선호하는 선택적 활동으로는 지속성 검사, 스토리텔링, 그리고 '원로 연설'이 있다. 표 7.1은 이런 선택적 활동을 요약하여 제시한다.

서밋 이전 데이터 활용

ABIM 사례에서와 같이 때로는 사람들이 회의장에 도착하기 전부터 서밋과 관련된 생산적인 과제를 수행하게 함으로써 발굴하기 프로세스를 시작하도록 돕는 경우도 있다. 서밋 이전 과제는 대개 다양한 핵심 이해관계자들과 인터뷰를 수행하는 것이다. 인터뷰에서 도출된 인용 발언, 강력한 스토리, 그리고 의욕적인 이미지는 포스터, 사진 전시, 비디오, 스토리북 및 기타의 형태로 서밋에서 공개된다. 어떤 경우에는 사람들이 이전 서밋에서 도출된 도발적 제안을 활용한 보고서나 벽면 전시물을 준비하기도 한다.

표 7.1 선택적 발굴하기 활동

활 동	내 용	목 적
	서밋 주회의장 한 벽면을 차지한 플립차트 게시물(또는 스티로폼 보드)과, 조직, 업계 및 글로벌 차원의 역사를 표시하는 1~3개의 수평선을 사용하여 일정표를 만든다.	조직의 강점과 역사적 핵심역량을 시각적으로 표현한다.
	80년대 이전, 80년대, 그리고 90년대부터 현재 등 3~4 구간의 시기를 일정표에 표시한다. 그런 다음 사람들은 핵심 사건들을 표시하여, 오랫동안 조직을 지탱해왔고 미래에도 필요하다고 생각되는 요소를 파악할 수 있게 한다.	사람들은 조직의 역사를 접하면서 흥분을 경험한다. 역사가 조명되고 의미를 띠게 되면서, 사람들은 더욱더 협력적 미래에 대한 가능성을 상상할 수 있게 된다. 지속성 검사 작업은,
지속성 검사	참가자들이 일정표에 핵심 사건을 표시하면, 다음의 질문을 통해 지속성 검사를 위한 토론을 진행한다.	조직의 기억을 새롭게 조명하고, 구성원들이 오랫동안 잊혀졌던 성공, 강점, 꿈을 떠올리는 데 일조한다.
	• 과거에 조직의 성공에 기여했던 조직, 프로세스, 시스템, 상품, 서비스, 또는 업무 전반의 특징들은 무엇인가?	• 조직으로 하여금 원로 및 과거의 성공에 경의를 표하고, 긍정적 잠재력의 기초를 확장할 수 있게 한다.
	• 이들 중, 새 시대의 업무 수행을 향해 전진함에 있어 지속적인 성공을 보장하기 위해 유지하고자 하는 것은 무엇인가?	• 미래의 꿈과 디자인이 과거의 성공 스토리에 기반을 두면, 협력, 변화, 그리고 지속적 성공을 위한 에너지와 열정이 일어난다.
	이 질문들은 모든 사람이 일정표의 내용을 확인한 후 소그룹별로 토의하게 한다. 우리는 이 토론이 소그룹이나 전체그룹 차원의 스토리텔링에 의해서 더욱 풍부해진다는 사실을 경험했다.	

스토리텔링	조직 전체 또는 소그룹별로 진행되는 스토리텔링은, 흔히 일정표 및 지속성 검사 활동과 연결되어 사람들을 조직 역사 속의 중요한 순간이나 과도기의 사건을 이야기를 통해 나누게 한다. 이 활동의 지침은 다음과 같다. "조직 역사 속에 일어난 핵심 사건과 그것이 외부 세계와 맺는 연관성에 대해 다른 사람들이 열거한 내용을 보면서, 떠오른 스토리는 어떤 것들이 있습니까?" 서밋 참가자들에게는 '객관적 진술'보다 '관계적 이야기'를 주목할 것을 권해야 한다. 또한 다른 사람들이 자신의 희망과 꿈을 가장 강조하는 스토리를 경청하도록 안내한다.	스토리텔링은 전체그룹 속에서 의미를 찾아내는 수단이다. 의미란 사실이나 데이터가 아니라 사람들로부터 나오는 것이므로, 스토리는 협력적 상상을 유발하며, 사람들이 선택적으로 미래를 창조할 수 있게 해준다. 스토리텔링을 통해 가치를 표현하며, 그것을 탐구하고, 조정한다. 스토리는 인간의 호기심과 창조성을 촉발한다. 스토리에는 경험에 바탕을 둔 지혜의 싹이 들어있다. 공개적 스토리텔링을 통해 서밋 참가자들은 사실과 정보, 데이터 발표 및 서술 목록들보다 풍부한 의미를 담은 아이디어나 관심사항을 표현하는 수단에 더욱 친숙해진다. 뛰어난 스토리는 불가능한 일을 가능해 보이게 만들며, 변화를 위한 원동력의 역할을 한다.
원로 연설	조직의 원로를 위해 특별히 시간과 장소를 배정하여 진행되는 초청 스토리텔링 형식이다. 지속성 검사와 결합된 형태, 혹은 별도 진행을 할 수 있으며, 조직의 원로들을 초청하여 조직이 어떻게 발전해왔으며, 어떻게 조직의 강점과 역량을 활용하여 도전을 극복하고 성장했는지에 관한 연설이나, 선배로서 가장 활기차게 활동했던 시절에 관한 연설을 듣는다.	지속성 검사를 수행하는 것은 그 자체로 조직이 원로들에게 경의를 표하는 행위이다. 조직의 원로를 초청하여 역사의 관점에서 연설을 해 달라고 부탁함으로써, 원로의 역할이 스토리와 활동을 통해 재조명된다. 그 결과 세대 간 관계의 중요성에 대한 이해가 증대된다.

BP의 업스트림 테크놀로지그룹UTG은 조직 내 700명에 달하는 연구원 및 과학자들의 전반적 생산성을 향상시키려는 목적으로 맞춤형 인터뷰 가이드를 개발하여 약 3분의 1의 직원들에게 발송했다. 인터뷰가 진행되었고, 그 요약 결과는 전자메일을 통해 중앙본부로 발송되었다. 그에 대한 응답은 한권의 책으로 편집되었으며, 질문 및 인터뷰 대상자 분류별로 색인이 첨부되었다. 인터뷰 대상자 분류별 색인을 첨부한 목적은 UTG 내부 직원과 고객들 사이의 차이점을 파악하려는 것이었다.

서밋이 시작되자 참가자들은 일대일 인터뷰를 진행하고 소그룹별로 성공의 근본원인을 발굴했다. 그런 다음 그들의 관심은 인터뷰 데이터 책으로 옮겨졌다. 테이블에는 각자 다른, 그러나 일부 중복된 부분이 포함된 책의 페이지들이 배포되었다. 사람들은 각자 그것을 읽고 핵심 스토리, 단어, 이미지들에 동그라미를 쳤다. 그 후 그들은 소그룹으로 돌아가 가장 강력한 인용문, 스토리, 이미지들을 공유했고, 그 속에 포함된 성공의 근본원인을 파악해냈다. 마지막으로 그들은 서밋 이전 인터뷰에 나타난 성공의 근본원인과 그들 자신의 인터뷰에서 나타난 성공의 근본원인을 결합했고, 전체 그룹 차원에서 핵심적 긍정요소 맵을 작성했다.

또 다른 사례로서, 캐나다 국방부는 1년의 차이를 두고 2번의 서밋을 개최했다. 두 번째 서밋의 관심은 첫 번째 서밋 이후에 이뤄진 진전을 평가하는 데 모아졌다. 참석자들은 각자 5명의 사람들(동료, 고객 및 이해관계자)을 인터뷰하고 그 결과를 서밋에 가져오도록 요청받았다. 회의에 참석한 그들은 큰 화롯가에 큰 원을 그리고 둘러앉아 그들의 최고의 스토리를 공유했다. 다음날 그들은 약 300개의 성공스토리를 인쇄해 벽에 걸었고 그것을 테마별로 분류했다. 또한 제1회 서밋에서 만들었던 도발적 제안들도 게시했다.

현장 조별 인터뷰를 완료한 후, 그들은 벽에 게시된 성공 스토리 및 도발적 제안을 검토하며 그들에게 의미 있는 문장과 단어들에 동그라미를 쳤다. 마지막으로 그들은 스토리, 도발적 제안, 그리고 조별 인터뷰를 바탕으로 지속성 검사를 수행했다. 이 검사를 통해 조직의 긍정적 핵심요소에 대한 거대하고 뚜렷한 그림을 만들어낼 수 있었다.

꿈을 향한 모멘텀 구축

첫째 날이 끝나자, 회의장 안은 활기가 넘친다. 어떤 사람들은 귀가하지만, 다른 사람들은 남아서 동료들과 대화를 이어나간다. 그들은 에이아이를 배우고, 새로운 관계를 맺었으며, 전체 조직에 대한 일체감을 확인했고, 강점을 극대화했다. 그들은 이전에는 꿈꾸지 못했던 잠재력과 가능성을 발견했고 이에 관한 대화를 멈출 줄 몰랐다. 앞으로 있을 3일간에 대한 흥분과 기대에 부풀어 올랐다.

이것은 에이아이 서밋 첫째 날이 끝나면 볼 수 있는 일반적인 광경이다. 일대일 긍정 인터뷰는 안전하고 개방적이며 포괄적인 참여의 분위기를 조성했고 참가자들은 회의장에서 최소한 한 명 이상과 심오한 긍정적 관계를 맺을 수 있었다. 소그룹별로 핵심적 긍정요소를 발굴하는 프로세스는 공동체 의식을 구축하고 다양한 참가자들 사이에서 강점의 융합을 이루어내는 결과를 창출했다. 그리고 핵심적 긍정요소 맵 작성을 통해 사람들은 '조직 전체'에 대한 의식을 개발했고, 조직 전체가 공통된 한 방향으로 에너지를 모을 때 어떤 위력이 발휘되는지 어렴풋이 느낄 수 있었다. 에이아이 서밋의 발굴하기 단계는 가능성에 대한 감각을 확대시키며 꿈을 향한 모멘텀을 구축한다.

8장 _ 꿈꾸기

이 장에서 우리는 당신과 함께 에이아이 서밋의 꿈꾸기 단계를 살펴본다. 우리는 먼저 서밋을 디자인하는 방식에 영향을 미치는, 대담한 꿈꾸기 및 가능성 기반의 비전 수립의 위력에 대해 약간의 이론적 관점을 공유하는 것으로 시작한다. 다음으로 우리는 꿈꾸기 단계의 구체적 디자인을 제시하고, 몇몇 중요한 선택 사항을 검토한 뒤, 성공의 요소를 강조한다.

긍정적 미래 이미지의 위력

꿈꾸기 단계의 목적은 전체 조직으로 하여금 현 상태 유지를 넘어서서 가치있고 활기찬 미래를 상상하도록 이끄는 것이다. 이것은 사람들이 시야를 드높여 상상력을 발휘하고, 자신의 조직이 강점과 열망을 중심으로 뭉칠 때 어떤 모습이 되는지 꿈꾸게 한다. 이 이론은 부분적으로 프레드 폴락[1]을 비롯한 이미지 이론의 선구자들이 이룩한 작업에 바탕을 두고 있다. 1960년대에 폴락은 로열더치셸의 기획이사를 역임한 후 네덜란드 정부의 기획 관료로 근무했다. 사회와 기업이 어떻게 각자의 미래 이미지를 따라 끌려 다니는지를 보고 감명받은 그는, 자신의 관찰 결과가 국가와 시대를 뛰어넘는 보편적 진실인지를 확인하기 위해 서구 문명을 포괄하는 광범위한 연구에 착수했다.

그가 발견한 사실은 자신의 추측을 확인해 주었다. 미래 이미지의 흥망은 문화의 성쇠에 선행하거나 그와 궤를 같이 했다. 한 사회가 긍정적이고 번영을 꿈꾸는 이미지를 가졌을 때, 그 사회의 '문화는 활짝 꽃을 [피웠다].' 예술, 건축, 음악, 상업, 과학, 그리고 정치 분야에서 새로운 진보가 이루어지고, 구성원들의 삶에도 뚜렷한 활력이 차오른다. 그러나 그 이미지가 쇠락하여 활기를 잃으면, '그 문화는 오래 지속되지 [못했다].'[2]

폴락은 이런 역학 관계가 규모에 상관없이 모든 집단성에 적용되며, 그 것은 긍정 이미지의 '활성화 효과'에 기인하는 것이라고 갈파하였다. 팀이나 부서, 나아가 조직이 앞으로 나아가야할 바에 대한 뚜렷하고 강력한 이미지를 가지고 있을 경우, 그 이미지는 그에 필요한 대화, 선택, 헌신, 그리고 행동을 '활성화'시킨다. 사람들은 자신의 희망과 꿈을 성취함에 있어서 창의성을 발휘한다. 그들은 전략을 개발하고, 자원을 모집하며, 상품을 생산하고, 정책에 착수하며, 일을 이루어내는 개인적 독창성을 발휘한다. 미래에 대한 긍정적 이미지는 말 그대로 변화를 위한 자기 충족적, 자기 추진적 동력을 발휘한다.

폴락은 완전 고용, 사회 안전, 주간 근무 일수, 이익 공유와 같은 현대의 경영관행을 생각해보라고 말한다. 그런 내용은 한때 누군가의 상상에서만 존재하던 허구였다. 그러나 시간이 흐르면서 이 모든 이미지들이 관심을 받아 깊고 풍성해지고 뚜렷해지자, 그것은 지지를 얻어 실현을 위한 행동을 불러 일으켰다. 폴락은 어떤 집단이라 할지라도 그들이 가진 미래 이미지는 그들이 나아가야 할 방향을 보여줄 뿐만 아니라, 특정한 선택을 강력하게 추진하여 미래를 결정하도록 하는 '행동력'이 된다고 결론 내렸다.

영감을 주는 내부 대화

미래를 이끄는 강력한 이미지가 그토록 중요하다면, 다음과 같은 의문이 생길 것이다. 그 이미지는 어디에서 오는 것인가? 조직 차원의 이미지는 어떻게 만들어지고 지속되는가? 심리학자인 로버트 슈워츠는 이에 대한 매우 흥미로운 대답을 내놓았다.[3] 그는 미래의 이미지란 본질적으로 그룹이나 조직 내에서 이루어지는 '내부 대화'의 한 패턴이라고 주장했다. 조직 구성원들은 일상 업무를 수행하면서 자신의 조직이 어떠한지, 그들이 지향하는 곳은 어떠한지, 그리고 지향하는 곳에 다다르기 위한 방법은 무엇인지에 대해 끊임없이 '자문자답'의 과정을 거치고 있다. 예를 들어, 오늘날 사우스웨스트 항공은 저비용, 고객 친화적 서비스 전략을 추구함으로써 업계를 주도하겠다는 내부 대화를 이어가고 있다. 이러한 내부 대화를 통해 사우스웨스트 항공은 그들의 에너지를 발산하고 행동을 안내하는 미래 이미지를 얻는다.

그러나 슈워츠는 모든 내부 대화가 높은 성과로 이어지는 것은 아니라고 주장한다. 1980년대에 그가 행한 연구에서 그는 높은 성과를 내는 그룹과 그렇지 못한 그룹은 그 내부대화의 패턴에서 분명한 차이를 보인다는 사실을 발견했다. 건강하고 성과가 뛰어난 그룹은 긍정적 대화와 부정적 대화의 비율이 2:1 혹은 그 이상이었던 반면, 비정상적이고 성과도 좋지 못한 그룹에서는 그 비율이 1:1 이하로 나타났다. 이것은 다른 어떤 요소보다도, 조직 구성원들이 스스로에 대해 말하는 스토리, 그 중에서도 특히 가치 있는 목표를 성취하는 스스로의 역량에 관한 스토리가 그들의 궁극적인 성공 전망을 결정짓고 있음을 시사한다.

휴게실 주변이나 회의실에서, 전화나 이메일을 통해서, 심지어 '사무실' 밖에서 이루어지는 조직의 내부 대화가 부정적이거나 활력을 잃었다면, 조직은 결국 기능 장애에 빠지고 말 것이다. 반면 그 대화가 긍정적이고, 진실로 바람직한 미래에 대한 것이라면, 그것은 조직의 가장 강력한 조력자로서 높은 성과와 건설적인 조직 변화를 촉진할 것이다.

담대한 꿈꾸기

다음으로 에이아이 서밋의 꿈꾸기 단계는 전체 조직으로 하여금 그들의 내부 대화를 혁신하는 계기로 작용한다. 그 과정의 목적은 조직의 위대한 잠재력을 활발하게 논의하는 장으로 모든 이들을 참여시키는 것이다. 이렇게 함으로써, 조직 전체는 스스로 긍정적 미래 이미지를 창조하여 가능성의 영역을 확장할 수 있다. 이는 많은 조직 구성원들에게 조직을 위해 '위대한' 무언가를 생각하고 '엄청난' 가능성을 창조해 낼 수 있는 최초의 기회이다. 이 프로세스는 개인과 조직 모두에게 유익하면서도 영감을 준다.

이 장에서는 에이아이 서밋 둘째 날인 꿈꾸기 프로세스를 살펴본다. 구체적인 내용은 다음과 같다.

- 꿈꾸기 단계의 실제
- 꿈꾸기의 여러 가지 접근법
- 창조적인 꿈꾸기
- 기회 지도 작성
- 합의형 비전 수립

또한 꿈꾸기 단계에서 활용할 수 있는 선택적 활동 즉, 사진, 그림, 은유, 지침을 활용한 이미지 연습, 드림북dream book 등을 검토한다. 도해 8.1은 꿈꾸기 단계의 일반적인 일정을 보여준다.

도해 8.1 꿈꾸기 단계의 진행 사례

시 간	활 동
오전	핵심 과제: 첫째 날의 학습 내용 검토, 긍정 이미지와 긍정 행동간의 관계 이해, 조직의 미래 상상하기
8:30–9:00	환영 인사, 시작, 일정 소개
9:00–10:00	긍정 이미지와 긍정 행동간의 관계
10:00–11:30	미래를 상상하기 (자율적 휴식시간 포함)
11:30–12:30	꿈 선언문 작성
12:30–1:30	중식
오후	핵심 과제: 꿈을 세우고 풍성히 하기
1:30–2:00	창의적 꿈 발표 준비
2:00–3:00	창의적 꿈 발표
3:00–3:30	휴식
3:30–4:45	꿈을 풍성히 하기
4:45–5:00	꿈꾸기 활동 요약 및 다음날 일정 검토

꿈꾸기 단계의 실제

우리가 고안한 4×4 디자인은 둘째 날을 꿈꾸기 작업에 매진할 수 있게 해준다. 꿈꾸기 작업은 대개 첫째 날 발굴하기 단계를 수행할 때 다양한 사람들이 섞였던 그 동일한 그룹에서 진행된다. 우리가 그룹을 그대로 유지하려는 이유는 3가지이다.

첫째, 꿈꾸기 단계에 들어서면 우리는 참가자들에게 전날의 인터뷰를 회고해 보도록 자주 요청한다. 그러므로 인터뷰 조가 그대로 유지되는 것이 중요하다.

둘째, 우리는 서밋을 진행해오면서 사람들은 어느 정도의 연속성과 변화를 모두 원한다는 사실을 발견했다. 셋째 날과 넷째 날이 되면 사람들이 의제에 따라 이해관계자 그룹, 디자인 그룹, 그리고 직능을 포괄하는 실행팀에 속하여 작업하게 되므로 그룹이 변하게 된다. 첫째 날과 둘째 날에는 먼저 지속성의 기초를 다짐으로써 세 번째, 네 번째 날과 균형을 이루게 된다.

셋째, 사람들이 발굴하기 단계에서 서로를 가치있게 여기고, 스토리를 공유하며, 긍정적 핵심요소 맵을 작성하는 활동으로 하루를 보내고 나면, 계속 함께 지내며 서로의 희망과 꿈을 듣기 원한다는 사실을 발견했다. 사람들 사이에 인간적 유대감이 생겼기 때문에 서로의 대담한 꿈을 지지하고 그 꿈들을 전날 들었던 '강점 스토리'와 연결시킬 수 있다.

시작하기

우리는 시작 순서로서 긍정적 에너지를 고취하고 모든 참가자들의 주의를 집중시키는 가볍고 창의적인 활동을 좋아한다. 종교 연합 운동과 작업할 때 대개 우리는 다른 신앙을 가진 사람들의 인도 아래 묵도나 기도를 하면서 시작했다. 동아프리카의 CRWRC와 작업할 때는 참가자 중 몇 명이 회의장에 조금 일찍 도착해서 노래하고, 가볍게 손뼉을 치며, 음악에 따라 몸을 흔들곤 했다. 사람들이 모여들면서 손뼉 소리는 커졌고 마침내 약 200명이 참가하는 힘찬 합창으로 발전했다. 노래를 몇 곡 더 부른 다음, 사람들은 서로 악수와 포옹을 나누거나 등을 두드려주고 난 뒤 회의를 시작했다. 또 다른 서밋에서는 퍼실리테이터 톰 오스본과 샐리 리는 조간 신문의 기사제목을 몇 개 읽고 난 다음, 참가자들에게 전날 흥미 있었던 내용과 앞으로 기대하는 내용에 관해 테이블별로 간단하게 이야기하여 기사제목 형식으로 만들어보라고 권했다. 여러 가지 방법이 있지만 이런 모든 활동은 사람들을 회의장에 적응시키고, 관계를 맺으며, 긍정적인 분위기로 시작하게 한다는 공통점이 있다.

긍정 이미지와 긍정 행동의 관계

시작 활동과 관리 사항을 검토한 다음 당일의 일정을 소개한다. 그 후 긍정 이미지와 긍정 행동간의 관계를 논의함으로써 꿈꾸기 단계를 시작한다. 이때 매우 활발한 상호작용과 참여가 일어난다. 사람들은 즉시 그 논리에 빠져들어, 사적 생활과 업무로부터 수많은 사례를 공유하려고 한다. 아이디어와 스토리를 공유하는 이 프로세스는 언제나 다음 과제를 위한 동력을 제공한다.

꿈꾸기 작업을 위한 3가지 핵심사항

긍정 이미지와 긍정 행동에 관한 대화를 마치고 나면 우리는 꿈꾸기 활동을 위한 목적과 지침을 제공한다. 우리가 강조하는 핵심 포인트는 3가지이다.

- **핵심적 긍정 요소를 토대로 확장하라.** 에이아이를 다른 종류의 비전 수립이나 기획 방법론과 차별화하는 한 가지 요소는, 미래의 이미지가 가장 긍정

적인 과거 사례로부터 도출된다는 것이다. 그것은 조직 역사의 탁월한 순간에 바탕을 둔 것이므로 그 자체로 강력한 가능성을 가진다. 따라서 꿈꾸기 단계는 조직 역사에 바탕을 두고 있다는 점에서 실용적이며, 조직의 잠재력 확대를 추구한다는 점에서 생성적이다.

- **목표를 높게 잡아라.** 헨리 포드는 이렇게 말했다. "할 수 있다고 생각하든, 할 수 없다고 생각하든, 당신의 생각은 옳다." 우리는 조직이 위대함을 추구하는 스스로의 역량을 믿지 못해 평범함에 안주하는 모습을 너무나 흔히 보게 된다. 그들은 확신이 부족하며 시야가 낮다. 에이아이 서밋 꿈꾸기 단계는 목표를 높게 잡아 사업을 비범한 수준으로 비약시킬 수 있는 기회이다. 이를 위해서는 조직 구성원들이 갈망하는 높은 이상과, 그들의 에너지를 기꺼이 쏟을 수 있는 지향점에 관한 열정적인 대화가 필요하다.

- **예술가처럼 사고하라.** 꿈꾸기 단계의 핵심은 마치 예술가가 재료를 사용하여 가능성을 표현해 내는 것처럼, 사람들의 과거 스토리와 미래의 희망을 사용하는 것이다. 스토리와 희망은 조직 구성원들이 그들의 최고의 아이디어를 실현시킬 경우 미래의 모습이 어떠한지에 관해 선명하고 매력적인 그림을 그려낼 수 있도록 도와주는 빨강, 노랑, 녹색, 파랑 등 다양한 색깔을 담은 팔레트의 역할을 한다.

꿈꾸기의 여러 가지 접근법

오랜 세월 동안 우리를 포함한 전 세계의 동료들은 꿈꾸기에 관한 수많은 다양한 디자인을 실험해왔다. 모든 방법들은 주의 깊고 성실하게 다룬다면 효과를 발휘할 수 있다. 우리는 그 중에서도 가장 유용하다고 생각되는 3가지 접근법을 소개하고자 한다.

첫 번째 접근법은 '창조적 꿈꾸기'이다. 창조적 꿈꾸기는 조직이 새로운 전략 방향이나 조직의 우선순위를 위해 에너지와 행동을 결집시키고자 하는 경우에 적합하다. 또한 특정한 목적이나 비전 선언문에 대한 정확한 합의를 도출할 필요가 없다. 이 프로세스를 통해 사람들은 자신의 열망을 조직 전체 구성원들과 공유할 수 있고 공통의 관심과 흥분을 발견할 수 있으며, 합의의 오류에 빠져 일을 그르치는 것을 피할 수 있다. 창조적 꿈꾸기의 목적은 사람들이 매력을 느끼고 그들에게 영감을 주는 새로운 가능성을 창조할 수 있게 하는 것이다.

두 번째 접근법은 '기회 지도 작성'이다. 이 방법에서 참가자들은 꿈꾸기 작업을 시작하기 전에 구체적인 관심 분야를 파악하는 기회 지도를 작성한다. 기회 지도를 작성한 후에는 창조적 꿈꾸기와 비슷한 프로세스를 거친다. 이 방법은 '직접 해보는' 작업을 더 많이 하며 조직의 '큰 그림'에 대한 열정이 상대적으로 적은 그룹에 특히 적합한 방법으로 보인다.

세 번째 접근법은 '합의형 비전 수립'이다. 우리는 조직이 공동의 목적이나 비전 선언문 도출을 확고하게 원하는 경우에 한하여 드물게 이 방법을 사용한다. 우리에게 있어 꿈꾸기의 핵심은 창의성을 끄집어내고 가능성을 확장시키는 것이지 가능성을 좁게 수렴하려는 것은 결코 아니다. 그러나 조직이나 부서가 공동 목적이나 비전 선언문 수립을 진정으로 원하는 드문 경우, 우리는 합의형 비전 수립 프로세스를 사용하여 이미지를 도출하고 분석한 다음 합의에 도달한다. 표 8.1은 각 접근법의 단계들을 설명하고 있다.

표 8.1 꿈꾸기의 3가지 접근법

창조적 꿈꾸기	기회 지도 작성	합의형 비전 수립
목적: 조직적 행동을 이끌어내고 영감을 주는 새로운 가능성을 창조한다. 1. 소그룹별로 조직에 대한 각자의 꿈을 공유함으로써 미래를 바라본다. (인터뷰 가이드 참조) 2. 소그룹별로 공통의 꿈을 가장 잘 표현하는 '꿈 선언문'을 작성한다. 3. 소그룹별로 꿈이 현재 이루어진 것처럼 생각하고 그것을 창조적으로 발표할 준비를 하고 수행한다. 4. 발표가 끝난 후, 전체그룹은 그에 따른 생각, 가장 돋보였던 것, 열망을 서로 공유하면서 꿈을 풍성하게 가꾼다.	**목적:** 구체적인 핵심 기회에 대한 행동을 결집한다. 1. 전체 그룹이 기회 지도를 작성하고 다양한 기회를 중심으로 그룹을 만든다. 2. (기회 중심의)소그룹별로 구체적 기회에 대한 각자의 꿈을 공유함으로써 미래를 상상한다. 3. 소그룹별로 공통의 꿈을 가장 잘 표현하는 '꿈 선언문'을 작성한다. 4. 소그룹별로 꿈이 현재 이루어진 것처럼 생각하고 그것을 창조적으로 발표할 준비를 하고 수행한다. 5. 발표가 끝난 후, 전체그룹은 그에 따른 생각, 가장 돋보였던 것, 열망을 서로 공유하면서 꿈을 풍성하게 가꾼다.	**목적:** 조직 전체의 목적, 사명, 비전 선언문에 관한 합의를 도출한다. 1. 소그룹별로 조직에 대한 각자의 꿈을 공유함으로써 미래를 바라본다. (인터뷰 가이드 참조) 2. 소그룹별로 공통의 꿈을 가장 잘 표현하는 '꿈 선언문'을 작성한다. 3. 소그룹별로 꿈이 현재 이루어진 것처럼 생각하고 그것을 창조적으로 발표할 준비를 하고 수행한다. 4. 발표가 끝난 후, 전체그룹은 그에 따른 생각, 가장 돋보였던 것, 열망을 서로 공유하면서 꿈을 풍성하게 가꾼다. 5. 전체조직 토론이 끝난 후, 합의를 통해 하나의 목적, 사명, 또는 비전 선언문을 도출하는 프로세스를 진행한다.

창조적 꿈꾸기

꿈꾸기의 목적과 지침을 살펴보았으므로, 이제 꿈꾸기 활동에 본격적으로 돌입한다. 창조적 꿈꾸기 형식을 따르는 경우, 우리는 휴식시간을 포함하여 오전 시간의 나머지를 할애해 참가자들이 미래를 바라보고 꿈 선언문을 작성하게 한다. 여기에는 보통 2시간에서 2시간 반 정도가 소요된다. 오후에는 각자의 꿈을 창조적인 방법으로 발표할 준비를 하고 실제로 발표하는 시간과 함께, 대화를 통하여 그 꿈을 풍성하게 가꾸는 시간을 준다.

이 프로세스의 사례로 일리노이 크레딧 유니온 리그ICUL와 수행한 작업 내용을 사용했다.

1단계: 미래를 상상하기

에이아이 프로세스의 꿈꾸기 단계는 인터뷰 가이드에 있는 미래 중심의 질문으로 시작된다. 이것이 의미하는 바는, 사람들이 이미 발굴하기 프로세스에서부터 미래에 대한 그들의 희망과 열망을 생각하고 서로 이야기해 왔다는 뜻이다. 이제 이미지와 아이디어, 그리고 가능성들 간의 참신한 조합이 드러나기 시작한다. 이 점을 염두에 둔 채, 우리는 조별 에이아이 인터뷰에서 도출된 꿈에 관한 질문에 근거하여 미래를 상상함으로써 꿈꾸기 단계를 시작한다.

첫째, 그룹은 토론 리더, 시간관리 담당자, 기록 담당자 및 보고자를 선정한다. (박스 내의 지침 1 참조) 우리는 사람들에게 첫째 날의 역할을 서로 바꾸어볼 것을 권한다. 이렇게 하면 사람들이 서로 다른 책임을 수행하는 법을 연습할 수 있다. 또한 그룹 내에서 대화의 새로운 역학 관계와 패턴이 드러날 수 있다.

둘째, 참가자들은 첫째 날의 꿈에 관한 질문에 대한 파트너의 답변 내용을 공유한다. (지침 2 참조) 이것은 프로세스의 매우 중요한 부분이다. 이것은 각자가 파트너의 전체 답변을 종합토론에서 공개하기 전에 먼저 나눌 수 있는 기회이다. 이렇게 함으로써 그룹이 공통점을 추구하는 방향으로 움직이기 전에 각자의 다른 목소리를 들을 수 있다. 또한 모든 사람들의 아이디어를 살펴보지도 않은 채 한 두 사람의 생각에 그룹이 휩쓸리는 일을 방지할 수 있다.

셋째, 참가자들은 그들의 꿈에 조화로움, 풍부함, 깊이를 더한다. (지침 3 참조) 그들은 자신들의 미래 이미지를 목적, 관계, 전략, 정책, 영향 등의 주제를 포함하여 상세하게 탐구한다. 이것은 꿈에 또 다른 정의를 더해준다는 점에서 중요하다. 그것은 그룹으로 하여금 '건전성 및 전통적 가치'와 같은 뻔하고 상투적인 문구를 뛰어넘어, 그들이 삶과 일이 진행되는 실제 세상의 복잡성과 역학관계를 그대로 반영한 비전을 품을 수 있게 해준다.

넷째, 소그룹은 개인의 꿈이라는 실을 사용하여 집단적 꿈이라는 융단을 짜기 시작한다. (지침 4 참조) 여기서 한 가지 중요한 테마는 포용이다. 그룹은 섣불리 합의나 결론을 이끌어내려고 서두르기 보다는 각 그룹 구성원들의 시각과 아이디어를 집단적 꿈에 반영할 수 있는 방법을 찾는 것이 중요하다. 훌륭하고 풍성한 토론을 거쳤는데도 이것이 자연스럽게 도출되지 않는다면, 토론 리더 혹은 기록담당자가 한 사람씩 따로 만나 각자가 생각하기에 그룹의 꿈의 일부가 되었으면 하는 이미지가 무엇인지 물어볼 수도 있다. 기록담당자가 그 내용을 플립차트에 기록해두면 잊어버리지 않을 것이다. 이로부터 그룹은 대화의 과정을 따르는 한 아이디어 목록을 어떤 식으로든 추가, 수정, 재배치, 증가 및 확대시킬 수 있다. 그러나 어떤 일이 있어도 각 구성원들의 목소리는 지지와 존중을 받아야 한다.

다섯째, 그룹의 집단적 꿈의 핵심 요소들을 플립차트에 기록한다. (지침 5 참조)

미래를 상상하기

목적: 당신이 만들어 가고자 하는 ICUL의 미래를 상상한다.

지침:

1) 토론 리더, 시간관리 담당자, 기록 담당자, 보고자를 선정한다.

2) 소그룹별로 각 사람들이 인터뷰 질문 7-9에서 가장 기억나는 점에 대해 서로 나눈다.

3) 그룹별로 2005년이 되었다고 상상해보라. 바로 지금 조직이 당신이 진정으로 원하는 모습으로 변했다고 상상하고 이를 시각화하라. 조직의 핵심적 긍정요소가 완전히 실현되었다고 상상해보라! 그것은 어떤 모습인가? 미래 이미지를 창조할 때, 다음의 가능한 분야를 참조하라. (이는 단지 예제이며 선택은 당신의 몫이다.)

- ICUL의 더 높은 목적
- 조직 문화, 직장 생활의 질
- 리더십 성격 (비전형, 권한위임형, 봉사형 등)
- ICUL과 다른 조직(각종 지부, 신용조합, 은행, 지역, 주 및 연방 정부, 국가기관 및 로비그룹 등)간의 대외 관계 성격
- 내부 관계 성격 – 경영진과의, '사무직' 과 '현장직' 간의, 모든 직위의 직원들 사이의 관계
- 권한위임 문화를 창조하는 조직적 관행 및 구조
- 의사결정 및 기획 프로세스
- 협력과 팀워크
- 직원 채용 및 유지
- 인사 관행 (예: 인사 고과)
- 기술, 네트워크, 이러닝, 정보 공유의 사용
- 교육, 훈련, 개발의 탁월성
- 당신이 원하는 이미지와 평판 – 우수한 인재를 ICUL로 끌어들이는 요소
- 변화 대응력 및 변화역량 향상 방법
- 의사소통 방식
- 가장 흥미롭고 유망한 전략, 그리고 추구하는 방향
- 긍정적 영향 및 그 결과
- 기타 원하는 특징 (당신이 선택하라!)

4) 그룹별로 충분한 시간을 들여 ICUL의 미래를 상상하라. 이것은 당신이 지향하고자 하는 조직을 창조적으로 꿈꾸는 연습이다.

5) 집단적 꿈의 핵심 요소들을 플립차트에 기록하라.

2단계: 꿈 선언문 작성

소그룹별로 꿈꾸기를 위한 충분한 시간을 부여한 후, 그들에게 미래 이미지를 반영한 꿈 선언문을 작성하도록 한다. 그 목적은 집단적 꿈의 핵심 요소를 글로 옮기는 것이다. 서술형으로 선언문을 작성하는 것은 그저 아이디어만 길게 나열하는 것보다 훨씬 강력한 효과를 발휘한다. 그렇게 하면 사람들이 실제로 의미하는 것 그대로를 드러내 말할 수 있고 강력한 이미지를 만들어낼 수 있다.

예를 들어, 수년 전 맥도널드 지역 관리자에게 직원 채용 및 유지를 위한 꿈의 핵심 요소 중 하나는 '사람 중심의 조직'이 되는 것이었다. '사람 중심의 조직'이라는 아이디어를 단지 플립차트 위에 수십 가지 아이디어 중 하나로 포함시키는 것은 거의 의미가 없었다. 그러나 한 그룹이 시간을 들여 그것이 의미하는 바를 이야기한 후에 다음과 같은 꿈 선언문을 작성하자, 그 아이디어는 생생하게 살아났다.

> 맥도널드는 진정한 '사람 중심의' 조직이다. 이곳은 타인에 대한 보살핌, 경청하는 태도와 도움을 베푸는 손길, 그리고 하루를 밝게 하는 미소를 가진 사람들로 가득 차 있다. 이곳에는 존엄성, 존중, 신뢰, 그리고 약속을 지키는 문화가 있다. 사람들은 중요한 일을 결정하고 자신의 일에 창의성을 발휘할 자유와 자율을 누리며 이를 격려 받는다. 사람들은 언제나 서로의 공헌에 칭찬하며 인정하고 가치를 부여한다. 이러한 격려와 확신은 회사 내에 긍정적 혁명을 불러일으킨다. 자기존중, 자부심, 성취감이 일상적이며, 직원들은 동료와 고객을 황금과 같이 여긴다. 그리하여 고객들은 맥도널드 매장을 방문하여 신나는 경험을 누리

고, 직원들은 맥도널드에 들어와 삶이 바뀌고 강화되는 것을 느낀다. 맥도널드에서 '사람'이란 우리가 일을 하는 방식이다.

이렇게 유려한 문장의 꿈 선언문을 작성하려면 소그룹별로 충분한 시간이 주어져야 하며, 모든 사람들에게 영감을 주는 참여 또한 필요하다. 경험에 의하면 좋은 꿈 선언문을 작성하기 위해서는 최소 1시간이 필요하며, 그나마도 훌쩍 초과되는 경우가 많다.

우리가 창조적 꿈꾸기 프로세스를 1단계와 2단계로 나누는 데에는 2가지 이유가 있다.

꿈 선언문

목적: ICUL에 대한 당신의 꿈을 종이에 기록한다.

지침:

1) 토론 리더, 시간관리 담당자, 기록 담당자, 보고자를 지정한다.

2) 플립차트에 그룹의 꿈을 담은 5년 후 꿈 선언문을 기록하라.

   "2005년에 일리노이 크레딧 유니온 리그는 ... [이미 이루어진 것처럼 이상적 이미지를 표현]이 된다."

3) 다음의 조건을 갖추어 선언문을 작성하라.

   • 소망을 표현할 것. 당신이 진정 원하는 바를 반영하는가? 당신은 그것이 이루어지기를 원하는가?

   • 대담하고 도발적일 것. 다른 사람들에게 매력을 줄 만한 아이디어인가?

   • 긍정적일 것. 지금 이루어지고 있는 것처럼 작성되었는가?

   • 현실에 기초할 것. 당신의 꿈을 실제적 가능성으로 보여주는 사례가 있는가?

첫째, 우리는 공개적으로 발표할 꿈 선언문 작성에 대한 '성과 압력'이 종종 꿈에 대한 좋은 대화를 억압한다는 것을 발견했다. 사람들은 시간을 들여 서로의 꿈을 나누고, 토론하며, 깊게 탐구하기 전에 선언문을 어떻게 만들어낼 것인지에 먼저 신경을 쓰게 된다. 이렇게 되면 꿈꾸기 프로세스의 위력과 풍성함이 줄어든다.

둘째, 1단계에서 2단계로 접어들 때, 사람들은 대개 짧은 휴식 시간을 가진다. 그저 잠깐 멈추고 테이블에 앉은 채로 기지개만 펴더라도 그들은 생각을 통합하고 새로운 시각으로 선언문 작성에 착수할 수 있다. 아래의 내용은 꿈 선언문 작성을 위한 '활동 개요'를 보여준다.

3단계: 창조적 발표의 준비와 실행

꿈 선언문이 작성되면, 사람들은 꿈을 창조적으로 발표할 준비를 한다. 마빈 와이즈보드와 샌드라 자노프[4]는 이러한 창조적 발표가 그룹이 희망과 꿈을 스스로의 몸과 마음에 단단히 심어두기 위해 중요한 역할을 한다고 강조했는데, 우리는 이에 동의한다. 여기에는 최소한 3가지 이유가 있다.

첫째, 발표를 하기 위해서 사람들은 자신의 꿈을 행동으로 나타내야 한다. 이것은 사람들로 하여금 꿈을 실현하는 것이 실제로 의미하는 바를 구체적이고, 직접적이며, 일상적인 수준에서 생각하게 만들기 때문에 그 꿈에 현실적인 기초를 부여한다.

둘째, 발표는 상상력을 자극하고, 폴락이 말한 바와 같이 미래 이미지가 호소력을 얻는 데 필요한 창조적, 예술적, 상상적 차원을 제공해준다. 창조적 발표를 통해 사람들은 꿈을 '보고', 꿈과 감정적 교류를 나눈다.

마지막으로, 발표에는 필수적으로 건강한 유머가 수반되며, 이는 사람들 사이의 유대를 만들어내고 그룹에 새로운 차원의 긍정적 영향을 미친다. 농담이 터지고, 애드립이 난무하며, 예상치 못한 즐거움과 기분 좋은 놀라움이 이어진다. 사람들이 에이아이 서밋에 대해 가장 애착을 느끼는 경험은 바로 이러한 꿈 발표 시간이라는 것이 오랫동안 검증되어 온 사실이다. 핵심적 긍정요소나 다른 그룹의 꿈 선언문의 정확한 문구는 기억나지 않더라도 창조적 발표의 하이라이트 장면들은 기억날 것이다.

지난 수년 동안, 사람들(경영진, 서밋 기획팀원 등)이 우리에게 그들 조직은 창조적 발표를 '하지 않는다.'고 말한 적이 여러 번 있었다. 그들은 자신들의 문화가 너무 남성적이라거나, 경영진들이 '프로세스'를 싫어한다거나, 사람들이 마음을 열 수 있을 정도로 조직에 대한 신뢰가 있는 편이 아니며, 조직문화가 그 정도로 약하다고 주장한다. 우리는 그런 말을 믿지 않으며, 그럴 때마다 3가지 방식으로 답한다.

첫째, 창조적 발표를 하는 방법은 여러 가지가 있다. 촌극이나 노래처럼 꼭 사교적인 방법일 필요는 없다. 그림이나 새로운 보고서도 될 수 있고, 채용 인터뷰, 새로운 프로세스 흐름도, 그 밖에 소그룹이 결정하는 어떤 형태도 좋다. 그 누구도 싫어하는 일을 할 필요는 없다.

둘째, 둘째 날 오후쯤이 되면, 그들이 서밋 첫날 도착할 때와는 전혀 다른 관계와 분위기가 조성된다. 모든 테이블에 걸쳐 서로 동등하게 이야기를 나누고, 휴식시간을 이용해 인사하며, 서로의 최고의 모습을 인정하고, 공통의 미래를 꿈꾸는 과정에서 사람들은 전혀 새로운 차원의 신뢰와 관계를 맺기 때문에 정력적으로 창조적 발표를 함께 수행할 수 있다.

마지막으로, 우리는 일단 서밋에 몰입한 후에도 창조적 발표를 싫어하는 사람들을 아직까지 만나본 적이 없다. 사실 창조적 발표를 준비하고 발표하는 것이야말로 서밋 도중이나 이후에도 사람들에게 가장 인상 깊은 순간이 된다는 것은 의심의 여지가 없다. 이는 현장직원이나 경영진이나 동일하게 느끼는 사실이다.

창조적 발표에 관해 마지막으로 고려해야 할 사항은 얼마나 많은 수의 발표를 할 것인가이다. 확실히 30~40번이나 되는 발표는 한 자리에 앉아서 다 지켜보기에는 너무 많다.

8~10회가 넘어가면 수확체감의 법칙이 작용하기 시작함을 느낀다. 그동안의 발표에서 너무나 많이 웃고 감정적 에너지도 너무 많이 소모했기 때문에 그 이후에는 에너지가 약해지기 시작한다. 그러나 15~20개의 테이블 그룹 모두가 발표하기를 원하고, 그때마다 잘 진행된 경우도 몇 번 있었다. 우리는 다음과 같은 방법을 실험해보았다.

- 회의실을 3개로 나누어 각각 10그룹씩 동시에 발표한다.
- 10개의 그룹이 발표를 자원하고 나머지 그룹은 자신의 꿈을 그린다.
- 오전에 절반 그룹이, 오후에 나머지 절반 그룹이 발표한다.
- 2개 이상의 테이블을 합하여 발표한다.
- 발표 시간을 3분으로 제한한다.

이 모든 방법에는 장단점이 있으며, 각자 선호하는 방식도 모두 다르다. 그러므로 당신도 계속 실험해보길 바란다. 그러나 우리는 창조적 발표를 진행할 것을 강력히 권고한다. 그것은 꿈을 현실로 만드는 강력한 매개체이다. 다음은 창조적 발표를 준비하는 '활동 개요'이다.

창조적 꿈 발표

당신 그룹의 집단적 꿈을 이미 실현되고 있는 것처럼 발표할 창조적 방법을 선택하라.

예) TV 특별프로그램, 잡지 커버 스토리, 촌극, 드라마, '일상의 하루', 예술 작품 등

발표시간: 5~7분

4단계: 꿈의 강화

창조적 발표가 끝나면, 제시된 미래 이미지에 대해 전체 조직 차원의 검토가 이루어진다. 이 활동의 목적은 그룹이 미래를 이끄는 공통의 이미지에 대해 흥미를 얻는 것이다. 이 활동을 이미지 이론 및 에이아이의 기초 철학과 다시 연관 짓는 것이 중요하다. 여기서 핵심은 합의를 도출하는 것이 아니다. 모든 사람이 공통된 미래 이미지에 동의해야 한다고 주장하려는 것도 아니다. 핵심은 사람들이 자신에게 가장 영감을 주는 이미지, 즉 조직의 미래에 관한 가장 매력적인 이미지에 관해 대화를 나누도록 하는 것이다.

이때 더불어 해야 할 일은 미래 이미지를 다듬는 것이다. 창조적 발표가 끝난 다음에는 대개 너무나 많은 이미지들이 소용돌이치기 때문에 사람들은 잠시 숨을 돌리며 이미지들을 검토하여 그 순간의 희열로부터 자신의 가장 심오한 열망을 정리해 내야 할 필요가 있다. 이것은 사람들로 하여금 자신이 진정으로 원하는 바와, 디자인하기 및 실현하기 단계에서 진정으로 전력을 다해 수행하고자 하는 바를 정리하는 시간이기에 매우 중요한 과정이 된다. 이 단계를 대충 지나가면 사람들은 허전함을 느끼고, 계속 진행하고자 하는 의욕이 반감되는 결과가 발생한다.

우리는 언제나 단순하고, 신속하며, 직접적인 방식을 사용한다. 우리는 소그룹별로 2개의 플립차트를 만들어줄 것을 요청한다. 한쪽에는 조직의 가장 유망한 미래라고 생각되는 이미지를 담고, 다른 하나에는 에이아이 4D 사이클의 디자인하기 단계에서 우리가 조직할 방법에 대해 상기 이미지가 의미하는 것이 무엇인지에 관한 생각을 담는다. 이 작업이 끝나면 우리는 그들에게 그룹 토론에서 도출된 아이디어를 전체 그룹 앞에 공유하도록 부탁한다. 그런 다음 2개의 제목으로 구분된 벽에 각 그룹이 플립차트를 게시한 후, 다음 날 서밋에 오자마자 그 표를 살펴보고 검토하라고 안내하며 마무리한다. 꿈꾸기 워크시트 전체를 보려면 부록 '활동 4, 5, 6'을 참조하기 바란다.

기회 지도 작성[5]

앞서 언급했듯이 '기회 지도'의 목적은 그룹이 도달하고자 하는 가장 중요한 기회를 파악함으로써 미래에 대한 긍정적 이미지를 구축할 수 있게 하는 것이다. 이 작업은 그룹 대다수의 사람들이 전략적 차원의 업무보다는 현장 실무를 담당하는 경우에 더욱 효과적이다. 예를 들어, 존 디어 사례에서 서밋에 참가한 대다수는 조립공정의 특정 위치에서 근무하는 사람들이었다. 그들은 동료를 배려하고 자신들이 생산하는 상품을 대단히 아끼는 사람들이었지만, 헤더사업부 전체의 미래를 꿈꾸는 활동에서는 활기가 훨씬 떨어졌다. 그들은 기회 지도의 현실적 측면을 좋아했다.

기회 지도를 작성하기 위해 우리는 첫째 날의 인터뷰와 연관을 지으면서 시작한다. 꿈과 '3가지 소원' 질문은 기회 지도를 위한 아이디어와 이미지를 제공해준다. 예를 들면, 존 디어 사례에서는 인터뷰 가이드에 다음의 질문이 포함되어 있었다.

질문3: (미래 이미지) 오늘밤 당신은 깊은 잠에 빠져들었는데, 3년 후에 깨어나 보니 헤더 제조 사업부의 상황이 엄청나게 달라져있다. 회사는 시장의 주도권을 확대시켜 왔다. 그리고 회사 전체에 당신이 속한 공장이 거둔 극적인 성공에 대한 이야기가 퍼져 있다. 패스트 컴퍼니 매거진의 한 기사는 (직원들의 자부심과 참여를 함께 언급하며) 헤더사업부가 어떻게 극적인 비용절감과 품질향상, 그리고 제품생산주기 단축을 이루어냈는지 설명하고 있다. 회사 곳곳에서 혁신이 일어나고, 프로세스는 점점 더 민첩해지며, 고객 서비스와 직원 만족도는 비할 데 없는 수준을 자랑하고 있다. 고객들은 존 디어 제품만 요구하고 다른 회사 제품은 절대 사려 하지 않는다. 직원들은 존중받고 권한을 누리며, 그들의 일에 자부심이 가득하다. 그들은 다른 회사에서 일한다는 생각은 안중에도 없다!
무슨 일이 있었기에 이런 성공이 가능했을까?
당신은 이런 성공에 어떤 역할을 담당했는가?

질문4: 헤더사업부가 미래의 성공을 성취하고 유지하기 위해 당신이 가진 3가지 소원을 우선순위별로 말해보라.

1단계: 핵심 기회를 브레인스토밍하라

꿈에 대한 대답과 3가지 소원 질문을 염두에 두고, 우리는 사람들에게 그들의 서밋 주제를 발전시키기 위해 기회 목록을 브레인스토밍하고 거기에 우선순위를 매기도록 한다. (존 디어 워크시트 참조)

헤더 제조 사업부의 미래

발굴하기에서 꿈꾸기로: 성공을 위한 기회 지도 작성

자기관리 사항: 토론 리더, 시간관리 담당자, 기록 담당자, 보고자를 선정한다.

목적: 당신이 원하는 미래, 즉 뛰어난 스피드, 품질, 비용 경쟁력 확보를 위해 경영진에서 말단사원까지 철저히 헌신하는 헤더 사업부를 구축하기 시작한다.

1) 첫째 날 오전에 행한 인터뷰에서 당신이 말한 소원과 꿈을 공유하라. (질문 3, 4) 품질 향상, 비용 절감, 제품 생산주기 개선에 주된 영향을 미칠 변화나 개선에 관한 아이디어 혹은 생각이 있다면 추가로 말해보라.

2) 헤더사업부의 품질 향상, 비용 절감, 제품 생산주기 개선을 위한 기회 목록을 브레인스토밍하라.

3) 그룹별로 비용, 품질, 생산주기에 가장 큰 영향을 미칠 것이라고 모두가 생각하는 기회를 3~5가지 선택하고 플립차트에 기록하라.

2단계: 기회 지도 작성

소그룹이 기회에 우선순위를 부여하면, 전체 그룹을 커다란 흰색 종이가 부착된 한쪽 벽에 가까이 오게 한다. 그룹 규모가 30~60명 정도로 작다면 종이 규격은 1.8m×1.8m 정도면 충분하다. 60~150명 규모일 경우 1.8m×3.6m의 종이가 좋다. 150명 이상일 경우에는 여러 장의 지도를 그리는 편이 낫다.

종이 한 가운데에는 서밋의 주제나 '성공을 지속시키기' 또는 '핵심 기회' 등의 글씨가 들어있는 원이 그려져 있다. 퍼실리테이터는 참가자들에게 향후 3~5년 동안 전략적으로 가장 중요한 기회들을 말해보라고 요청한다. 그들이 하나씩 말할 때마다 퍼실리테이터는 중앙원으로부터 선을 하나 그어 그 위에 발표하는 기회를 기록한다. 기회가 추가로 언급될 때마다 퍼실리테이터는 이렇게 질문한다. "그것은 새로운 기회입니까? 아니면 이미 지도에 있는 것과 관련된 것입니까?" 새로운 것이라면, 중앙부에서 선을 새로 그어 그 위에 기회를 써넣는다. 이미 지도에 포함된 것과 관련 있는 내용이라면, 기존의 선에 추가로 선을 연결하여 거기에 적는다.

약 45분 정도가 지나 모든 핵심 기회를 열거하고 나면 그 프로세스는 자연스럽게 끝난다. 마지막으로 각 참가자에게 7개의 소형 색깔 스티커가 주어지고 조직의 지속적인 성공에 가장 중요한 영향을 미친다고 생각하는 기회에 표시를 하라고 요청한다. (아래 예시 참조)

지도 작성이 유익한 것은, 모든 사람들이 즉시 벽 앞에서 대화를 나눌 수 있으면서도 각자의 생각을 체계적으로 표현하고, 그룹 전체의 맥락에서 우선순위를 부여할 수 있기 때문이다. 그것은 그룹의 다양한 활동과 생각을 기회라는 공통집합으로 집중할 수 있는 효과적인 방법이다. 지도 작성의 틀 자체가 문제점이 아니라 기회를 탐색한다는 긍정적인 방법이므로, 그룹은 미래에 대한 에너지와 낙관적 관점을 얻을 수 있다. 스티커를 사용한 투표 방식은 사람들이 전체 그룹의 열기와 관심을 볼 수 있다는 점에서 유용하다.

사람들이 이리저리 돌아다니고 때로는 서로 이야기를 나누는 모습이 어떤 사람들에게는 무질서하게 보일지 모르지만, 그룹은 스스로 규제하며 질서를 지킨다. 어떨 때는 몇 가지 대화가 동시에 일어난다. 그러다 때로는 그룹이 멈추고 한 사람의 말을 경청한 후에 반응한다.

3단계: 기회 지도에서 대담한 꿈으로

휴식 시간 후에, 전체 그룹은 기회 지도 앞에 다시 모여 그들의 작업을 새롭게 바라보며 그 중에서 가장 중요한 기회를 파악해낸다. 파악이 끝나면 소그룹 각자가 이 중 몇 가지를 선택한 다음, 창조적 꿈꾸기와 유사한 프로세스를 진행한다. (아래 존 디어 워크시트 참조)

헤더사업부의 미래

이상적 미래 시나리오: 우리가 원하는 미래를 꿈꾸기

자기관리 사항: 토론 리더, 시간관리 담당자, 기록 담당자, 보고자를 선정한다.

목적: 당신이 추구하고자 하는 미래, 즉 뛰어난 스피드, 품질, 비용 경쟁력 확보를 위해 경영진에서 말단사원까지 철저히 헌신하는 헤더 사업부의 모습을 상상하고 정의한다.

1) 3년 후 미래를 생각하라. 당신이 선택한 기회 영역의 관점에서, 진정으로 원하는 헤더 사업부의 모습을 상상하라.
   - 무슨 일이 일어났는가?
   - 어떻게 그런 일이 일어났는가? 결정적 기여 요소는 무엇인가?
   - 이 비전을 지원하는 일들은 무엇인가? (리더십, 구조, 훈련, 절차 등)
   - 이 비전에 흥미를 느끼는 이유는 무엇인가?
   - 이 비전은 어떻게 스피드, 품질, 가격 경쟁력을 극대화하는가?
2) 이 꿈을 꿈 선언문으로 포착하라. 플립차트 종이에 기록하라. (아래 BP 프로케어 사례를 참조하라.)
   - 생생한 언어로 표현하라.
   - 긍정적으로 표현하라.
   - 대담하고 도발적으로 표현하라. 다른 사람이 매력을 느낄 수 있을 정도로 표현을 극대화하라.
3) 당신의 비전을 현재 이루어진 것처럼 5분 내로 발표할 수 있는 창조적 방법을 선택하라.
   그룹 구성원 중 가능한 한 많은 사람을 발표에 참여시켜라.
   예: TV 뉴스보도, 촌극, 채용 인터뷰, 노래 또는 시, '일상의 하루' 등.

꿈 선언문 사례

기회 영역 1: 학습 및 개발

우리는 학습 조직이다. 우리는 스스로 안전지대를 탈피하여, 새롭게 사고하고, 우리가 열망하는 조직을 창조하기 위해 역량을 확대한다. 우리는 모든 구성원들을 위한 교육과 개발에 지속적으로 매진한다. 이는 동료 및 다른 조직 사람들과의 상호작용 등을 통한 유무형의 교육, 훈련과 현장 학습을 포함한다. 우리는 회사의 성공에 결정적 영향을 미치는 4가지 핵심역량, 즉 품질 및 고객서비스, 협력과 그룹 프로세스, 기업경영, 그리고 자동차 수리 기술에 특별히 주의를 기울인다.

기회 영역 2: 지속적 개선

우리는 조직의 모든 영역에서 지속적 개선을 추진한다. 이를 위해 모든 구성원은 업무 개선방안을 끊임없이 모색하며, 정기적 팀 회의를 통해 성과를 평가하고, 조정하며, 새로운 목표를 수립하고, 새로운 업무방식을 추구한다. 또한 수익성 향상 기회를 탐색하고, 자원을 확보하며, 고위험 고성장 행동에 과감히 관여함으로써 조직의 탁월성을 새로운 수준으로 드높인다.

4단계: 꿈의 보완

여기에서 창조적 꿈꾸기와 기회 지도 작성 사이의 중요한 차이점을 강조하고자 한다. 창조적 꿈꾸기 프로세스에서 소그룹별로 꿈 선언문을 작성할 때 그 선언문은 문자 그대로 벽에 걸러졌다. 그것은 나중에 디자인하기와 실현하기 단계에서 진행될 작업의 배경이 되지만, 그것을 다듬거나, 투표하거나, 따로 승인할 필요는 전혀 없다.

반면, 소그룹이 기회 지도 작성 프로세스에서 발표하는 꿈 선언문은, 디자인하기와 실현하기 작업으로 넘어가면서 (기회를 중심으로 한) 소그룹이 실제로 사용할 비전 선언문이 된다. 그러므로 다른 팀이 꿈 선언문에 의견을 추가할 수 있도록 하는 것이 매우 중요하다. 이를 위해 우리는 각 그룹의 선언문을 미술 전시회처럼 회의장을 빙 둘러싼 형태로 전시한다. 참가자들은 회의장을 돌아가며 선언문 아래에 부착된 빈 플립차트 종이에 자신이 언급하고자 하는 사항을 써넣을 수 있다.

이 '전시회 관람' 활동의 목적은 조직 구성원 각자가 전략적 꿈 선언문 모두에 추가사항을 더할 수 있도록 하기 위함이다. 이 프로세스는 대단히 중요하다. 꿈 선언문을 작성하고, 발표하며, 모든 사람이 거기에 추가사항을 기입하는 과정을 통해 조직은 모든 사람들의 목소리를 반영하면서도 관점과 에너지를 구체적 방향으로 집중할 수 있다.

합의형 비전 수립

합의에 의한 비전 수립의 목적은 전체 조직이 공통의 비전 선언문에 대한 합의를 도출하는 것이다. 여기에는 여러 가지 방법이 있다. 그 중 하나는 꿈 선언문을 작성하고 제정한 후 이에 대한 투표를 실시하는 것이다. 모든 사람이 1표씩 행사한 후, 가장 많이 득표한 선언문을 채택한다. 투표를 몇 차례에 걸쳐 나눠 진행할 수도 있다. 1차 투표에서 최다 득표를 한 선언문들(예를 들어 최상위 5개)을 대상으로 2차 투표를 진행하여 최종안을 채택한다. 그러나 우리는 될 수 있으면 투표 방식을 피하고자 한다. 그것은 간단하긴 하지만 다른 방법에 비해 환원주의적이며 덜 생산적이다. 대화의 여지가 거의 없으므로 다양한 꿈 선언문들 사이의 융합이나 완전히 새로운 형태의 혁신이 나타날 가능성이 별로 없다. 게다가 어떤 선언문이 가장 많은 득표수를 기록했다고 해서 그것이 회의장 대다수가 공감한다거나 하물며 지지한다고 볼 수도 없는 것이다.

두 번째 방법은 하위그룹을 지명하여 저녁 시간에 공통의 비전을 수립하도록 한 후, 다음날 오전에 그것을 발표하도록 하는 것이다. 이 그룹은 각 소그룹의 대표들로 구성될 수 있다. 참가자들 모두에게 회의장을 돌아다니며 각 선언문에 자신이 좋아하는 부분을 강조하거나 추가 사항을 기입하는 기회를 부여한다. 이 추가사항은 하위그룹에게 전달되어, 그들이 만들어낸 비전 선언문이 그룹의 정서를 가장 잘 반영할 수 있도록 한다. 세 번째로는 하위그룹이 셋째 날 오전에 비전 선언문을 작성하도록 하고 다른 사람들은 디자인하기 활동을 진행하는 방법이 있다.

꿈꾸기 단계의 선택적 활동

이 장에서 우리는 지금까지 꿈꾸기 프로세스에 그룹을 참여시키는 가장 바람직하다고 생각되는 방법들을 설명했다. 그러나 똑같이 훌륭한 대안들도 있다.

사진, 그림, 은유

CRWRC 사례에서 우리는 조직들로 하여금 그들의 미래 이미지를 은유적인 방식으로 그리거나 묘사하도록 했다. 온두라스에서 온 어떤 그룹은 조직의 이상적 모습을 온갖 종류의 영양소를 운반한 채 지역 전체에 생명과 활기를 불어넣으면서 굽이치는 강물로 표현했다. 서아프리카에서는 참가자들이 그들의 조직을 아프리카의 문화와 전통이라는 토양에 깊이 뿌리내린 과일나무들로 묘사했다. 그들은 서아프리카라는 독특한 문화적 배경속에서 그들의 조직을 건강하게 발전시켜줄 '물, 비료, 태양'으로서 8가지 필수역량을 파악해냈다. 그것은 섬김의 리더십, 참여경영, 조직개발, 자원개발, 지역사회 권한부여, 기술적 전문성, 네트워킹과 파트너십, 그리고 정신적 회복력이었다.

메인 주 키터리에 소재한 밥스 클램 헛의 조직개발 컨설턴트 겸 OD/HR 관리자 에일린 콘론은 훌륭한 은유의 또 다른 사례를 보여준다[6]. 그녀는 직원들이 미래에 더욱 강화하기 원하는 '밥스 클램 헛의 최고'의 자질을 시각적 이미지로 보여주는 '가계도'를 만들도록 했다. 그녀는 커다란 나무가 그려진 천을 벽에 걸었고, 직원들은 거기에다 밥스 클램 헛의 긍정적 미래의 핵심 요소를 상징하는 잎을 붙여나갔다. 그 중 한명은 그 나무의 그림을 그려 액자로 만든 후 식당에 걸어놓고 고객들이 클램헛이 지향하는 목표를 볼 수 있도록 했다. 나뭇잎들은 직원들이 일일 '즉석' 회의에서 그들에게 중요한 것이 무엇인지를 상기시키는 역할도 했다.

도움을 활용한 이미지 연습[7]

시간이 제한된 환경에서 사용할 수 있는 한 가지 프로세스로서 도움을 활용한 이미지 연습이 있다. 퍼실리테이터나 그룹 중의 자원자가 다음의 안내문이나 직접 작성한 내용을 읽는다. 문장이 끝날 때마다 잠시 멈추어 사람들이 상상할 수 있는 시간을 준다.

> "편안한 상태로, 원한다면 눈을 감은 채, 우리가 선택했던 인터뷰 주제 하나를 떠올려본다. 그 주제가 일상과 업무에서 완전히 실현되었다고 상상해보라. 다시 업무를 시작한 첫날, 당신은 그 주제가 넘치도록 실현된 직장의 모습을 기대하며 흥분한다. 직장을 한바퀴 둘러본다. 하루 동안 사람들을 만나는 과정에서 생명력과 에너지를 주는 요소로는 어떤 것이 떠오르는가? 어떤 기분이 드는가? 사람들이 일하는 모습에서 달라진 점은 무엇인가? 일과가 끝나고 퇴근할 때가 되었을 때, 삶이 어떻게 바뀌었는가? 가족들과 어떤 대화를 나누는가? 직장에서 일어난 변화에 대해 어떤 말을 가족에게 하는가? 일과 삶에서 일어난 그토록 건강하고 의미 있는 변화에 일조했음을 자축하라. 눈을 뜨고 회의장의 현실로 돌아오라. 서두를 필요 없이 각자의 페이스대로 하라. 준비가 되면, 당신의 경험을 몇 마디로 표현해보라."

개인적 메시지와 그림이 담긴 드림북

같은 조직 혹은 공동체에서 서밋을 여러 번 진행한 경우가 몇 번 있었다. 종교 연합 운동은 글로벌 서밋을 한 차례 수행하는 대신, 세계 6개 지역별로 서밋을 나누어 실시하기로 결정했다. 첫 번째 서밋은 5일간에 걸쳐 북미에서 진행되었다. 서밋을 디자인하는 단계에서 우리가 고려했던 한 가지 사항은 어떻게 그 6번의 서밋들 사이에 연속성과 연결을 이루어낼 것인가 하는 문제였다. 모든 지역에 걸쳐 사람들을 참가하도록 하는 것과 함께, 우리는 모든 서밋을 돌아다니며 적용될 꿈꾸기 활동을 한 가지 창안해냈다.

우리는 드림북을 만들었다. 첫 번째 서밋에서 각 소그룹은 커다란 미술용 도화지를 지급받아 그들의 꿈을 그렸다. 그리고 그 뒷면에 세계 다른 지역의 참가자들에게 보내는 희망의 메시지를 써줄 것을 모든 그룹원에게 부탁했다. 다음으로 모든 종이를 한권으로 편집한 후 뉴질랜드의 한 예술가가 조각한 멋진 목재 표지로 제본하여 종교 연합 운동에 선사했다. 후속 서밋을 위한 충분한 여백이 포함된 그 책은 한 달 후 아프리카 지역 서밋에 참가하는 북미 대표단이 직접 들고 갔다. 이 프로세스는 계속되어 결국 그 책은 6개 지역 서밋 참가자들이 작성한 꿈들로 가득 찼다.

꿈의 형식화

에이아이 서밋 꿈꾸기 단계는 풍부한 상상력이 필요한 프로세스이다. 이 단계에서 사람들은 자신의 가장 높은 열망의 차원으로 올라서게 되며, 그것은 어떤 일이 가능한지에 대한 흥분을 불러일으킨다. 다음으로 수행할 디자인하기는 꿈을 조직의 시스템, 구조, 관행 속에 내재시킴으로써 꿈에 형식을 부여하는 단계이다. 이것은 사람들의 가장 높은 열망을 필요로 하며, 그 열망을 실현하는 시작점이 된다.

9장 _ 디자인하기

운영담당 부사장은 인력의 약 10퍼센트에 해당하는 60명의 직원들 앞에 서서 자부심에 가득 찬 연설을 시작했다. "우리는 과감한 목표를 달성해 냈습니다. 금번 사사분기에는 탁월한 업무 프로세스를 통해 '25센트 도전'에 성공하여 생산비용을 450그램 당 25센트만큼 낮췄습니다. 우리는 지난 10년 동안 생산비용 절감 노력을 기울여왔습니다. 올해는 그 목표를 성취하는 첫 해가 되었습니다. 그것은 여러분 모두의 노력으로 이루어진 결실입니다!"

이것은 버몬트 주 워터베리의 그린 마운틴 커피 로스터스 본사에서 개최된 총 3회 중 두 번째 에이아이 서밋에서 있었던 연설 내용이다. 이 프로세스는 6개월 전 에이아이 컨설턴트 일레인 와서맨[1]의 주도로 시작되었다. 당시 회장 겸 CEO 밥 스틸러는 '탁월한 업무 프로세스를 통한 수익성 강화'를 위해 에이아이를 착수하려는 열망을 표명했다. 그것은 에이아이의 목적을 더할 나위 없이 뚜렷하게 나타낸 과제였다.

첫 번째 단계는 전 부서를 망라하여 '드림팀'이라 불리는 기획팀을 구성하는 것이었다. 그들은 다양한 직위에 걸쳐 60명의 공식 및 비공식 리더들을 선발한 후 그들로 하여금 모든 조직 구성원과 광범위한 이해관계자들을 인터뷰하게 하였다. 서밋에서 그 60명의 리더들은 인터뷰를 통해 수집한 스토리를 분석하고, 서로를 인터뷰하며 다음과 같이 꿈꿨다. "이 모든 스토리가 '매일, 일상적으로' 구현된다고 상상하면, 우리의 프로세스는 어떤 모습이 될까?"

그들은 디자인 단계에 착수하여, 성공의 핵심요소라고 생각되는 5가지 핵심 업무 프로세스를 파악했다.

- 판매시장: 매일 고객에게 놀라움을 안겨주어라.
- 지불구매: 더 좋은 상품을 더욱 빠르고 싸게
- 상품 및 홍보: 뛰어난 프로세스 관리
- 현금주문: 맞춤형 고객관리
- 생산계획: 실행 탁월성

그들은 자신들의 꿈을 실현하기 위한 완벽한 디자인을 수행한다면 각각의 프로세스가 어떤 모습이 될지에 관하여 도발적 제안을 작성했다. 그들은 프로세스 지도를 작성하여 이상적 디자인을 생생한 그림으로 표현했다. 그런 다음 60명의 참가자들은 이곳저곳을 돌아다니며 질문을 던지고 정보를 제공하면서 디자인을 통합했다. 서밋의 마지막 날(실현하기 단계), 각 팀은 그들의 디자인을 적용할 실행계획을 수립했다.

3개월 후, 운영부사장 밥 스틸러를 비롯한 많은 사람들은 격년별로 개최하는 전사회의, 리더십 회의, 프로세스 팀 회의, 세일즈 회의, 채용 과정, 신입사원 오리엔테이션, 그리고 인사고과 과정에 에이아이를 기초로 삼기 시작했다.

디자인 단계와 총괄 의제 개관

그린 마운틴 커피 로스터스 사례가 보여주듯이, 에이아이 서밋의 디자인하기 단계는 여러 면에서 집을 짓는 일과 유사하다. 우선, 자신의 과거 집을 포함하여 다른 집들이 가진 가장 좋은 특징들을 살핀다. 다음으로는 가장 좋은 위치, 규모, 디자인, 배치도가 어떤 것일지를 꿈꾼다. 그리고 나서 건축가와 함께 디자인 작업을 시작한다.

에이아이 서밋의 디자인하기 단계는 조직의 '사회적 구조'를 만들어내는 과정이며, 그 방식은 핵심적 긍정요소를 바탕으로 조직의 꿈을 성취하는 방법을 찾아내는 것이다. 사회적 구조라는 말은 조직 시스템, 구조, 전략, 프로세스, 절차, 직무 기술서, 업무 흐름도, 과업 할당, 전략적 동맹, 선호하는 관행 등을 의미한다. 한 마디로 조직의 정체성, 문화, 가치 및 잠재력을 정의하는 현재 진행 중인 모든 노력과 방법을 말하는 것이다. 활기찬 사회 구조는 사람들이 건강하게 높은 성과를 낼 수 있도록 만드는 환경을 조성한다.

이 장에서 우리는 에이아이 서밋의 셋째 날, 디자인하기 프로세스를 보여준다. 구체적 내용은 다음과 같다.

- 디자인의 개념과 에이아이 서밋에서 디자인이 차지하는 중요성
- 시작하기
- 디자인 가능성 지도 작성
- 조직에 큰 영향을 미치는 디자인 요소 선정
- 도발적 제안 작성

- 도발적 제안의 강화

마지막으로는 에이아이 서밋 이후에 디자인 활동을 어떻게 지속하는지에 관해 간단히 언급한다. 도해 9.1은 디자인하기 단계의 전형적인 진행 사례를 보여준다.

도해 9.1 디자인하기 단계의 진행 사례

시 간	활 동
오전	핵심 과제: 전날에 작업했던 꿈꾸기 내용 검토, 가치 중심 조직 설계의 중요성 이해, 고성과형 설계 가능성 파악, 영향력이 높은 설계 요소 선정, 도발적 제안 작성
8:30-9:00	비공식 '시작' 기간에 참가자들은 총회 장소를 둘러보며 전날 작업했던 꿈 선언문과 이미지를 다시 살펴본다.
9:00-9:15	당일 집중할 사항과 의제 검토
9:15-9:30	조직 설계를 어떻게 재창조하여 조직의 가치와 꿈에 생동감을 부여할지를 짧게 언급
9:30-11:00	소그룹별로 맞춤형 디자인 가능성 지도를 작성하고, 전체 그룹은 '투표' (휴식 시간 포함)
11:00-11:30	도발적 제안 작성 준비
11:30-12:30	소그룹별로 도발적 제안 초안 작성
12:30-1:30	중식
오후	핵심 과제: 도발적 제안에 대한 강화, 통합 및 헌신 작업
1:30-2:15	소그룹별로 전체 그룹 앞에서 도발적 제안 초안 발표
2:15-3:30	전체 그룹이 도발적 제안에 대해 강화, 통합 및 헌신 작업 (휴식 시간 포함)
3:30-4:00	소그룹별로 도발적 제안 최종안 작성
4:00-4:45	소그룹별로 전체 그룹 앞에서 도발적 제안 최종안 발표, 전체 그룹은 긍정적 피드백 제시
4:45-5:00	다음날 내용 검토 및 일과 요약

설계의 개념과 디자인하기 단계의 중요성

윈스턴 처칠은 "처음에는 우리가 구조를 만들지만, 나중에는 구조가 우리를 만든다."라는 말을 했다고 한다. 우리는 이 말이 조직에 그대로 적용된다고 믿는다. 사실상 모든 조직 생활이 과거에 선택된 설계의 영향을 받는다. 당신이 사무실에서 보내는 시간, 업무 강도, 상대하는 사람, 협력의 긴밀성 정도, 혁신의 자유, 발전과 성장 가능성, 업무 성취감, 당신이 속한 그룹과 더 큰 조직의 업무 성과와 같은 모든 요소는 조직이 사회적 구조를 설계한 방식과 직결된다.

조직의 사회적 구조를 설계하는 것은 대규모 변화를 지속시키는 핵심 요소이기도 하다. 우리는 개인 차원의 열정적 행동이 조직의 변화에 핵심적 기초라는 사실을 굳게 믿고 있지만, 그와 함께 조직의 변혁은 개인적 혁신의 총합을 훨씬 뛰어넘는 것이라는 사실 역시 확신한다. 조직의 변혁은 조직의 구조 자체가 변해야 가능한 일이다. 사실 우리가 에이아이 작업을 처음 실시한 이후 3년, 5년, 심지어 10년이 지난 후에 고객사를 다시 방문할 때마다, 그들은 지속적인 성공을 이룰 수 있었던 가장 중요한 요소가 바로 조직 사회 구조의 근본적으로 변화라고 파악하고 있었다.

그렇지만 역시 조직 설계와 사람과의 관계는 마치 물과 물고기의 관계와도 같아 보인다. 조직 설계는 사람들의 성과와 행복에 지대한 영향을 미치지만, 사람들은 그것을 변화시키는 것은 고사하고 제대로 관심을 기울이지도 않는다. 그러나 에이아이 서밋에서는 상황이 정반대이다. 우리는 조직의 사회적 구조를 이루는 모든 요소를 자유롭게 재창조하고 '재설계'할 수 있는 인간의 피조물로 바라본다. 우리는 사회적 구조의 변화가 조직으로 하여금 꿈을 향해 나아가게 하는 강력한 지렛대라고 믿는다. 따라서 우리는 조직이 어떻게 그 건전성과 성과를 향상시키기 위해 스스로를 설계할 수 있을지에 관한 의식적인 대화를 조성한다. 우리는 끈질기게 다음과 같은 질문을 던진다. 어떤 형태의 조직이 사람들로부터 최선을 이끌어내고, 협력을 불러일으키며, 최고의 가치와 이상을 창조할 수 있는가?

이 질문에 대한 해답을 찾는 일은 분명히 지속적인 탐색의 과정이지만, 우리의 경험에 따르면 긍정적 조직 설계에는 다음의 4가지 핵심 요소가 존재한다.

- 가치에 기반을 두라.
- 인간의 창의성을 발현하는 설계를 구축하라.
- 전원을 참여시켜라.
- 끊임없이 다시 디자인하라.

가치 기반 조직 설계의 위력

사회학자 케네스 볼딩에 따르면 인적 공동체가 미래를 상상하는 데 시간을 들이면, '가장 높은 가치가 있는' 방향으로 움직인다고 하였다.[2] 조직은 그들의 가치와 열망을 가장 잘 실현해줄 것으로 보이는 가능성을 향해 움직인다. 따라서 디자인하기 단계의 과제는 조직 구성원들의 가치를 가장 잘 담고 있는 조직 디자인 요소에 대한 논의를 이끌어내는 것이다.

글로벌 채용 및 유지를 주제로 한 맥도널드의 서밋 사례를 살펴보자. 그들은 "어떤 형태의 조직이 우리 직원들로부터 최선을 이끌어낼 것인가?" 라는 질문에 대해 9가지 조직 설계 요소를 정했다. 그 중 하나는 그들의 매장이 위치한 지역 공동체에 대한 헌신에 관심을 두었다. 그들은 다음과 같은 제안을 도출했다. 그것은 그들의 가장 심오한 가치를 반영하고, 그들의 기업 전략, 정책, 프로그램, 그리고 절차를 분명히 보여준다.

맥도널드는 세계 최고의 사회적 책임 기업이라는 평판을 얻고 있다. 사람들은 맥도널드가 단순한 식당 이상의 존재라는 사실을 알고 있다. 맥도널드는 지역 공동체의 삶이 변혁되도록 공헌하는 조직이다. 사람들이 이곳에서 경력을 시작하고 지속하기를 원할 정도로 맥도널드는 지역사회에서 존경을 받고 있다. 맥도널드의 헌신에는 교육기관들과의 강력하고 역동적인 관계도 포함되어 있으며, 다수의 교육기관이 최고의 학생들을 맥도널드에 보내 경력 쌓기를 시작하도록 한다. 지역사회에 대한 긍정적 기여는 맥도널드 가족 전체에게 깊은 자부심과 즐거움을 제공한다.

긍정적 조직 설계 프로세스에서 이런 제안, 즉 조직이 열망하는 바에 대한 대담하면서도 실천적인 이미지는 조직의 사회적 구조를 형성하게 된다.

자유로운 조직 설계를 창출하라

비자 주식회사의 창업주 겸 명예 CEO 디 호크는 오늘날 고도로 다양하고, 복잡하며 급격히 변화하는 환경 속에서는 자기조직화에 좀 더 능하고, 혁신적이며, 자유로운 조직 형태가 필요하다고 강력히 주장했다.[3] 그는 명령과 통제로 운영되는 조직은 그 어디에서도 성공하지 못한다고 지적했다. 그런 조직은 본연의 목적을 성취할 수 없고, 조직의 그런 특성은 거기에 속한 사람들을 소외시키고 절망하게 한다. 그는 조직 디자인을 강력한 목적과 원칙에 기초를 두어, 그 목적과 원칙에 부합하고 적절하다면, 사람들이 어떤 방법, 어떤 규모, 어느 분야, 그리고 어떤 우선순위 하에서도 자유롭게 조직을 구성할 수 있게 해야 한다고 강조했다.

에이아이 서밋의 디자인하기 단계는 바로 이러한 정신으로 구성되었다. 사람들은 이를 통해 공통의 목적을 분명히 밝히고, 전체 조직이 역동적이고 자기 조직적으로 미래를 구축할 수 있을 정도로 강력한 설계 제안을 내놓을 수 있다.

전원 참여

자유를 허락하는 조직 설계는 리더들끼리만 만들어낼 수도 없고, 조직에 위압을 가할 수도 없다. 그것은 틀림없이 조직 구성원들 사이의 대화를 통해 도출되어야 한다. 자유로운 조직 설계는 처벌의 위협을 느끼며 복종해야 할 의무사항이 아니다. 공동체의 참여와 동의에 힘입어 발전할 수 있는 살아있는 약속 체계이다. 제대로만 이루어진다면 언제나 창의적인 발전 과정을 거치며 지속될 것이다. 예를 들어, 앞서 언급한 맥도널드의 제안은 비록 뚜렷하게 표현되긴 했지만, 구체적인 실행이나 방법을 명시하지 않았다. 조직 구성원들은 이를 매우 열망하고 있으며, 그것을 성취하는 무한한 방법을 찾아낼 것이다.

끊임없는 디자인 작업의 즐거움

사람들이 자신과 자신의 조직이 세상에 대해 만들어낼 수 있는 긍정적 공헌을 꿈꿀 때, 그 꿈의 실현에 완벽하게 맞아떨어지는 기존의 조직 설계는 그 어디에서도 찾을 수 없다. 모든 새로운 희망이나 열망 또는 전략적 방향은 그것을 위한 새로운 사회적 구조를 요구한다. 조직은 끊임없이 스스로를 갱신해야만 높은 성과를 유지할 수 있다. 그런 점에서 조직 설계를 명사보다는 동사(디자인하기)로 간주하는 것이 더 나을 때가 있다. 새로운 조직 형태에 대한 지속적이고 역동적인 탐구만이 조직이 새롭게 떠오르는 꿈과 열망을 향해 나아가는 가장 강력한 원동력을 제공해 줄 것이다.

시작하기

우리는 디자인 활동에 착수하기 위해, 때로 조직 설계와 사회적 구조의 개념을 소개하는 간단한 학습 시간을 가지는 것이 유용함을 발견했다. 우리는 몇몇 기존의 아이디어를 묘사하거나, 신상품 디자인, 주택 설계, 또는 나라의 헌법을 작성하는 일로 비유한다. 상품, 주택 또는 정부의 모든 측면이 어떻게 설계되었는지를 지적한다. 그것은 각자의 가치와 꿈을 반영하기 위해 의식적으로 선정되고 표현된 것이다.

디자인 가능성 지도 작성

조직 설계 개념을 설명한 다음, 우리는 디자인 가능성 지도 작성에 착수한다. 에이아이 초기에 이 단계가 되면, 우리는 사람들에게 기존의 다양한 조직 설계의 틀 중에서 선택하도록 요청했다. 선택 가능한 모델의 예로는 맥킨지 7-S 모델[4], 갤브레이스 스타 모델[5], 내들러-투시맨 일치 모델[6], 그리고 와이즈보드 6상자 모델[7] 등이 있다. 비록 이 모델들 모두가 특정 설계의 선택을 요구하지는 않는다는 점에서 권위적이지 않지만, 우리는 고객들이 그 모델들에 사용된 분류법에 곤란을 겪는다는 것을 깨달았다.

그것은 마치 억지로 껴입은 옷과 같았다. 이런 틀은 자기 스스로가 아니라 남들이 만든 것이었다.

대안을 모색하던 중, 우리는 동료 데이비드 쿠퍼라이더와 제인 왓킨스가 개발한 방법을 발견했다. 그것은 사람들이 '스스로의' 설계 요소를 창조해 낼 것을 요구했다. 이 방법에서는 사람들이 조직을 구성하는 자신만의 언어와 개념을 사용할 수 있었다. 우리는 그 모델을 수정해 오늘날 '디자인 가능성 틀'이라고 부르는 방법론에 포함시켰다. 그것은 조직의 모든 구성원들이 자신의 꿈의 성취에 가장 큰 영향을 미치리라고 생각하는 디자인 요소를 파악하고 지도로 작성하는 프로세스였다. 그 프로세스는 다음과 같은 단계로 이루어졌다.

1단계. 플립차트에 텅빈 '디자인 가능성 지도'를 그린다. 플립차트는 많이 사용할수록 좋다. 지도의 원 안에 전날 작성된 조직의 꿈을 나타내는 선언문을 기록한다. 도해 9.2에 디자인 가능성 백지 지도가 예시되어 있다.

2단계. 브레인스토밍을 통해 조직의 내외부를 막론하고 꿈이 성취된다면 영향을 주거나 받을 모든 핵심 관계를 도출하게 한다. 디자인 가능성 지도의 두 번째 원에 이를 기록한다.

3단계. 브레인스토밍을 통해 그들의 꿈을 성취하는 데 영향을 미칠 모든 공식적 조직 설계 요소를 도출한다. 디자인 가능성 지도의 바깥쪽 원에 이것을 기록한다. '공식적 조직 설계 요소'의 몇 가지 사례를 제시하는 것은 항상 도움이 된다. (표 9.1 참조)

도해 9.2 가능성 백지 지도 예시

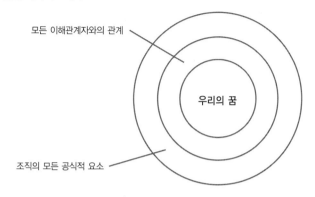

표 9.1 공식적 조직 설계 요소 예시

- 직무 기술서
- 교육, 훈련, 리더십 개발 프로세스
- 조직의 사회적 책임 관련 정책
- 핵심 조직 전략
- 보상제도
- 기획 프로세스
- 의사소통 시스템
- 의사결정 방법
- 조직, 부서, 개인별 목표
- 측정 시스템
- 성과 검토 프로세스
- 인재 채용 및 유지 전략
- 능력
- 핵심 사업 프로세스 및 업무 흐름도
- 경영 관행
- 조직의 사명, 비전, 가치 선언문
- 조직 구조
- 고객 관리 정책 및 관행
- 이해관계자 관리 정책 및 관행

이런 범주들은 단지 예시일 뿐이라는 점을 참가자들에게 주지시키는 것이 중요하다. 디자인 가능성 지도를 채울 때에는 그들이 이해하는 범주와 언어를 사용해야 한다.

도해 9.3은 BP 업스트림 테크놀로지 그룹의 디자인 가능성 지도를 보여준다. 도해 9.4는 캐나다 방송협회CBC의 지도이다. CBC 지도를 보면 공식적 조직 디자인 요소가 두 번째 원에 포함되어 있고 핵심 이해관계자와의 관계가 바깥 원에 있어 위에 언급한 내용과는 다소 변형된 형태라는 것을 알 수 있다. 두 가지 방법 모두 유효하다. 우리가 핵심 관계를 앞에 두는 이유는 (1) 우리는 관계를 조직 프로세스의 핵심이라고 믿기 때문이고, (2) 경험에 따르면 사람들은 공식적 설계 요소보다 핵심 관계를 더 빨리 파악해 낸다. 따라서 관계를 앞에 두면 활동에 더 쉽게 착수할 수 있다. 그러나 CBC 사례에서처럼 사람들이 공식 설계 요소를 먼저 진행하기 원하는 경우라면 그렇게 해도 무방하다. 부록 '활동 7'에는 디자인 가능성 프로세스의 전체 워크시트가 수록되어 있다.

영향력이 높은 조직 설계 요소 선정

디자인 가능성 지도를 작성한 후 사람들은 계속해서 자신이 작업하고자 하는, 영향력이 높은 조직 설계 요소를 선정한다. 이를 파악하기 위해서는 개인적 열정과 서밋 공동체 전체에 중요한 것이 무엇인지 사이에 균형을 잡는 것이 필수적이다. 이를 위해 우리는 2단계의 프로세스를 취한다.

우리는 먼저 모든 참가자들이 마커펜을 쥐고 다른 테이블을 3곳 방문하게 한다. 각 테이블에서 참가자들은 그들의 꿈을 실현시킬 가능성이 가

도해 9.3 BP 업스트림 테크놀로지 그룹의 디자인 가능성 지도

공식적 조직 의 선택 대상 및 요소
(우리가 변화한다면 우리의 뛰어난 순간들을
일상적인 규범으로 만드는 데 전정으로 도움이 되는 요소)

누가 어떤 정보를
가지고 있으며,
그것을 확보한
방법은 무엇인가

물리적 배치

성과목표와 정책

우선순위 설정
프로세스

UTG가 유대와
일처를 유지하기 위해
사용하는 메카니즘

핵심 관계
(UTG 내부 및 외부)
꿈의 실현을 위해 누구와 파트너를 맺을 것인가?

대화

기술 부사장

사업배경 이해와
우선순위 설정
프로세스

생산 도전 과제에
영향을 주기 위한
UTG/ELT의 꿈

외부 공급자

전문기관

UT 본사

사업부 간의 연결을
유지하는 방법

UTG

업무 파트너

UTG 리더

정부 및 규제기관

조직의 도전 갱신 및
지속적 개선 관행

인력을 움직이고,
배치하며,
훈련하는 방법

채용/유지 전략

누가 어떤
결정을 내리는가

보상 및 인정 관행

도구와 설비

그룹 형성 방식

도해 9.4 캐나다방송협회의 설계 가능성 지도

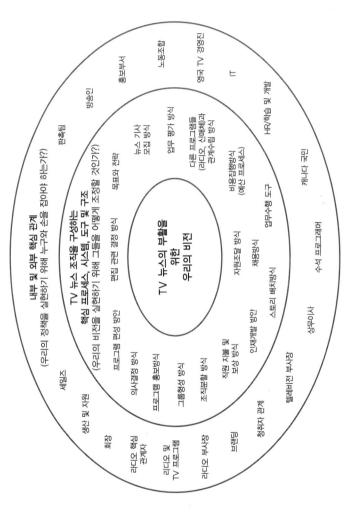

내부 및 외부 핵심 관계
(우리의 정책을 실현하기 위해 누구와 순을 잡아야 하는가!?)

TV 뉴스 조직을 구성하는
핵심 프로세스, 시스템, 도구 및 구조
(우리의 비전을 실현하기 위해 그룹을 어떻게 조정할 것인가!?)

TV 뉴스의 부활을
위한
우리의 비전

뉴스 기사
모집 방식

업무 평가 방식

다른 프로그램들
(라디오, 신매체)과
관계수립 방식

비용집행방식
(예산 프로세스)

지원조달 방식

채용방식

업무수행 도구

편집 관련 결정 방식

목표와 전략

방송인

판촉팀

홍보부서

노동조합

영국 TV 경영진

IT

HR/학습 및 개발

캐나다 국민

수석 프로그래머

상무이사

텔레비전 부사장

청취자 관계

브랜딩

라디오 부사장

조직분할 방식

라디오 및
TV 프로그램

라디오 핵심
관계자

회장

생산 및 지원

세일즈

프로그램 편성 방안

의사결정 방식

프로그램 홍보방식

그룹형성 방식

직원 지를 및
보상 방식

인재개발 방식

스토리 배치방식

장 높은 3가지 설계 요소에 투표한다. 이 선정 과정에서 각 테이블별로 1명은 방문자의 질문에 대답하기 위해 '자리를 지킨다'.

모든 투표를 마치면, 사람들은 최소 3군데의 테이블을 더 방문하여 다른 사람들의 투표 결과를 관찰한다. 그런 다음 참가자들은 다시 자기 자리로 돌아가고, 약 15분 동안 전체 그룹은 사람들이 다양한 디자인 가능성 지도를 돌아보면서 어떤 인상과 흥미를 느꼈는지 이야기를 듣는다. 이것의 목적은 설계 요소들 사이의 순위를 매기거나 우선순위를 정하는 것이 아니다. 단지 사람들이 전체 그룹에게 중요한 것이 무엇인지 시작적으로 보고 사람들의 관점을 듣도록 하려는 것이다.

투표와 보고가 끝나면 다음으로 사람들을 각자 관심사에 따라 디자인팀별로 구성해 모이도록 한다. 이 프로세스에는 다음과 같은 단계가 있다.

1단계. 사람들에게 이제 '최대한 골고루' 섞인 그룹을 떠나 새롭게 '디자인 팀'을 구성하여 각자 선택한 설계 요소에 대한 이상적 미래를 창조할 것이라고 말한다. 나머지 시간 동안 계속 디자인 팀에서 작업할 것임을 알린다.

2단계. 영향력 높은 설계 요소 중 특정 요소에 관심을 가진 누구나 플립차트에 그것을 기록하여 회의장 앞으로 나와 전체 그룹에 발표한 후, 다른 사람들을 그 작업에 참가하도록 권할 수 있다고 공지한다. 그 사람은 해당 설계 요소를 진행하는 의장이 된다. 의장의 역할은 단지 대화를 주재하여 해당 주제에 대한 도발적 제안을 도출하는 것 뿐이라는 점을 명확히 밝힌다. 그 사람이 반드시 실현하기 단계나 서밋 이후에 설계 요소에 관한 활동을 주도한다는 뜻은 아니라는 것이다.

3단계. 의장이 앞으로 나오면, 그는 자신의 관심사를 발표한 후 이에 관한 모든 질문에 대답한다. 그런 다음 각 의장들은 별도 회의실이나 회의장 내의 미팅 공간을 배정받는다.

4단계. 나머지 서밋 참가자들은 자신이 가장 관심 있는 분야의 설계 그룹에 참여하여 대화한다.

프로세스가 이렇게 간단하기 때문에 모든 사람들이 동등한 목소리를 내어 각자 가장 열정적인 관심을 가진 설계 요소를 선택할 수 있다. 우리는 설계 대화 주제의 발표를 이전에 파악된 것에 한정하지 않으므로, 새롭게 떠오르는 어떤 아이디어나 에너지도 자신의 자리를 찾을 수 있도록 보장한다.

도발적 제안 작성

사람들이 새로운 그룹으로 모여 각자 자기소개를 마치면 도발적 제안 작성에 착수한다. 각 그룹은 해당 설계 요소에 대해 도발적 제안을 작성한다. 이 제안은 조직 구성원들이 자신의 꿈을 추구하기 위해 스스로를 조직할 계획을 수립하는 포괄적인 선언문이다. 그것은 사람들이 어떻게 함께 일하기를 원하는지에 관한 일련의 원칙이자 약속이다. 그것은 이상적 조직을 묘사한다는 점에서 도발적이다. 이 제안은 현상유지를 타파하고, 당연한 가정과 일상에 도전하며, 변화를 위한 실제적인 가능성을 제안한다.

그러면서도 도발적 제안은 '그림의 떡'이 아니다. 그것은 조직의 핵심적 긍정요소를 바탕으로 만들어졌으므로, 과거 성공 사례에 기초를 둔 내용이다. 도발적 제안은 '현재의' 최고 요소와 '미래에 가능한' 열망 사이를 잇는 선언문이다. 또한 다음의 질문에 대한 대답이다. 조직을 모든 면에서 우리의 긍정적 잠재력을 확대시키고 사상 최고 수준의 성과를 불러일으키도록 디자인한다면 과연 조직은 어떤 모습이 될까?

도발적 제안 작성 프로세스

도발적 제안 작성에 착수하는 데에는 여러가지 방법이 있다. 어떤 그룹은 곧바로 플립차트에 아이디어를 적기 시작한다. 대화를 나누는 데 45분을 다 쓴 다음 고작 한 단어를 적는 그룹도 있다. 어떤 그룹은 모든 사람들이 정확한 문구를 만들어 내는 데 참여하려고 한다. 다른 그룹에서는 한 두 사람이 이 임무를 맡아 진행한 후 나중에 다른 사람들의 재가를 받는다. 어떤 방법이라도 좋다. 그러나 우리가 추천하는 몇 가지 방법이 있다.

- 첫째, 에이아이로 시작하라! 사람들은 새로운 그룹으로 모였다. 그리고 새로운 주제에 집중하고 있다. 특정 설계 요소에 대해 그들이 경험한 최고의 순간이 언제였고, 그 이유는 무엇이었는지에 관한 스토리를 나누면 가장 재미있을 것이다. 예를 들어 설계 요소가 리더십 개발이라면, 직업적 성장과 개발 면에서 가장 성취감을 느낀 경험을 탐색하거나, 지금껏 함께 일한 상사 중 가장 뛰어난 리더의 특징을 묻는 것이 시작할 수 있는 가장 좋은 방법일 것이다. 새로운 에이아이를 시도해보는 것은 도발적 제안 프로세스에 깊이와 풍성함, 그리고 통찰을 더해준다.

- 둘째, 대담한 꿈을 꾸라! 도발적 제안이란 상식적인 가정을 뛰어넘고 현상유지를 타파하기 위해 시도하는 것이다. 그린 마운틴 커피 로스터스가 미약하고 보수적이며 '일상적인' 제안을 내놓았더라면 그들이 이룩했던 그 극적인 회생을 과연 촉발할 수 있었을지는 의문이다. 사람들

에게 비범한 제안을 내놓도록 독려하라.

- 셋째, 보다 현실적인 차원에서, 어느 정도 시간이 지난 후에도 제안 작성에 어려움을 겪고 있다면, 다수의 최고의 아이디어를 브레인스토밍하여 곧바로 플립차트에 쏟아 부으라고 이야기하라. 그런 다음 그 아이디어들을 여러 문장으로 편집하여 제안을 만들어낼 수 있다. 필요하다면 마지막으로 그들이 작성한 내용을 살펴보고 다듬으면 된다.

- 마지막으로, 서술형 표현은 제안에 엄청난 위력을 더해주는 방법이다. 내용을 (시작 기호를 사용한 나열형 대신) 서술형으로 작성하기 위해서는 자신이 말하고자 하는 진정한 의미를 파악하고 숨은 의미를 샅샅이 살피기 위해 서로 대화를 나누고 공동의 해결책을 도출하게 된다. 이는 대화의 수준을 높여주며, 더욱 오래도록 지속되는 영향력을 발휘한다. 미국 침례교 국제선교회가 작성한 도발적 제안은 목적과 원칙에 대한 선언문으로서 조직에 방향을 제시하고, 수십 년이 아니라면 수년 동안 외부 세계에 그 정체성을 홍보하는 역할을 할 것이다.

좋은 도발적 제안의 기준

도발적 제안은 조직이 그 꿈의 성취를 위해 되고자 하는 모습과 하고자 하는 일에 대한 선언문이다. 그것은 의사결정, 행동, 그리고 성과에 지침과 방향을 제시하는 이상이다. 제안은 항상 높은 도덕적, 윤리적 내용과 실용적, 실천적 아이디어로 채워진다. 그러나 그것은 이상을 규정하는 것이 아니라 단지 기술할 뿐이다.

우리는 사람들에게 도발적 제안 작성을 요청할 때마다 좋은 제안을 작성하는 공식을 제시한다. 거기에는 4가지 지침이 포함된다.

- 도발적인가 – 현실을 타파하거나, 도전하거나, 차단하는가?
- 현실에 바탕을 둔 것인가 – 이상을 실제 가능성으로 보여주는 사례를 당신의 스토리에서 찾아낼 수 있는가?
- 진정으로 원하는 것인가 – 정말로 이루진다면 당신이나 당신의 조직은 그것을 진정으로 원하는가? 그것은 진정으로 당신의 꿈을 이루어주는가?
- 현재 이루지는 것처럼 긍정적이고 대담하게 표현되었는가?

도발적 제안 작성에 관한 전체 워크시트는 부록 '활동 8'에 수록되어 있다.

도발적 제안의 3가지 사례

다음에 각각 다른 업계의 다른 조직에서 작성된 3가지 도발적 제안 사례가 제시되어 있다.[8]

- **소비재 회사의 이상적 전략개발 프로세스에 관한 제안 사례**

  우리 회사는 회사 직원 500명 전원과 핵심 파트너 및 이해관계자들이 참가하는 연례 전략기획 회의를 통해 학습을 가속화한다. 전략 학습을 위해 자리에 참석한 리더들은 최고라고 생각하는 5개의 타사 사례에 대한 벤치마킹 학습결과를 팀별로 발표한다. 다른 팀들은 우리 회사에 대한 연례 긍정분석 결과를 발표하며, 이 성공스토리 두 데이터베이스 (내부 및 외부)를 종합하여 우리 회사의 전략기획의 참고 자료로 삼는다.
- **첨단기술 회사의 이상적 HR 부서와 현장부서 간의 관계에 대한 제안 사례**

HR 직원은 정기적으로 핵심 전략 관련 모임에서 해당 현장직원들과 완전한 파트너로서 자리를 함께 한다. 현장관리자들은 그들이 원할 경우 HR 컨설턴트로부터 적절하고, 신속하며, 정확한 지원을 받는다. 그 내용은 HR 이슈뿐만 아니라 광범위하고 일반적인 경영 관련 사항이다. 이 모범적 파트너십에 대한 기사가 작성된다.

- 제조회사의 이상적 업무환경에 대한 제안 사례

  우리 조직의 환경은 직원의 신체적, 정신적, 영적 건강을 중요시한다. 신체단련 시설과 수영장이 모두에게 개방되어 있다. 구내식당은 건강한 음식과 쾌적한 환경을 제공한다. 직원들은 병가뿐만 아니라 '정신건강' 휴가를 쓸 수 있다.

도발적 제안 강화

도발적 제안 작성을 완료하면, 그것을 전체 그룹에 공유하고 긍정대화 프로세스를 통해 강화하고 다른 제안들에 그것을 통합한다. 이 프로세스는 3가지 이유로 중요하다.

첫째, 조직 전체의 관점에서 학습을 고취하고 깊은 수준의 '집단 지성'을 조성한다. 사람들은 새로운 방향성을 파악한다. 그들은 이전에 본 적이 없는 유대를 발견한다. 그들은 놀라운 새로운 가능성에 마음을 빼앗긴다. 그리고 전체 조직의 방향에 대한 종합적 감각을 얻는다.

둘째, 사회적 유대감을 촉진한다. 그룹별로 작업 결과를 나눌 때, 하나의 제안은 필연적으로 다른 제안과 창조적 긴장을 형성하게 된다. 역설과 미해결된 문제는 역동적 조직에 불가피하게 따르는 특징들이다. 그러나 차이가 존재하는 곳에는 더 많은 긍정 대화가 필요하다. 이는 관심, 호기심, 깊은 탐색, 열정적 참여, 웃음, 즐거움, 그리고 활발한 대화로 이어진다. 이런 연결 관계가 증폭되면서 새로운 이해가 떠오르고 조직의 유대가 강화된다.

마지막으로 대화를 통해 전체 조직은 제안에 대한 지지를 약속하게 된다. 사람들은 자신이 참여하고 영향을 미친 내용에 대해서는 즉각적인 투자도 쉽게 할 수 있다. 특히나 자신이 개입한 내용이 제안의 최종 문구에 반영된 것을 볼 때면 더욱 그러하다.

도발적 제안을 강화하기 위해서는 4단계 작업을 수행할 것을 권한다.

1단계. 소그룹은 회의장 앞으로 나와 자신을 소개하고 제안을 읽는다. 그룹의 주제에 대한 개관과 그들이 제안을 도출해낸 과정에 대한 설명도 덧붙이는 경우가 많다. 그들은 대개 자신들이 이루어낸 작품에 정당한 자부심을 가진다. 각 제안에 대해 다음의 질문에 대한 두 세 마디 긍정적 응답을 해주도록 요청한다. 즉, '당신은 이 제안과 그것이 조직에 부여하는 이미지에 관해 어떤 점이 가장 마음에 듭니까?' 라는 질문이다. 이 언급은 매우 간단하게 지나간다. 더욱 깊은 대화는 후에 이어진다. 그런 다음 청중의 박수를 유도하고 다음으로 넘어간다.

2단계. 모든 그룹이 발표를 마치면 모든 사람들에게 7.5cm×13cm 규격의 포스트잇 노트를 제공하고, 회의장을 돌아다니며 가능한 한 많은 그룹에게 '긍정 피드백'을 제공하도록 한다. 긍정 피드백이란 (1) 강점을 강조하고, (2) 희망을 주며, (3) 통합을 부여하고 일체감을 고취시키는 내용을 담은 논평을 말한다. 테이블별로 최소한 2명은 자리에 남아 교대로 질문에 답하고 방문자들과 대화를 진행하도록 한다. 피드백을 전달할 때, 글과 말을 모두 사용할 것을 권장한다. 이렇게 하면 제안의 수정본에 그 생각들을 기록하여 포함시킬 수 있다. 이것은 사람들이 서로의 생각을 확대하고 더 높은 토대를 함께 찾아가는 과정이므로 언제나 매우 풍요롭고 기분 좋은 대화 시간이 된다.

3단계. 모든 긍정 대화가 끝나면 설계 팀에게 제안을 수정하는 시간을 30분 정도 준다. 대화 프로세스를 통해 이미 수정작업을 해왔을 것이므로 이 정도면 충분한 시간이다. 무엇보다도, 이 30분 동안 제안의 최종본을 만들어 내야 한다.

4단계. 마지막으로, 설계 팀은 최종 도발적 제안을 발표한다. 모든 제안에 대한 발표가 끝나면, 참가자들이 서밋의 마지막 날을 시작하기에 앞서, 조직이 해야 할 일과 지향해야 할 바에 대해 제안이 요청하는 모든 내용이 토론 대상이 된다.

도발적 제안을 완벽하게 만들 필요는 없다. 필요한 것은 현재 표현된 내용이 조직을 꿈을 향해 굳건히 나아가게 하기에 충분한지를 합의하는 것뿐이다. 각각의 제안은 역동적이고 지속적인 진전을 거치면서 다른 모든 제안에 영향을 미치고 그것을 다듬는 역할을 할 것이다.

서밋 이후의 디자인 프로세스 지속

조직이 설계에 대해 더욱 깊이 대화하면서 다듬기를 원하는 경우가 더러 있다. 예를 들어 샌터 애너스타 호텔 앤 카지노는 그들의 '서비스 원착'의 최종판을 마지막 소규모 서밋이 끝나고도 한 달 후에 완성한 적이 있다. 미국 침례교 국제선교회는 그들의 목적과 원칙에 관한 선언문을 다듬는 데 6개월이 걸렸다. 종교 연합 운동은 3년이 지나서야 조직 헌장을 완성했다. 서밋에서 시작된 디자인 프로세스를 계속 진행할 때마다 모든 수정 작업에 조직 전체가 자주 참여할 수 있는 기회를 보장해주는 것이 중요하다.

결론

에이아이 서밋 방법론을 사용하여 일하던 초기부터 우리가 깨달았던 한 가지 사실은, 발굴하기, 꿈꾸기, 디자인하기 작업을 훌륭하게 완수하면 실현하기는 거의 저절로 진행되게 마련이라는 것이었다. 사람들은 스스로의 역량에 새로운 차원의 확신, 목적과 방향에 대한 뚜렷한 이미지, 그리고 행동의 지침을 제공하는 강력한 도발적 제안을 얻게 된다. 가치와 헌신, 그리고 희망과 열망으로 가득 찬 이 종합적 미래 비전은 광범위한 행동 정책에 동력과 정보를 제공한다. 이는 결의에 찬 행동을 마치 폭발시키듯이 불러일으킨다. 다음 장에서는 에이아이 서밋의 실현하기 단계를 통해 이 역동적 과정을 살펴본다.

10장 _ 실현하기

5년이란 기간에 걸쳐, 캐나다 국방부DND 인적자원 부문의 규모는 극적으로 감소되었다. 업무량은 기본적으로 변함이 없었다. 성과는 타격을 입었고 사기는 떨어졌으며 민간인 출신과 군 출신 간의 뿌리 깊은 알력은 더욱 심화되었다. 민간인력 인적자원 담당 차관보 모니크 부드리아스는 조직의 긍정적이고 지속적인 변화를 이루어 낼 뭔가 근본적인 조치를 취해야겠다고 결심했다. DND의 조직개발 책임자 로버트 르그리스는 이런 어려움 속에서 오히려 대규모 문화 변화를 시작할 기회를 보았다. 그는 그 가능성을 상상하기 위하여 에이아이에 관한 충분한 내용을 읽고 파악해 온 터였다. 두 사람은 DND의 OD분야 수석컨설턴트 두 명과 함께, 조직을 대표하는 15명의 기획팀을 조직하여 '경계 없는 서비스: 탁월함을 위한 혁신' 이라는 주제의 에이아이 서밋 프로세스를 디자인했다.

그로부터 90일 이내에 부드리아스는 조직의 제1회 에이아이 서밋에 300명의 참가자를 참석시켰다. 거기에는 군과 민간을 포함하는 HR 자문가들, 고객, 노조 리더, 그리고 기타 핵심 이해관계자들이 포함되었다. 3일 동안 그들은 조직의 핵심적 긍정요소를 파악했다. 또한 조직이 지향하는 모습에 관한 꿈을 발표했고, 업무관행, 시스템 및 구조의 조정 방안을 디자인했으며, 현업 복귀를 위한 즉흥적 행동을 계획했다.

이듬해에는 수백 건의 크고 작은 변화가 일어났으며, 그 성과와 원인을 점검하고 이를 더욱 발전시킬 방안을 모색하기 위한 2번째 서밋을 계획했다. 참가자들은 두 번째 서밋에서 실현하기 단계에 상당한 시간을 할애함으로써 첫 번째 서밋의 영향을 확대하고 강화하려는 강한 열망을 표현했다.

참가자들은 두 번째 서밋에 참가하기 전에 변화 과정에서 어떤 것이 효과가 있었는지 알아내기 위해 각자 동료 및 고객들과 5번의 인터뷰를 미리 수행했다. 회의는 300개의 성공 스토리가 게시된 가운데 시작되었다! 조직이 그동안 엄청난 성취와 변화를 이룩해왔다는 것이 분명해졌다. 그룹은 발굴하기, 꿈꾸기, 디자인 단계를 거치며, 이 스토리를 이용하여 조직의 핵심적 긍정요소를 확장하고, 비전을 새롭게 했으며, 사회적 구조를 갱신했다.

매일 마지막 시간에 참가자들은 새로운 아이디어와 제안을 서밋에 참가하지 않은 동료에게 이메일로 보내 그들의 반응과 의견을 물었다. 그리고 다음날에는 밤새 전국과 세계 각지에서 도착한 답신 이메일을 읽는 것으로 하루를 시작했다. 수십 가지의 행동 정책 제안이 밀려들었다. 참가자들은 이에 대해 토론하고 훨씬 많은 자신의 제안을 제시했다. 그들은 실현하기 단계를 착수할 때쯤에는 '전체성'을 더욱 뚜렷이 인식하게 되었다.

실현하기 단계가 시작되자 참가자들은 여러 실행팀에 나뉘어져 이상적인 조직에 대한 그들의 집단적인 이미지를 성취하기 위한 일련의 정책을 기획했다. 그런 다음 하루를 할애하여 여러 실행 아이디어의 순서를 정하고 통합하는 '미래 로드맵'을 만들어냈다. 이것은 누가 무엇을 수행할 계획을 세우는지, 그리고 어떻게 이 정책들이 서로를 기반으로 확장될 것인지에 대한 집중적 대화 프로세스를 창출해 냈다.

이듬해에 DND는 조직에 중요한 변화가 일어나고 있으며, 또한 사람들이 변화를 생각하기 시작하는 방식도 변하고 있다고 보고했다. 에이아이는 DND의 조직개발, 팀 구축 실행, 리더십 개발, 교육 디자인, 운영개선 면의 방향으로 점점 더 자리잡고 있다.

DND 사례에서 보듯이 실현하기 단계의 한 가지 목표는 개인들이 전체를 위해 행동의 열정을 분출하도록 이끄는 것이다. 긍정적 접근법의 독특한 특징은 모든 사람들이 탁월함을 향한 창조적 에너지를 발산하게 만든다는 점이다. 하지만 이것이 전부가 아니다. 긍정적 접근법은 또한 전체 조직을 미래의 이상적 이미지를 향해 신속하고 직접적으로 움직일 핵심 전략 실행 정책을 파악하고 결집한다. 이 단계를 잘 수행하면 조직의 모든 차원에서 크고 작은 변화를 일으킬 수 있다.

이 장에서 우리는 에이아이 서밋의 넷째 날, 실현하기 프로세스를 살펴본다. 구체적 내용은 다음과 같다.

- 탁월한 행동의 위력
- 시작하기
- 혁신팀 구성
- 혁신팀 업무 착수
- 미래 로드맵 작성
- 실용 전술 계획
- '현업' 그룹별 모임
- 종료

또한 실현하기 단계에서 사용할 수 있는 선택적 활동을 검토한다. 여기에는 공통 관심 실천 계획, 도발적 제안을 통한 혁신, 창조적 기획, 그리고 '현업' 즉흥 활동 촉진 등이 있다. 도해 10.1은 실현하기 단계의 진행 사례를 보여준다.

도해 10.1 실현하기 단계의 진행 사례

시 간	활 동
오전	**핵심 과제: 전날 학습 내용 검토, 감동적 행동의 중요성 이해, 혁신팀 구성**
8:30-9:00	환영 인사, 시작, 일정 소개
9:00-10:00	자기 조직화 프로세스 개관, 혁신팀 구성
10:00-10:30	휴식
10:30-12:00	혁신팀이 만나 서로 자기소개를 하고, 정책에 집중하며, 팀 리더를 선정하고, 협력 계획을 짠다.
12:00-12:30	혁신팀이 로드맵에 자신들의 정책을 게시한다.
12:30-1:30	중식
오후	**핵심 과제: 혁신팀 작업 통합, 즉흥 활동, 업무 복귀 후의 다음 단계 결정, 서밋 종료**
1:30-2:30	로드맵 발표 및 전원 대화
2:30-3:00	서밋 이후를 위한 계획: 즉흥적 변화 활동 조성
3:00-3:30	휴식
3:30-4:30	'현업' 그룹별 모임
4:30-5:00	서밋 종료

감동적 행동의 위력

감동적 행동이란 핵심적 긍정요소에 대한 깊은 깨달음에 힘입어 전체를 대신하여 수행하는 행동이라고 정의할 수 있다. 자신의 강점을 깨닫고, 대담한 꿈을 꾸며, 높은 열망을 실현하기 위해 체계화함에 따라, 사람들은 비전과 헌신을 통해 자발적인 행동에 착수한다.

우리가 경험한 바로는 4D 사이클의 각 단계에서 대단히 큰 변화가 일어난다. 이 프로세스는 마지막뿐 아니라 그 과정 내내 변화를 촉발한다. 낯선 사람들이 서로 만나 긍정 인터뷰를 진행하고, 꿈을 나누며, 도발적 제안을 함께 작성하는 과정에서, 알아채기 힘든, 그리고 그리 알아채기 힘들지 않은 변화들이 일어나며 예상치 못한 행동이 분출된다.

발굴하기 단계에서 나온 감동적 행동의 예는 맥도널드의 글로벌 채용 및 유지 서밋에서 찾아볼 수 있다. 서밋에 참가한 텍사스 샌안토니오 출신 매장주이자 운영자인 한 참가자는, 고교생 나이대의 직원들을 대상으로 무료 교육 프로그램을 실시한 스토리를 발표했다. 그 직원들은 매장에 나와 출근 카드를 찍고, 근무 첫 1시간 동안 (직원이 원할 경우) 개인교사의 도움을 받아 숙제를 하는 시간도 유급 근무로 인정을 받았다. 그 프로그램은 학생, 개인교사, 부모, 학교 선생님과 교육 행정직원 모두의 환영을 받았고, 매장주 역시 우수한 인재를 채용하고 유지할 수 있다는 점에서 이득이었다. 일부 다른 맥도널드 매장들은 이 모범 사례를 배운 다음 유사한 프로그램을 도입했다.

꿈꾸기 단계의 감동적 행동 사례는 샌터 애너스타 호텔 앤 카지노에서 나왔다. 어떤 그룹은 그저 카지노에 놓여있던 모든 고장난 기계를 치워버리는 것을 꿈으로 삼았다. 그들은 촌극을 통해 모든 사람들이 함께 힘을 합쳐 고장난 기계를 치우고 카지노를 다시 정리하는 '천천히 일하는 날'을 시연했다. 그들은 고장난 기계를 향한 고객들의 불평이 모두 사라지면 어떻게 되는지, 어떤 느낌인지를 묘사했다. 서밋 마지막 날, 직능과 부서가

고루 섞인 어느 팀이 고장난 기계를 사정하고 제거하는 복잡한 과제에 착수했다.

디자인하기 단계의 사례는 미국 침례교 국제선교회에서 찾아볼 수 있다. 그들의 제안 중 한 가지는 '유연한 팀 중심 조직'이었다. 실현하기 단계에서 구성된 한 실행팀은 제안에 포함된 '팀중심' 비전 실행을 위한 6개월간의 조직 재디자인 및 훈련 프로세스에 착수했다.

감동적 행동은 긍정적 자기조직화를 돕는다

실현하기 단계에서 전체 그룹은 지금까지 제기된 아이디어와 잠재적 프로젝트를 토론한다. 그런 다음 개인들은 각자의 행동 제안을 더욱 발전시킨다. 비슷한 생각과 관심을 가진 사람들이 함께 모여 실행팀을 구성하여 전체를 위해 일을 진행한다. 사람들이 조직의 미래에 대한 자신의 헌신을 말하면서 열광적 분위기가 고조된다. 무엇이든지 주는 대로 거두는 법이다. 감동적 행동은 앞으로의 진전을 위한 조직의 행동 의제를 세우려는 목적으로, 새롭게 떠오르는 자기조직화 프로세스이다.

감동적 행동은 조직의 꿈에 맞추어진다

에이아이 서밋에서 나온 행동은 참가자들이 선택하고 추진하는 것이므로, 조직의 고유한 필요에 맞춰져 있다. 예를 들어, 종교 연합 운동 글로벌 서밋 참가자들은 자신들의 전통에서 협력의 뿌리를 발견했고, 종교 연합 조직United Religions Organization의 가능성을 꿈꾸었으며, 헌장 마련을 위한 첫걸음을 시작했다. 행동을 위한 질문은 '다음 해에 종교 연합 헌장의 완성본을 제정하기 위해서는 어떤 연구개발 작업이 필요한가?'라는 것이었다. 다음으로 참가자들은 R&D가 필요한 영역을 파악하고, R&D 그룹을 직접 선정했으며, 연구, 탐색 및 실험의 한 해를 보내기 위한 조직을 구성했다.

감동적 행동은 발굴하기, 꿈꾸기, 디자인하기, 실현하기를 정렬한다

우리는 갖가지 행동 정책 아이디어가 분출하는 서밋의 처음 3일간에는 대화에 개입하지 않는다. 단지 사람들의 활기를 유지하여 마지막 날에 깊은 토론을 진행할 수 있도록 유도한다. 이렇게 선정된 행동들은 발굴하기, 꿈꾸기 및 디자인하기를 통해 생성된 지혜와 지식의 뒷받침을 더욱 잘 받을 수 있다.

헌터 더글러스 윈도우 패션 사업부문 사례를 생각해보자. 긍정 인터뷰를 통해 그들은 교육이야말로 성공의 초석이라는 사실을 분명히 깨달았다. '축배 제의자toastmasters'와 같은 직무 훈련 및 개인 교육의 가치를 소중히 여기고 그 혜택을 본 직원들의 스토리가 계속해서 들렸다. 꿈꾸기 활동을 하는 동안 교육 커리큘럼 확대, 직원 멘토, 그리고 학습센터 전용 빌딩에 이르는 다양한 이미지들이 풍성하게 생성되었다. 또한 이를 생생하게 구체화하는 도발적 제안이 작성되었다. 그런 다음, 실현하기 단계에서 사람들은 자발적으로 그룹을 조직하여 (1) 멘토링 프로그램 개발, (2) 직원 오리엔테이션 재디자인, (3) 헌터 더글러스 대학교 설립, (4) 전조직원 대상 에이아이 교육, (5) 모든 직위, 교대조, 부서를 아우르는 의사소통 지속, (6) 높은 참여도의 전략기획 프로세스 진행을 수행했다. 자기조직화를 이룬 많은 팀들이, 교육 탁월성이라는 조직 핵심 가치에 집중했음은 당연하다.

감동적 행동은 기획과 즉흥 변화 사이의 균형을 유지한다

에이아이 서밋을 통해 촉발된 감동적 행동에는 동전의 양면과 같은 속성이 있다. 한쪽 면에는 즉흥 활동이 있다. 즉 부서와 직능 내 혹은 이를 막론하여 계획하지 않은 정책이 출현해 조직의 꿈과 디자인의 실현을 지원한다. 다른 면에는 전략적 변화가 존재한다. 즉 혁신팀이 구성되어 특정 프로젝트에 집중하여 구체적 성과를 성취하는 것이다. 혁신팀은 서밋에서 시작된다. 즉흥 정책들은 서밋 도중과 이후 모두에서 발생한다. 모든 조직은 전략적 정책과 수시로 떠오르는 즉흥 활동 사이에서 균형점을 찾아내는 것이 중요하다.

앞으로 이어질 내용에서는, 혁신팀을 출범시키고 서밋 이후의 '무작위적 혁신 행동'을 고취하기 위해 고안된 일련의 활동들을 살펴본다.

실현하기 단계 시작하기

서밋의 마지막인 이 날은 앞선 3일간 진행해 온 내용의 요약으로 시작된다. 우리는 이미 거둔 성취를 축하하고 앞으로 이룰 것들을 기대하는 분위기를 조성한다. 또한 서밋 과제를 언급하고 그 과제와 조직의 지속적인 성공의 관련성을 다시 돌아본다. 그리고 이날이 서밋 이후에 수행할 자기조직적 행동을 미리 경험하는 하루가 될 것임을 예고한다.

혁신팀 구성

우리는 대개 자기조직 팀의 구성을 퍼실리테이션한다. 혁신을 강조하기 위해 그들을 혁신팀이라고 부른다. 실행팀 또는 프로젝트팀이라고 부를 수도 있다. 명칭이 어떠하든 그들은 구체적 목표니 결과를 성취하기 위해 조직을 대신해 자원한 매우 헌신적인 사람들의 모임이다. 대개 그들은 직능, 직위, 부서 등을 포괄하여 구성된다. 때로는 고객이나 다른 이해관계자들이 혁신팀 구성원으로 자원하기도 한다.

혁신팀 구성에 사용되는 방법은 오픈 스페이스 테크놀로지 방법과 유사한 자기조직화 프로세스이다.[1] 프로세스는 다음과 같이 진행된다.

1) 우리는 핵심적 긍정요소 맵, 꿈, 도발적 제안을 검토한 후, 참가자들에게 조직을 그 꿈과 도발적 제안을 향해 나아가도록 하는 데 가장 큰 영향을 미칠 것이라고 생각하는 사항을 숙고하고, 기록하며, 2~3명의 다른 사람들과 토론할 것을 요청한다.

2) 우리는 혁신팀 구성을 위한 조건을 개관한다. 혁신팀을 구성하는 일이 조직을 위해 중요하다는 사실을 믿어야 하며, 그 실현을 위한 분명한 의지와 능력을 갖추어야 한다. 분명히 할 것은, 열매를 맺으려는 의지가 있는 행동에만 착수해야 한다는 사실이다. 지금은 권고하는 시간이 아니라 구체적 행동과 성과에 헌신하라는 소명의 순간이다.

3) 팀을 구성할 의지가 있는 사람들은 혁신에 관한 아이디어, 프로젝트, 혹은 정책을 판지에 기록하여 10초간의 발표를 준비한 다음 합류할 사람을 소집한다.

4) 의장들은 앞으로 나와서 한 사람씩 자신의 희망을 발표하고, 다른 사람들은 자신이 원하는 혁신팀에 합류한다. 의장들이 발표를 진행할 동안, 그들의 아이디어는 전체 그룹이 잘 볼 수 있도록 벽에 게시된다.

5) 중복되는 아이디어들을 압축하여 잠재적 혁신 과제의 수를 줄인다. 제 안된 모든 아이디어는 물론 소중하다. 그러나 때때로 조직이 프로젝트 의 수를 줄이도록 의사결정을 한다. 이럴 경우 각 팀에 참가희망을 표 하는 사람이 몇 명인지 손을 든다. 이런 식으로 참가자들의 가장 관심 을 모으는 아이디어가 무엇인지 결정할 수 있다. 아무도 관심을 갖지 않는 아이디어는 제외한다.

6) 때로는 전체 그룹이 상위 5개, 혹은 6개를 투표하기도 하지만 이는 드 문 경우이다.

7) 그런 다음 사람들은 회의장을 돌며 자신이 선택한 혁신팀에 합류한다. 서밋 도중에만 그 팀에 합류할 수도 있고 프로젝트가 진행되는 내내 속 할 수도 있다는 점을 알려준다. 우리는 그들에게 혁신이 실현될 때까지 최대한 헌신할 것을 권한다.

8) 새로 구성된 팀은 각자 서로 자기소개를 하고, 시간이 허락된다면 간단 한 긍정 인터뷰까지 할 것을 추천한다. 이때 해당 혁신과 관련된 한 가 지 인터뷰 질문이 좋다.

혁신팀 업무 착수

다음으로는 혁신팀이 만나서 계획을 세울 시간을 가진다. 1~4시간 사 이로 배분하면 된다. 정해진 시간이 끝나면 각 팀은 전체 그룹에 결과를 발표한다. 우리는 팀들에게 발표가 정보를 제공하는 시간이 되게 해달라 고, 또 필요한 도움이나 자원이 있다면 전체 그룹에게 요청하라고 격려한 다. 서밋의 마지막 날이므로, 우리는 모든 사람들이 서밋 이후에 일어날 일에 대한 정보를 가능한 한 많이 습득하기를 원한다. 또한 사람들이 혁신 팀을 지속적으로 지원하는 방법을 알 수 있도록 함으로써 전체 조직이 함께 하는 시간을 최적화한다.

혁신팀 기획 지원

혁신팀에게 기획 양식을 제공하는 경우가 많다. 이것은 팀별 기획 작업과 참가자들 대상의 기획 교육 모두에 도움이 된다. 많은 조직의 서밋에는 다양한 부서와 직위에 걸친 사람들이 참석하므로, 일을 완수하는 방법에 관한 전문 지식은 다양하다. 그동안 많은 팀들이 기획 양식이 유용하다고 말했다. 기획 양식의 내용은 다음과 같이 간단하다.

- 팀 구성원들은 누구이며, 연락처는 어떻게 되는가?
- 팀은 어떻게 의사소통을 지속할 것인가?
- 당신의 목표는 무엇인가?
- 그 목표가 꿈 그리고 디자인을 어떻게 지지할 것인가?
- 목표를 성취하는 데 필요한 추가적인 정보는 무엇인가?
- 또 누가 팀에 합류해야 하는가? 누가 합류시킬 것인가?
- 목표 성취를 위해 당신이 취해야 할 행동은 무엇인가?
- 누가 무엇을 언제까지 할 것인가? 완료하기까지 일정 계획은 어떻게 세울 것인가?
- 어떤 자원이 추가로 필요할 것 같은가? 어떻게 확보할 것인가?
- 다음 모임은 언제인가?

우리는 팀에게 그들이 계획한 모든 행동들은 팀원 중 누군가는 꼭 해야 한다고 강조한다. 이것은 그들의 프로젝트이며, 어떻게든 성공시킬 책임은 그들에게 있다. 서밋 참가자들은 직능, 부서, 직위별로 매우 다양하므로, 모든 혁신팀은 전체 조직의 강력한 축소판이 된다.

'퍼실리테이터의 믿음이 부족했던' 순간도 있었다. 한번은 우리가 어떤 팀이 직원 각자가 야근수당까지 받아야 할 프로세스를 기획하는 것을 목격했다. 혁신을 위해 너무 큰 대가를 치르는 것이 아닌지 걱정이 되었던 우리는 수석부사장에게 그 팀의 계획을 살펴볼 것을 부탁했다. 그의 반응을 듣고 나자 회의장에 전체 조직이 함께 있었던 것이 다행이었다는 생각이 강하게 들었다. 그는 이렇게 말했다. "예, 그들이 하는 일을 압니다. 저도 그 팀에 소속되어 있거든요." 부록 '활동 9'에는 이 활동에 관한 워크시트 사례가 수록되어 있다.

혁신팀 리더십 확립

우리는 혁신팀 구성원들에게 팀 리더와 코디네이터를 선정하라고 요청함으로써 혁신팀 성공을 지원한다. 반드시 그런 것은 아니지만 팀 리더는 혁신이나 활동을 처음에 제안하고 회의와 참여를 주재할 사람인 경우가 많다. 코디네이터의 역할은 실행계획, 기록, 팀 구성원들 간의 의사소통을 관리하는 것이다.

혁신팀 리더로 봉사하는 일은 많은 사람들에게 훌륭한 자기개발 활동이라는 사실이 증명되어왔다. 혁신팀 리더와 코디네이터 중에는 공식적 리더 직위를 맡아본 적이 전혀 혹은 거의 없는 현장 직원들이 많다. 우리는 수줍어하는 접수계원이 회의를 주재하고, 결의에 찬 기술서비스 직원이 관리자에게 그의 혁신팀의 노력을 지지해 달라고 설득하며, 현장직원들로 구성된 팀이 공급자들이 바라보는 회사의 이미지를 바꾸어 놓는 광경을 오래전부터 지켜봐왔고, 그 때마다 매우 기분이 좋았다. 혁신팀 리더들은 프로세스에서 얻은 가시성, 학습, 인간관계의 결과에 힘입어 승진하는 경우가 많다.

서밋이 끝나면 후속활동을 하고 혁신팀을 지속적으로 지원하는 일은 자문단의 몫이다. (상세한 내용은 12장에서 확인하라.) 서밋 도중, 자문단과 혁신팀이 서밋 이후에 어떻게 관계를 유지할 것인지를 대화하는 편이 좋다.

미래 로드맵 작성

혁신팀이 오전 시간을 이용해 회의를 하는 동안, 우리는 주회의장 바닥에 곡선도로를 그린다. 이것은 보통 밝은 비닐 테이프를 이어붙여 만들며 폭은 약 1m 정도가 된다. 또 도로를 따라 테이프를 사용하여 월이나 분기가 표시된 일정표를 직선으로 붙인다. 로드맵은 도해 10.2에 보이는 것과 같은 구불구불한 형태가 된다.

활동 계획을 로드맵에 표시하기

팀별 휴식 시간이 되기 전에 우리는 팀 리더에게 회의를 요청한다. 나머지 그룹원들이 식사를 하는 동안, 우리는 리더들에게 로드맵에서 팀 업무가 이뤄질 것으로 예상되는 지점에 원뿔 모형을 설치해 달라고 요청한다. 지역 고속도로 부서에서 빌려온 교통표지용 원뿔과 더불어 가로 세로가 각각 1.2m와 2.4m이고 두께가 15cm인 스티로폼을 삼각형(밑면 40cm, 높이 60cm) 모양으로 잘라낸 것을 모두 사용한다.

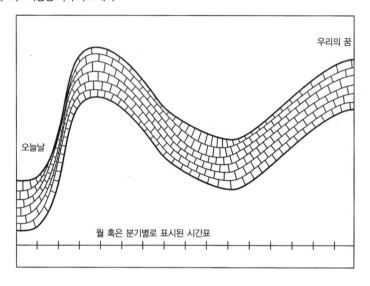

전체 조직이 로드맵에 관해 대화하기

사람들이 식사를 마치고 돌아오면, 비유적인 미래 로드맵 위에 모든 계획이 표시되어 있는 모습을 처음으로 보게 된다. 대략 시간표상 순서대로 각 혁신팀 발표자가 자신의 팀과 함께 앞으로 나와 그들의 혁신안과 실현 계획을 발표할 때 참가자들의 에너지는 한껏 달아오른다. 우리는 원뿔 모형이라는 물리적 실체를 이용하여 진행하는 발표가, "우리는 정말로 이것을 실현할 겁니다."라는 강한 확신을 서밋 공동체에 부여한다는 사실을 발견했다.

이 로드맵 활동의 또 다른 주요 장점은, 상호 지지의 가능성과 행동의 논리적 순서를 사람들에게 보여줄 수 있다는 데 있다. 혁신팀의 발표 후에 이어지는 전체 그룹 대화는 혁신팀을 위한 정보와 지지의 활발한 교환이다. 전체 조직의 기획에 관한 대화를 효과적으로 만드는 요소 중 한 가지는 로드맵 위에 원뿔을 놓고 그것을 움직이는 물리적 행동이다. 이것은 서밋의 마지막이 가까워지는 이 시점에, 매우 운동감각적인 방식으로 회의장의 열기를 고조시킨다.

실용 전술 계획[2]

기획 행동 정책의 또 다른 접근법은 존 디어 사례에서 찾아볼 수 있다. 그들은 서밋에서 다음과 같은 형식을 사용하여 비용 절감, 품질 향상, 그리고 상품생산 주기 단축을 모색했다.

첫째 날: 발굴하기. 참가자들은 조별 긍정 인터뷰를 통해 핵심적 긍정 요소를 발굴하고 그 맵을 작성했다.

둘째 날: 꿈꾸기. 참가자들은 핵심 기회를 선택하고 그에 대한 꿈 선언문을 각각 작성했다.

셋째 날: 디자인하기. 그룹이 오전에 가장 먼저 한 일은 회사의 미래에 얼마나 핵심적인 영향을 미치는지를 기준으로 여러 가지 기회에 우선순위를 부여하는 것이었다. 투표를 마친 후 그들은 그 대상의 범위를 조직의 사회적 구조의 다양한 측면에 집중된 10가지 핵심 설계 전략으로 좁혔다. 그런 다음 참가자들이 각자 선택한 정책을 작업하도록 했다. 그들은 하루 종일 '기업 사례 접근법'으로 전략 기획 작업을 수행했다. 도발적 제안 작성 외에도 각 그룹은 그 정책이 투자수익률ROI의 특정 장벽을 넘을 수 있는 방법을 제시해야 했다. 각 그룹은 그들의 정책과 ROI를 나머지 참가자들에게 발표하고 그들의 피드백을 요청했다. 이렇게 하여 전체 그룹이 나

머지 프로젝트들을 이해하고, 거기에 의견을 추가하며, 지지할 수 있었다.

넷째 및 다섯째 날: 실현하기. 이틀 동안의 시간이 모두 전략 실행을 위한 실행 계획에 할애되었다. 참가자들은 직장으로 복귀하면 따로 시간을 내기가 어렵다는 사실을 알고 있었다. 그들은 가능한 한 많은 진전을 이루기로 결심했다. 그룹 간에 서로 조정과 협력을 이끌어내면서 아이디어를 주고 받았고, 프로젝트의 통합과 융합을 이루어냈으며, 이해관계자들을 만나 추가적인 정보, 영향, 자원을 얻어냈다.

다섯째 날 오후에는 보고, 의사소통 계획 수립, 그리고 한 주간 이룩한 놀라운 성취를 자축하는 시간을 가졌다.

서밋 이후 준비

마지막 날 오후는 서밋 이후에 벌어질 일들을 이야기할 시간이다. 우리는 서밋의 성과를 알리는 방법, 혁신팀이 계속 추진하는 작업을 지원하는 일, 그리고 조직 전체에 즉흥적 변화를 불러일으키는 방법에 관해 이야기한다.

서밋 성과의 홍보 계획은 전체 그룹에게 발표되어 공개 토론에 붙여진다. 이 토론을 통해 새로운 홍보 아이디어가 도출되는 경우가 많다. 헌터 더글러스는 '포커스 2000 인콰이어러'라는 뉴스레터를 창안하여 전 직원들에게 에이아이 활동의 최신 동향을 알려주었다. 브리티시 에어웨이BA는 '플래카드 상영회'를 발족하여 북미 지역 20개 BA 공항 전 직원들이 모든 모범 사례 플래카드를 볼 수 있게 하였다. 모든 플래카드에는 각각 모든 공항을 순회하는 일정표가 부여되었다. 그것은 매달 한 번씩 벽에서 철거되어 일정표 상에 지정된 다음 공항으로 운반되었다. 이 방식을 통해 플래카드들은 20개월 동안 모든 BA 지점을 순회할 수 있었고, 모든 직원들이 북미 전체에 흩어진 고객서비스 조직의 업무와 베스트 프랙티스를 배울 수 있었다. 다른 조직들은 서밋의 결과를 공유할 수 있는 포스터, 비디오, 도시락 회의를 창안해냈다. 홍보 전략에 관한 상세한 내용은 6장과 12장에 나와 있다.

즉흥 변화 활동 촉진

우리는 종종 변화가 어떻게 일어날지에 관해 전체 그룹과 대화를 나눈다. 우리는 즉흥적 자세를 가지고 서밋 이후를 맞이한다면 목표와 계획이 훨씬 더 큰 성공을 거둘 것이라는 점을 강조한다. 또한 분명한 목표와 역할은 모든 전체조직 변화 프로세스의 핵심이며 세상은 정확히 우리가 상상하고 계획하고 결정한 대로 돌아가는 법이 거의 없음을 강조한다. 비록 기회가 잘 준비된 계획을 찾아온다 할지라도, 새로운 기회가 늘 찾아올 뿐 아니라 예기치 못한 사건으로 최고의 계획과 훌륭한 전략마저도 바뀌는 경우가 많다. 게다가 우리가 기울인 최선의 노력이 전혀 의도치 않았던 결과를 낳는 경우도 많았다. 결국 우리는 즉흥적 자세를 갖추고 서밋 이후를 맞이할 필요가 있다.

해군 경영대학원 프랭크 바렛 교수는 최고의 조직변화 프로세스는 깔끔하게 조직하고 마련한 프로그램이라기보다는 재즈 밴드의 연주에 더 가깝다고 했다.[3] 재즈 그룹에서 연주자들은 각자의 역할과 활동에 대한 기본적인 이해를 가지고 연주에 임하는데, 이것은 일련의 목표 및 계획과 유사하다고 할 수 있다. 재즈 음악은 각 연주자들이 어느 정도 연습해 둔 기존의 후렴구로 시작되지만, 이후 연주자 중 한 명이 '계획' 대로 진행하는 것이

아니라 어떤 '기회'를 듣고 그것을 포착하면서 전혀 새로운 가능성이 등장한다. 처음에는 한 연주자가, 다음에는 다른 사람이 비록 예상치 못했지만 불가피하게 찾아온 그 기회를 발전시켜 나가는 과정에서, 연주자들은 미리 확립해두었던 목표, 역할, 계획을 넘어서는 즉흥연주 실력을 발휘한다.

이런 방법은 높은 에너지를 발현시키고 상상치 못한 음악을 창조해 낼 뿐 아니라, 실수조차도 더 큰 창조의 기회로 삼는다는 데 그 아름다움이 있다. 재즈 연주자들은 즉흥 연주 중에 음표상 실수를 저지르기도 한다. 그러나 위대한 재즈 밴드를 차별화하는 요소는 그들의 스킬이나 경험이 아니라(물론 이들도 중요한 요소이다), 서로에 대한 그들의 헌신이다. 그런 헌신은 다른 사람들의 실수를 바탕으로 위대한 혁신을 이루어내는 형태로 나타난다. 그것은 그들이 미처 상상치도 못했던 뭔가를 창조해 내는 가능성인 것이다.

에이아이 서밋은 떠들썩한 한판의 즉흥 작업을 창조해낸다. 서밋을 완성하기 위한 한 가지 핵심 과제는 조직 구성원들에게 현장에 나가 즉흥적으로 행동하게 만드는 것이다. 계획을 기회를 향해 도약하는 발판으로 삼고, 실수를 예상치 못한 가능성으로 바꾸어라. 또 다른 핵심 과제는 혁신가들에게 가시적으로 손에 잡히는 지원을 제공할 리더십을 준비하는 일이다. (12장에 이에 관한 상세한 내용이 나온다.)

현업 그룹

이 시점에서 참가자들은 '현업' 그룹, 즉 같은 부서, 직능 또는 사업부 사람들끼리 모인다. 외부 이해관계자들은 그들끼리, 또는 평소 일상적인 업무에서 가장 긴밀하게 협력하는 부서와 함께 모인다.

이렇게 하는 이유는 이제 서밋에서 직장으로 전환이 시작되었고, 당장 내일부터 만나 함께 일할 사람들과 관계를 다시 긴밀하게 하는 데 도움이 되기 때문이다. 이 과제는 도해 10.3에 제시되어 있다. 여기에서는 서밋에 참가하지 못한 사람들에게 핵심 아이디어와 정보를 알려주는 데 초점을 맞추고 있다.

도해 10.3 현업 직원들과 의사소통

현업 직원들에게 알려야 할 가장 중요한 3가지 사항	이 생각과 정보를 공유하는 방법에 관한 최고 아이디어	의사소통의 주체, 장소, 시기에 관한 최고 아이디어
1.		
2.		
3.		

위대한 시작을 위한 대단원의 막

에이아이 서밋을 마치는 것은 시원섭섭한 일일 수도 있다. 사람들은 4일간의 주의 깊은 대화와 정중한 태도를 더 이상 하지 않아도 된다는 사실에 안도하지만, 앞으로 진행될 일에 흥분을 느끼기도 한다. 그들은 새롭고 다른 방식으로 현업에 복귀해야 한다는 생각에 걱정하면서, 이것이 과연 지속될 수 있을지 의구심을 가지기도 한다. 서밋의 종료는 분명히 사람들에게 프로세스에 대한 감사와 미래에 대한 걱정 그리고 로드맵에 펼쳐진 새로운 가능성에 대한 확신을 표현할 수 있는 기회를 제공함에 틀림없다.

많은 경우, 우리는 누구에게나 기회를 주어 지난 4일 동안 자신에게 의미 있었던 일이 무엇인지, 또 혹시 그 꿈을 실현하기 위해 앞으로 1~2주간 자신이 개인적으로 다짐한 일이 있으면 무엇인지 일어나서 말해보도록 요청한다. 혹은 그들이 그룹에게 제공하고자 하는 뭔가를 화제로 꺼낼 수도 있다. 그것은 시간, 공간, 데이터 접근, 핵심 자원이나 재정의 소개 또는 그 어떤 것도 될 수 있다.

우리는 그들에게 '간단한 약속'만을 부탁한다고 강조한다. 즉 어떤 협상도 필요 없고, 그들이 동원할 수 있는 자원으로 해결되며, 이용 가능한 시간에 수행할 수 있는 약속만 이야기하라는 것이다. 또한 이 활동은 전적으로 자발적인 진행이라는 점을 분명히 한다. 이 활동의 가치는 참가자들에게 한 번 더 말할 수 있는 기회와, 그들이 모여 함께 창조한 미래에 대해 극히 개인적으로 참여하고 기여할 수 있는 기회를 또 한 번 준다는 데 있다. 이 마지막 장면이 연출하는 너그러움과 자발적인 헌신은 언제나 놀라움을 안겨준다. 그리고 후원자의 적절한 마무리 연설을 위한 완벽한 무대 분위기를 조성하기도 한다.

후원자의 폐회연설은 대개 예상대로 진행된다. 즉 4일간의 성취 내용을 돌아보고, 미래를 다짐하며, 에이아이 정신의 활기를 유지하자는 내용이 주류를 이룬다. 그런 다음 후원자는 다음의 각 그룹을 일으켜 세워 그들의 노고를 치하하는 박수를 받게 한다. 기획팀과 실행계획팀, 그리고 자문단의 순서대로 일어선다. 마지막으로 모든 참가자들이 일어서서 서로 악수를 나눈다. 이렇게 서밋은 끝난다.

실현하기 선택적 활동

에이아이 4D 사이클의 각 단계에서, 4D의 의도를 실천하는 데는 무한할 정도로 많은 방법이 있다. 우리는 서밋별로 조직이나 공동체의 고유한 필요에 따라 다음과 같은 활동을 활용한다.

공통 관심사 행동 프로세스

이미 기술한 바와 같이 한 사람씩 자신의 의도를 발표하고 그 주제에 참여할 사람을 모집하는 것보다는, 공통 관심사를 중심으로 팀을 구성하는 방식이 더 좋을 때도 있다. 이런 경우, 우리는 이어지는 활동에 약간의 변화를 줄 것을 제안한다. 서밋의 모든 참가자들에게 플립차트 종이 한 장과 마커를 나눠준다. 그리고 사람들마다 종이에 자신의 머리가 들어갈 만한 크기의 구멍을 뚫으라고 한다. 그리고 사람들에게 자신의 가장 큰 관심사를 종이에 크고 굵은 글씨로 적은 다음, 글씨가 앞쪽으로 보이게 종이를 머리에 쓰라고 한다.

그런 다음 모든 사람들에게 서로 찾아다니며 같은 관심사를 갖는 사람들끼리 모이라고 한다. 종교 연합 운동 서밋에서는, 사람들이 이 활동에 그 생김새를 본 따 '변기뚜껑 활동'이라는 별명을 붙였다! 관심사 그룹은 여성과 영성, 다종교 교육, 지구 중심의 영성, 종교간 평화, 그리고 인도-파키스탄 관계의 주제를 중심으로 구성되었다. 그룹이 구성된 후 그들이 서로 만날 수 있는 시간이 주어졌다. 그들은 각자의 이해와 관심사, 그리고 미래 희망을 토론했다. 그리고 관련 프로젝트를 수행할 것인지 여부를 결정했다.

이것은 대규모 그룹에게 매우 큰 활력을 주는 입증된 활동이다. 또한 사람들이 서밋 마지막 날까지도 새로운 사람을 만나고, 서밋 이후에도 공유와 작업을 이어갈 수 있도록 자기 조직화의 기회를 주는 방법이다.

도발적 제안을 혁신으로

조직은 도발적 제안과 향후 진행될 행동을 직접 연관시키기 원할 때가 있다. 이럴 경우에는 사람들에게 도발적 제안에 관한 그룹을 먼저 조직하게 한다. 그리고 각자가 선택한 도발적 제안의 실현을 위한 모든 창의적 활동을 브레인스토밍을 통해 도출하게 한다. 우리는 발굴하기 단계와 꿈을 토론하는 과정에서 나온 최고의 아이디어를 기반으로, 그 목록이 순전히 독창적인 브레인스토밍을 통해 도출된 아이디어로 작성되기를 바란다.

목록이 완성되면 그룹별로 무엇을 할 것인지, 이 실행을 위해 어떻게 조직할 것인지를 결정한다. 브리티시 에어웨이 북미 고객서비스 사례에서는 애초의 인터뷰 주제가 도발적 제안과 혁신팀을 위한 사고의 틀로 사용되었다.

창조적 기획

기획에 관한 시를 쓰거나 목표를 지도로 그리거나, 혹은 다른 방법으로 서밋 이후의 기획팀의 목적을 창의롭게 표현할 수 있다. 대부분의 조직은 서밋 이후의 작업에 지침이 될 구체적인 계획 수립을 원하지만, 어떤 조직은 그저 창조적인 표현만으로 만족하는 경우도 있다. 실제로 네팔에서는 종이와 마커가 희귀한 자원이므로, 우리 동료 맥 오델은 그룹들에게 땅바닥에 그림을 그리게 한 후 현장에 나가 즉시(차도 마시지 말고) 그림으로

된 계획을 행동에 옮기도록 했다.

현업 즉흥 활동 촉진

서밋 이후 현업에서 즉흥 활동을 왕성히 일으키는 방법에는 여러 가지가 있다. 프랭크 바렛[4]은 여전히 재즈 비유를 사용하여 참가자들이 서밋 이후에 어떤 차별화된 행동을 취할 수 있는지 생각해볼 수 있도록 다음과 같은 질문을 제시했다.

- 큰 차이를 만들 수 있는 작은 일은 무엇인가?
- 당신이 만들거나 촉진할 수 있는 있을 법 하지 않는 연결들은 무엇인가?
- 당신은 누구의 목소리에 경청해야 하는가?
- 당신은 누구와 함께 시간을 보내야 하며, 누구의 아이디어를 빌려와야 하는가?
- 최대의 가능성을 실현할 수 있는 최소한의 형식은 무엇인가?
- 당신에게 솔로 연주는 어떤 의미가 있으며, 또 남들을 지원해야 할 때는 언제인가?

실현하기의 마지막: 긍정 변화의 지속

실현하기는 통합, 헌신, 그리고 집중 행동을 위한 시간이다. 실현하기는 이전 단계의 작업을 가져와 실무 차원에서 추진하고, 그 과정에서 어떻게 서로를 지원할 것인지에 관해 합의를 도출하는 시간이다. 그뿐만 아니라 변혁을 위한 조직적 토양을 조성하고 씨를 뿌려 이것이 새로운 탐색으로 자라나 더 많은 발굴, 학습, 지식 공유, 지혜, 베스트 프랙티스라는 열매를 맺기 위한 시간이기도 하다. 그런 의미에서 네 번째 날은 서밋을 마감하는 날이면서, 동시에 조직의 남은 미래를 시작하는 날이기도 하다. 성공적인 실현하기 활동은 긍정 변화를 지속할 수 있는 터전을 마련해 준다.

11장 _ 에이아이 서밋 퍼실리테이션

긍정 퍼실리테이션은 에이아이 프로세스의 다른 모든 요소들과 마찬가지로 탐색 중심적이고, 긍정적이며, 힘을 북돋우며, 모든 의견이 표출되는 과정이다. 그것은 사람들에게 생각과 감정을 표현할 기회를 줌으로써 그들로부터 최선을 이끌어낸다. 긍정 퍼실리테이션의 목적은 의미 있는 변화 의제를 초점을 맞춘 4D 사이클을 통해 소그룹 및 전체 그룹을 안내하는 것이다. 간단히 말했지만, 여러 면에서 정말로 간단하다.

긍정 퍼실리테이션의 기술은 훌륭한 사회적 구조 디자이너가 되는 것이라고 할 수 있으며, 전통적 의미의 변화 관리자의 역할과는 다르다. 긍정 퍼실리테이션은 누구나, 또 무엇이나 변화시키려는 것이 아니다. 그룹을 미리 디자인된 목표나 일련의 목적을 성취하도록 이끄는 것도 아니다. 사람들이 그들 스스로 대화와 상호작용, 활동을 구성하도록 도움으로써 그들이 원하는 조직 및 공동체의 미래를 집단적으로 발굴하고 창조할 수 있게 하는 것이다. 긍정 퍼실리테이션의 참모습은 사람들이 가장 원하는 미래를 실시간으로 경험하게 하는 것이다. 이로써 사람들은 자신의 희망과 꿈을 진정으로 성취할 수 있으며 일상적 활동에서 실현할 수 있음을 깨닫게 된다.

이 장에서는 긍정 퍼실리테이션의 실제와 에이아이 서밋에 대한 응용 방안에 대해 살펴본다. 또 훌륭한 긍정 퍼실리테이터가 되기 위해 필요한 것은 무엇인지 논의한다. 즉 안전하고, 매력적이며, 생성적인 환경을 조성하는 방법, 의미 있는 대화를 이끌어가며 능숙하게 의미를 전달하는 방법, 시간과 에너지를 관리하는 방법, 높은 수준의 참여 분위기를 조성하는 방법, 자기관리를 돕는 방법, 그리고 4D 사이클의 각 단계별로 그룹을 이끄는 방법을 알아본다.

긍정 퍼실리테이터가 되고 싶다면

스스로 에이아이의 본보기가 되지 않고는 에이아이를 수행할 수 없다는 사실은 이 분야에서 잘 알려진 진리이다. 최고의 에이아이 프랙티셔너는 에이아이의 원칙에 따라 일하고 사는 사람들이다.[1] 그들은 '질문 속에서 살아가며', '유리잔에 물이 반이나 찬' 모습을 본다. 가득 찬 호기심과 배우려는 의지가 없이 사람들을 탐색의 길로 이끌 수 없듯이, 에이아이의 본보기가 되지 않고는 에이아이 서밋 퍼실리테이션을 진행할 수 없다. 다음의 질문을 사용하여 당신이 얼마나 에이아이를 이끌 준비가 되었는지 스스로 점검해 볼 수 있다.

이 자리에 있는 것이 기쁜가?

우선 본질적으로 에이아이와 에이아이 서밋 퍼실리테이션을 반드시 즐겨야 한다. 당신이 특정 조직 또는 공동체와 일하는 것이 기쁘고 특히 그 서밋을 퍼실리테이션하는 일이 즐겁다면, 스스로도 즐길 수 있고 서밋 참가자들 또한 마찬가지로 즐길 것이다. 당신의 태도는 모든 참가자들이 경험하는 서밋의 씨앗이 된다. 더구나 당신의 즐거운 태도는 거대그룹과 일하는 데 꼭 필요한 강점과 에너지를 제공하여 일 속에서 지치거나 기력을 소진하는 일을 방지한다.

에이아이 퍼실리테이터가 "당신이 이 자리에 있는 것이 기쁜가?"라는 질문에 '예'라고 대답하는 이유는 다음과 같다.

- "나는 조직이 하는 일을 믿으며 그것을 돕기 원한다. 그들은 중요한 사명을 위해 일하고 있으며, 나는 그들에게 변화를 마련해 줄 수 있는 기회를 얻은 것이다."
- "새로운 사업, 조직, 산업 그리고 나 자신에 대해 배우는 것은 나에게 일종의 기회이다."
- "무언가 새로운 일을 하거나 에이아이를 새로운 방식으로 적용하는 것은 기회이다."
- "나는 이 사람들을 정말로 좋아한다."
- "나는 나의 강점이 조직의 성공을 돕는 데 꼭 필요하다는 사실을 믿는다."

흥미로운 사람들, 결과에 대한 약속, 차별화 능력, 학습은 모두 에이아이 퍼실리테이터가 '이 자리에 있는 것이 기쁜' 이유이며, 서밋 참가자들을 향해 긍정적인 기대를 품을 수 있게 한다.

이 질문에 당신이 '아니오'라고 답한다면 지금 당장 그만두라. 내면으로부터 하고 싶다는 음성을 들을 수 없다면 에이아이 서밋을 진행할 시도조차 하지 말라. 당신은 성공하지 못할 것이고, 조직에 도움도 안 될 것이며, 어쩌면 병이 날지도 모른다. 긍정적 이미지는 긍정적 행동을 부른다는 점을 기억하라. 긍정적 가능성의 이미지가 없다면 당신의 행동은 조직이나 공동체의 성공에 기여할 수 없다.

서밋의 목적에 호기심을 품고 있는가?

에이아이 서밋 퍼실리테이션을 위해서는 서밋의 목적에 확고하게 집중해야 한다. 당신은 서밋의 목적과 그것이 조직, 더 나아가 산업 전체에 미치는 중요성을 분명히 알고 있어야 한다. 아울러 서밋의 목적에 대하여, 그리고 참가자들이 이에 대해 알고 있는 것에 대하여 호기심을 품어야 한다.

목적에 대한 관심과 호기심은 크면 클수록 좋다. 당신의 관심과 호기심은 전염된다. 에이아이 서밋의 퍼실리테이션에는 상당한 정도의 긍정적 에너지, 열정, 그리고 영감이 요구된다. 호기심은 에너지를 불러일으키지만, 해답을 아는 것은 에너지를 가로막는다. 또한 호기심은 당신이 서밋 참가자들과 강한 협력 관계를 맺도록 도와준다. 참석자들이 자신들과 동등하게 하나가 되려 하고, 가치 있는 목적을 향한 전진을 도우려는 당신의 열망을 확인할 때, 서밋 전반에 걸쳐 반향을 일으키는 협동심과 긍정적 탐구심이 일어난다.

긍정적 시각을 견지하는가?

긍정 퍼실리테이터가 갖추어야할 가장 중요한 역량은 '긍정적 시각'으로 바라보는 능력이다. 즉 사람들과 그들의 의도 및 행동에서 최선을 찾아낼 줄 아는 능력이다. 자신이 올바른 긍정적 시각을 가지고 있는지 어떻게 알 수 있는가? 당신이 모든 아이디어와 의견 속에서 장점을 발견하는지 살펴보라. 모든 생각과 감정을 무조건 수용할 수 있는지 자문해보라. 또 겉으로 보기에 방해만 되고, 논쟁과 갈등을 불러일으키는 아이디어와 행동까지 소중히 여기는 태도가 자신 속에 있는지 생각해보라. 회의주의 속에 숨어있는 꿈을 볼 수 있고, 비평 속에 감추어진 이상을 파악해낼 수 있어야 한다. 그리고 당연히 사람들과 팀, 그리고 조직의 긍정적 핵심요소를 발굴하고 결집하기 위해 노력해야 한다.

사람들의 강점을 찾아내고, 역경과 좌절 속에서도 긍정적인 면을 볼 수 있는 능력은 서밋 참가자들에게 에이아이라는 모델을 제시할 뿐만 아니라 그들에게 희망의 전조를 안겨준다.

안전하고 매력적이며 생성적인 환경 창조

이상적인 서밋 환경이란 감정적으로 안전한 느낌이 드는 장소에서, 다양한 그룹의 사람들이 자신과 자신의 주요 관심사, 그리고 창조적 아이디어를 드러낼 수 있는 분위기를 말한다. 그런 분위기는 참여와 창의성, 그리고 다양성에 대한 존중을 이끌어낸다. 또한 그 분위기란 조직, 공동체, 상황에 따라 모두 다르다. 예를 들어 미 해군에게 안전하고 매력적이며 생성적인 환경은 아동복지 서밋이나 다종교 서밋에서 요구되는 같은 조건의 환경과는 매우 다르다.

미 해군 서밋에서는 권력서열을 평등하게 하고 모든 사람들의 의견이 똑같이 중요하다는 점을 강조하기 위해 군복 착용을 금지시켰다. 참가자들, 장교, 그리고 등록된 사람들은 누구나 평상복을 입었다. 아동복지 서밋에서는 젊은 사람들에게 편안하고 수용적인 느낌을 주기 위해 충분한 양의 쿠키와 소다수, 조립식 장난감, 파이프 클리너[4]가 제공되었다. 그리고

URI의 제1회 서밋에서는 250명의 다양한 종교적 배경을 가진 참가자들이 편안하게 관계를 맺을 수 있도록, 도착하는 모든 사람들의 모습을 사진에 담아 식당에 걸어두어 이름과 얼굴, 출신지역을 쉽게 알 수 있도록 했다.

참여 수준

유명한 건축가 프랭크 로이드 라이트는 "신은 세밀한 부분에 깃들여 있다.God is in the details."라고 말했다. 안전하고 매력적이며 생성적인 서밋 분위기를 창출하기 위해서는, 6장에 나타난 바와 같이 실행계획상의 모든 세부 사항에 주의를 기울이고 7장에 기술된 것처럼 따뜻한 환영인사를 베푸는 것이 중요하지만, 다양한 참여 수준을 존중하는 것 역시 필수적이다.

사람들은 에이아이 서밋에 다양한 수준으로 참여한다. 모든 서밋은 일대일 인터뷰로 시작되며, 그를 통해 참가자들은 다른 사람들을 만나 서로를 깊이 배우고, 긴밀한 대화를 이어가며 자신을 표현할 기회를 얻는다. 이후 참가자들은 한 테이블에 8명씩 둘러앉아 소그룹으로 참여한다. 그리고 마지막으로는 사람들이 전체 그룹 앞에서 발언할 수 있는 총회가 열린다. 그 누구도 원하지 않는다면 전체 그룹 앞에서 말할 필요는 없으나, 말할 기회는 제공된다. 다양한 수준으로 주어지는 참여의 기회는 안전하다는 느낌과 누구나 참여할 수 있다는 느낌을 모두 제공한다.

---

4) 철심에 복슬복슬한 펠트를 부착시킨 것으로, 이리저리 구부려 쉽게 모양을 만들 수 있어 미술 공예용으로 많이 쓴다.

무엇을 퍼실리테이션하는가?

긍정 퍼실리테이션은 몇 가지 핵심적인 면에서 독특하다. 사회 구성 이론과 에이아이의 원칙에 의거하여 긍정 퍼실리테이션은 대화, 관계, 그리고 의미부여에 집중한다. 에이아이 서밋 퍼실리테이션은 평소 서로 사귀거나 대화를 하지 않던 사람들이 함께 모여 공통의 미래를 구축할 수 있게 만든다.

의미부여

긍정 퍼실리테이션은 사람들이 관계를 맺음으로써 의미를 만들 수 있게 돕는 일이다. 우리는 퍼실리테이터로서 탐색 및 대화 등의 프로세스, 그리고 거기에서 도출되는 의미에 관심을 기울인다. 인간의 행동에 관한 것이 아니다. 조직 변화를 위한 우리의 관심은 인간행동의 변화가 아니라 관계 구축에 모아진다. 우리는 '관계를 증진하는' 대화를 조성하고자 한다. 이를 통해 사람들은 서로를 알고 존중하게 된다.

발굴하기

지식, 지혜, 모범 사례에 대한 발견, 학습, 공유가 없이는 에이아이가 성립될 수 없다. 탐색과 탐구, 그리고 발견은 에이아이 프로세스에 내재되어 있다. 에이아이 서밋 퍼실리테이션은 발견이라는 것을 하나의 활동으로부터 알고, 배우고, 조직하는 방식으로 끌어올리고자 한다. 그 목표는 새로운 가능성을 끌어내기 위해 참가자들의 호기심과 놀라움의 능력을 강화시키는 것이다. 또한 과거 스토리를 기억하고 다시 거론함으로써 혁신과 탁월성의 잠재력을 이끌어내려는 것이다.

긍정 퍼실리테이션은 무조건적인 긍정 질문을 던지는 기술에 집중한다. 여기에는 시작과 함께 진행되는 긍정 인터뷰 질문, 발굴하기와 꿈꾸기, 디자인하기, 그리고 실현하기 활동을 안내하는 질문들, 그리고 서밋 기간에 도출되는 질문들이 모두 해당된다. 질문은 매우 존중받는다. 질문은 긍정적이고 생명력을 안겨주는 잠재력의 근원으로, 또 발견과 학습의 기회로 간주된다. 긍정 퍼실리테이터들은 해답을 제시하기보다는 행동을 위한 가장 긍정적인 가능성과 잠재력을 드러낼 수 있는 질문을 많이 던진다.

발견이라는 관점에서 서밋의 성과는 불확실하다. 새로운 아이디어와 정보가 떠오르면서 집단적인 의미는 계속 바뀌어 간다. 최고 순간에 관한 스토리, 꿈 그리고 디자인이 공유되면서 집단적 의미는 형식을 갖추게 된다. 긍정 퍼실리테이션은 참가자들이 '질문 속에서 살고', 이 프로세스를 거치면서 불확실성에 익숙해지도록 도와준다.

스토리텔링

이미 언급했듯이, 에이아이의 목적은 이야기가 풍부한 환경을 조성하는 것이다. 즉 구성원들이 스토리텔링을 관계 수립과 베스트 프랙티스 공유의 한 방안으로 삼는 조직이나 공동체를 만드는 것이 궁극적인 목표이다. 에이아이 서밋에서 우리는 사람들에게 자신의 아이디어를 스토리 형태로 말하고, 최고의 경험과 모범적인 조직, 그리고 꿈에 관한 스토리를 전달하도록 요청한다.

스토리는 관심과 호기심을 불러온다. 그러므로 스토리는 사람들이 서로를 알 수 있도록 돕는 매우 의도적인 방법이다. 스토리는 또한 대단히 많은 정보를 전달하며, 조직의 근본적 성공요인을 이해하는 분석 대상이 될 수도 있다. 일반적으로 스토리는 논쟁을 불러오지 않는다. 대신 안전하고 협력적인 환경을 조성한다.

4D 사이클에 따른 움직임

에이아이 서밋에서 4D 사이클의 역할은 신체에서 골격이 차지하는 역할에 비유할 수 있다. 그것은 골격과 구조를 제공해주며, 서밋에 역동성과 안정성을 부여해준다. 간단히 말해 에이아이 서밋 퍼실리테이션은 4D 사이클에 생명을 부여하고, 참가자들에게 발굴하기, 꿈꾸기, 디자인하기 및 실현하기 활동에 분명한 지시사항을 제공할 수 있다. 에이아이 퍼실리테이션은 그룹이 활동을 완수하기에 충분하면서도 과하지 않은 시간을 부여할 수 있는 주의 깊은 타이밍 감각을 필요로 한다.

에이아이 퍼실리테이션에 제한이 전혀 없는 것은 아니다. 이는 뚜렷한 목적과 일관된 프로세스에 집중되어 있다. 긍정 퍼실리테이션 기술은 서밋이 시작되기 전에 미리 활동을 디자인하고 서밋 도중에 필요에 따라 그것을 수정하는 데 있다. 수정의 대부분은 4D 사이클의 각 단계를 실행하는 목적이 아니라 그 방법과 관련하여 일어난다. 예를 들면, 어떤 한 조직이 수행한 4차례의 서밋을 위해 우리는 촌극의 형태로 꿈을 시연하려는 계획을 세웠다. 총 4회 중 두 번째 서밋에서 시간이 부족했던 우리는, 그룹원 중 절반은 꿈을 공연하고, 그동안 나머지 절반은 그림을 그리도록 했다. 그 결과 꿈을 그림으로 표현하는 것이 촌극보다 훨씬 더 풍부한 내용을 담을 수 있으며 참가자들도 더 좋아한다는 사실을 발견했다. 제3회와 4회 서밋에서는 모든 그룹에게 꿈을 그림으로 그리도록 했다. 그림 프로세스가 그 조직문화와 일정에 더 적합했다. 서밋 이후 그 그림들을 사진으로 찍어 회사 뉴스레터에 게재했다.

다양성, 혁신의 근원

폰 베르탈란피 등의 일반시스템 이론가들은 오랫동안 다양성과 혁신 사이의 관계에 주목해 왔다. 시스템 내에 다양성이 증가하면 혁신의 가능성도 커진다. 이 간단한 원리는 에이아이 서밋에도 적용된다. 회의장 안에 역할, 나이, 민족 배경, 업무 및 인생 경험, 그리고 아이디어를 표현하는 방식에서 다양성이 증가할수록 집단적 지혜와 창의성, 혁신의 크기는 더욱 커진다.

결과적으로, 긍정 퍼실리테이션은 다양성, 포괄성, 그리고 차이에 대한 존중을 독려한다. 모든 이해관계자들이 서밋에 초대된다. 참여와 표현을 촉진하기 위해 광범위한 방법이 동원된다. 그리고 에이아이 서밋은 가능하다면 어떤 방법도 모두 동원되는 멀티미디어 이벤트가 된다. 말로 진행하는 토론, 비디오 발표, 음악, 그래픽 퍼실리테이션, 심지어 '야외 경험' 활동에 이르기까지 말이다.

갈등에서 협력으로

에이아이 서밋 초창기에 우리는 흥미 있는 사실을 발견했다. 사람들에게 서로의 차이점을 토론해 보라고 할수록, 그들은 서로의 공통점을 발견했다. 그리고 그 반대의 결과도 관찰했다. 공통적 토대를 찾으라고 요청할수록, 그들은 서로를 구분 짓는 필요에 대해 주목한다. 사람들이 자신의 최고 경험과 미래의 희망에 대한 이야기를 나누면서 서로를 알아가는 것으로 시작하는 에이아이 프로세스에서도 상황은 마찬가지이다. 꿈꾸기 단계에 이르기 전까지는 공통의 아이디어나 이미지를 창출하려는 시도가 전혀 일어나지 않는다. 에이아이는 개인들로부터 시작해서 꿈의 공유, 집단적 디자인, 그리고 감동적 행동으로 발전해 나간다. 이런 식으로 프로세스는 사람들을 자신만의 시각으로부터 전체를 향해 나아가게 만든다. 고유성을 인정하는 데서 출발하여 열정적인 협력과 집중된 행동을 향해 발전한다.

때때로 에이아이 서밋은 서로 갈등 관계에 놓인 그룹들 사이에서 가교 역할을 하기 위해 개최된다. 이럴 경우에는 뚜렷하고 강력하며 초월적인 목적이 반드시 필요하다. 다시 말해 우리는 갈등 그룹 사이의 관계에 직접 관심을 기울이지는 않는다. 그 대신 우리는 모든 사람에게 의미를 주는 목적을 위해 그들이 함께 연합하도록 이끈다. 모든 이해관계자들이 회의장에 모여 더욱 차원 높은 목적을 토론하고 해결책을 모색할 때, 소소한 갈등은 사라진다. 에이아이를 갈등 상황에 적용하는 것에 관한 상세한 내용은 '평화구축을 위한 긍정 방법론'을 읽어볼 것을 권한다.[5]

시간과 에너지 관리

200~500명 이상이 한 자리에 모인 자리에서는 시간과 에너지의 관리가 성공에 핵심적이다. 다루어야 할 서밋 의제가 차고 넘치기 때문에 시간이 가장 중요하다. 전체 프로세스와 모든 활동, 그리고 휴식시간의 시작과 종료 시간을 엄수하는 것이 중요하다. 우리는 서밋을 시작할 때부터 사람들에게 우리가 설정한 시간표를 스스로 관리해 줄 것을 부탁한다. 시간

을 공지하고, 플립차트나 회의장 내의 스크린에 게시하며, 이를 반드시 지킨다. 전체 그룹이 특정 활동에 너무 많은 시간을 소요하는 것 같으면, 시간이 더 필요한 그룹에게 손을 들어보라고 요청한다. 이런 식으로 추가 시간이 더 필요한지를 신속하게 파악한다. 시간이 더 필요하다는 그룹이 그렇지 않은 그룹보다 더 많을 경우 해당 활동을 3~5분 간 연장한다. 이보다 더 많은 시간을 주는 경우는 거의 없다. 다음으로 넘어갈 준비를 마친 그룹은 지루해하며, 시간을 지킨 것이 오히려 손해라고 생각하기 때문이다.

사람들이 특정 활동에 몰입하여 바쁘게 움직이기 시작하면 회의장은 점차 시끄러워진다. 그룹이 과제를 마치면 에너지는 급감하고 사람들은 방안을 드나들며 배회하기 시작한다. 시간 관리는 에너지와 열정을 높은 수준으로 유지시키며 시간을 지킨 사람들을 존중하는 방법이기도 하다.

참가자들에게 시간이 다 되었다는 신호를 보내는 방법은 여러 가지가 있다. 어떤 퍼실리테이터는 종을 울리고, 일부는 음악을 사용하기도 하며, 혹은 다음 과제로 그냥 넘어가는 사람도 있다. 디지털 슬라이드쇼는 특히나 효과를 발휘한다. 누군가에게 부탁하여 그룹들이 작업하는 내내 사진을 찍게 한 후, 휴식시간이 끝나기 약 5분 전부터 슬라이드쇼로 연속적인 상영을 하는 것이다. 사람들은 사진 보는 것을 좋아하며, 이를 보기 위해 휴식 시간이 끝나기 전에 자리로 돌아오는 습관을 들이게 될 것이다.

전체그룹이 모인 자리에서 시간 관리를 위해 기억해야 할 중요한 사항이 하나 있다. 시간이 아무리 늦어지더라도 프로세스를 도중에 중단시키겠다고 말하거나, 빨리 진행하라고 종용하지 말기 바란다. 진행 순서를 바꾸거나 활동에 필요한 시간을 말해주면서 마치 처음부터 그렇게 계획했던 것처럼 행동해야 한다. 시간이 늦어진다거나 훌륭하게 일을 끝내기 위한 시간이 부족하다고 느끼는 순간부터 그룹은 걱정하게 되고 열정을 잃기 시작한다. 퍼실리테이터로서 당신이 할 일은 그들이 언제나 필요한 일을 할 시간이 충분하다고 느끼게 만드는 것이다. 어떤 경우에는 실제 시간보다도 시간에 대한 인식을 관리해야만 할 때가 있다.

참여 독려

에이아이 서밋은 높은 참여가 필요한 프로세스이다. 목적과 관련된 모든 사람들이 참석하고, 안전한 느낌 속에서 참여할 기회가 주어질 때 서밋의 효과가 가장 크다. 참여를 독려하는 방법은 분명한 지시사항을 알려주고, 사람들이 그룹에서 발표하기 전에 자신의 아이디어를 기록할 시간을 주며, 언어적 활동 못지않게 다양한 시각적 활동을 제공하는 것이다. 경험에 의하면, 말이 더 편한 사람이 있는 반면 시를 더 잘 짓거나 그림을 더 잘 그리는 사람들도 있다. 이 모두를 자기표현의 도구로 제시하면 최적의 참여 환경을 제공하는 셈이 된다.

다언어 서밋

여러 언어로 진행되는 서밋을 이끌기 위해서는 추가적인 주의가 필요하다. 서밋 자료를 사용되는 모든 언어별로 미리 번역해 둘 수 있다면 대단히 도움이 된다. 또 어떤 사람들은 통역이 필요할지도 모른다. 그리고 가능하다면 참석한 사람들의 언어를 구사하는 퍼실리테이터를 확보하라. 종교 연합 운동 사례에서처럼, 참가자들이 같은 그룹 내에서 다른 언어권의 사람들과 만나는 것이 중요할 때가 있다. 그런 경우에는 개인별로 통역이 지정되어 프로세스 내내 그들을 지원해야 한다. 샌터 애너 호텔 앤 카지노 사례와 같은 경우에는, 특정 언어별로 그룹이 구성되어 한 통역사가 한 그룹을 위해 일할 수도 있다.

다음은 다언어 서밋을 퍼실리테이션하는 몇 가지 비결이다.

- 전체 그룹에게 서밋이 다수의 언어로 진행된다는 사실을 미리 말하라.
- 시간을 들여 다수의 언어로 지시사항을 반복하여 모든 사람들에게 기대되는 내용을 알려주고, 그들이 다언어 환경을 경험할 수 있게 하라.
- 영어나 그 밖의 공통 언어로 작업을 진행 중이더라도 모국어로 대화할 시간을 할애하라. '모국어'로 의미를 부여할 시간을 주어라.
- 사람들이 모국어로 발표하도록 함으로써 모든 사람들이 자신의 조직 혹은 공동체의 다언어적 특성을 이해할 기회를 부여하라.

다언어 서밋에 참여하는 것은 참가자나 퍼실리테이터 모두에게 풍성하고 보람찬 경험이다. 다양한 문화와 언어에 걸쳐서 공유하고 배워야 할 것이 많다. 다양한 언어로 노래하고, 촌극을 공연하며, 발표를 진행하는 과정에서 에너지와 열정이 솟아오른다. 사람들과 다양한 언어로 대화를 나누다 보면 탐구 정신을 생생하게 체험할 수 있다.

자기관리 지원

다른 무엇보다도 긍정 퍼실리테이션의 목적은 참가자들을 성인으로 대하며 그들이 자기관리를 할 수 있도록 촉진하는 것이다. 에이아이 서밋의 퍼실리테이션 팀은 대개 인원이 적다. 경험에 따르면, 대략 서밋 참가자 100명당 2명의 퍼실리테이터가 필요하다. 퍼실리테이터의 수가 턱없이 모자라므로 자기관리는 반드시 필요한 덕목이다. 이제 자기관리를 위해 우리가 해야 할 일을 살펴보자.

분명하게 지시하라

대규모의 사람들과 함께 일할 때는 지시를 애매하게 하거나 뒤섞인 메시지를 전달하면 안 된다. 회의장 앞에서 무슨 말을 하든 그것은 '귓속말로 이어 전달하는' 식의 의사소통을 유발하게 된다. 모든 그룹이 동일한 활동을 수행하게 만들려면, 청각적 방법과 시각적 방법 모두를 사용해서 지시를 전달해야 한다. 우리는 그룹이 퍼실리테이터가 발표하는 지시사항을 듣고, 플립차트나 프로젝터 슬라이드를 통해 눈으로 보고, 각자 가지고 있는 워크북에서도 확인한 다음, 그래도 모르는 사항이 있으면 그룹을 확인하며 회의장을 돌아다니는 퍼실리테이터에게 질문할 기회까지 얻는다면 매우 도움이 된다는 사실을 발견했다. '똑같은 메시지를, 다양한 매체로'라는 홍보 캠페인 원칙은 여기에서도 마찬가지로 적용된다.

소그룹 역할을 지정하라

지시사항이 분명하면 서밋에 참가한 대다수의 그룹은 곧바로 작업을 시작할 수 있다. 그러나 그룹에게 다음과 같은 역할을 부여하면 시작하는 데 훨씬 도움이 된다는 사실을 발견했다.

• 토론 리더: 대화를 올바른 방향으로 진행하고, 모든 사람에게 골고루

발언의 기회를 주는 사람
- 시간관리 담당자: 그룹의 시간을 체크하고, 프로세스 중 다음 단계로 넘어갈 때가 되었음을 알려주는 사람
- 기록 담당자: 핵심 아이디어를 기록하고, 필요할 경우 플립차트에 발표 내용을 기록하는 사람
- 보고자: 전체 참가자 앞에서 그룹의 작업 결과를 발표하는 사람

우리는 모든 활동에 앞서 그룹이 이런 역할을 할 사람을 지정하고, 활동이 바뀔 때마다 역할도 돌아가며 맡기를 제안한다. 또한 이것은 매일의 직원 회의, 프로젝트 회의, 그리고 모든 종류의 팀 회의에서 매우 유용하다는 점을 언급한다.

워크시트를 행동 안내서로 사용하라

에이아이 서밋 의제는 미리 주의 깊게 생각하여 구성하게 된다. 참가자들은 의제와 함께, 서밋에서 수행할 모든 활동이 상세하게 기술된 워크시트북을 한 권씩 받는다. 그룹이 수행할 모든 활동이나 과제에 대한 다음의 정보가 워크시트에 수록되어 있다.

- 활동이나 과제의 제목
- 과제의 목적
- 그룹이 과제 수행을 위해 거쳐야 할 단계
- 기대되는 성과물
- 과제별 할당 시간

명료하게 구성된 활동 목록은 그룹이 효율적이고 창조적으로 일할 수 있게 해준다. 모든 그룹 구성원들이 지켜야 할 똑같은 지시사항을 워크북에 명시한다면 혼란을 최소화할 수 있다. 우리는 좋은 서밋 워크북은 자기 관리를 지원할 뿐만 아니라 전체 그룹의 집중력을 높여준다는 사실을 발견했다. 참가자 워크북 사례가 부록에 수록되어 있다.

4D 사이클 퍼실리테이션

일반적으로 4D 사이클 퍼실리테이션이란 분명한 지시를 전달하고, 한 발 뒤로 물러서서 그룹들이 작업을 수행하도록 한 다음, 그들이 전체 그룹 앞에서 발표하는 것을 퍼실리테이션하는 것이라고 할 수 있다. 그룹이 작업을 수행하는 동안 퍼실리테이터는 회의장을 돌아다니면서 사람들을 살피고 질문에 대답해주는 것이 좋다. 또 2~3명과 자리에 앉아 그들이 무슨 대화를 나누고 있는지, 프로세스가 어떻게 진행되고 있는지 함께 느껴보는 것도 좋다. 그러나 너무 많이 시간을 뺏거나, 그들이 어려움을 겪고 있더라도 해당 그룹의 퍼실리테이터를 자청하는 일은 피해야 한다. 그룹이 스스로의 리듬과 그들만의 해답을 찾아낼 수 있게 해줌으로써 자기관리와 비공식적 리더십이 생겨날 수 있도록 하라.

4D 사이클의 각 단계마다 과업의 성격이 모두 다르므로, 퍼실리테이션의 종류도 약간씩 달라질 수밖에 없다. 다음은 4개의 각 단계마다 요구되는 정신에 대한 간략한 개관이다.

발굴하기 퍼실리테이션

발굴하기 단계의 과제는 사람들이 앞으로 4일 간의 잠재력에 대해 안전하고 편안한 느낌을 갖고 힘을 얻을 수 있도록 함께 도와주는 것이다. 그렇게 함으로써 사람들에게 새로운 관계를 맺고, 깊은 긍정적 차원에서 서로를 알아가며, 전체 그룹에 대한 소속감을 발전시킬 수 있는 기회를 준다. 마지막으로 조직의 핵심적 긍정요소를 폭넓게 탐구하여 꿈꾸기, 디자인하기, 실현하기 과제를 위한 확신과 이해를 구축하게 한다. 발굴하기는 대체로 탐색과 탐구, 그리고 학습의 과정이다. 과거와 현재 그들의 삶과 조직의 최고 요소에 대해 탐구심을 느낄 수 있도록 돕는 모든 행동은 발굴하기 프로세스에 크게 기여할 것이다.

꿈꾸기 퍼실리테이션

꿈꾸기 단계의 에너지는 발굴하기 단계의 에너지와는 사뭇 다르다. 이제 작업의 내용은 기존에 알던 것에서 앞으로의 일을 상상하는 것으로 바뀐다. 당신의 역할은 사람들이 창의성을 발휘하여 대담한 꿈을 꾸도록 장려하는 것이다. 꿈꾸기 단계를 성공적으로 퍼실리테이션하기 위해서는 가능한 한 많은 방법으로 창의성을 이끌어내야 한다. 꿈은 가능성의 이미지와 생명을 주는 잠재력을 고양시키는 것이다. 이는 더 나은 세상을 향한 용감한 희망에 힘을 실어준다. 퍼실리테이터로서 당신의 역할은 조용한 희망의 표현을 증폭시켜 다른 사람과 공유하게 하고, 사람들이 언제나 원해온 것들을 기억하고 말할 수 있도록 개인적으로 또 집단적으로 지지하며, 긍정적 현실을 향한 첨경으로서 상상을 고취하는 것이다.

디자인하기 퍼실리테이션

디자인하기 단계에서는 다시 한 번 그룹의 에너지를 전환시켜야 한다.

즉 상상으로부터 대화와 헌신으로의 전환이다. 꿈꾸기가 미래에 대한 크고 독창적인 이미지에 관한 작업이라면, 디자인하기는 그룹이 그들의 공통된 미래를 위해 헌신하고자 하는 것에 관한 일이다. 꿈꾸기가 무엇이 가능한 지에 관한 것이라면, 디자인하기는 가능성을 실현하기 위해 필요한 조직, 구조, 시스템, 그리고 프로세스에 관한 것이다.

디자인하기에서는 참가자들이 도발적 제안을 발표하고 긍정적인 피드 백을 받을 기회를 주어 열정과 희망을 유지시키는 것이 중요하다. 최선을 다해 꿈을 현실로 바꾸는 전혀 새로운 디자인을 창조하고, 강력한 도발적 제안에 합의를 이끌어내는 활동들은 사람들을 몰입시키는 작업이 될 수 있 다. 그룹들은 전체 그룹이 이상적 조직에 관한 자신의 선언문을 지지한다 는 것을 알아야 한다. 무엇보다도 이 시점에서 각 소그룹은 실제로 전체를 대신하며, 또 전체의 지지를 받으며 작업하고 있는 것이다. 당신이 퍼실리 테이터로서 기록된 사항들에 대한 전체 그룹의 지지를 이끌어내고 거기에 서 더욱 발전되도록 하는 모든 일은 심층적인 조직 변혁의 촉진에 기여하 게 될 것이다.

실현하기 퍼실리테이션

실현하기는 행동의 시간이다. 그렇기 때문에 그만큼 독특한 에너지가 발산된다. 이 단계의 목표는 세 부분으로 구성된다.

첫째, 전체를 위한 개인의 행동 열정을 촉진하는 것이다. 자신이 진정 으로 작업하고 싶은 것이 무엇인지 파악하고, 똑같은 열정을 공유한 다른 사람들과 연관될 수 있도록 사람들을 돕는 것이다.

둘째, 성공을 지원하는 약속을 이끌어내는 것이다. 그 어떤 정책도 사람들이 외면하는 한 성공할 수 없다. 모든 프로젝트에는 다른 사람들의 시간, 돈, 사람, 주목 및 기타 지원이 필요하다. 이 단계는 그 지원을 조성하는 시간이다.

마지막으로 실현하기의 목적은 다음 단계, 다음 목표, 그리고 향후 이벤트를 설정하여 긍정 변화의 모멘텀을 마련하는 것이다. 모든 서밋에서 마지막이 가까워질수록 개인, 실행팀, 그리고 전체 조직이 후속 조치에 대한 토론과 약속에 시간을 할애해야 한다는 점을 잊지 말라.

에이아이가 되기

에이아이 서밋 퍼실리테이션을 위해서는 다른 사람들의 학습과 창조 과정을 도우려는 것 못지않게 자신이 먼저 배우겠다는 의지가 필요하다. 그러기 위해서는 단순히 에이아이를 수행하는 차원을 넘어 스스로 에이아이의 본보기가 되겠다는 의지가 필요하다. 에이아이가 되기 위해서는 다음과 같은 모든 자질을 갖추어야 한다.

탐구자가 되어 배우고 변화하라. 에이아이 퍼실리테이터들은 조직의 삶을 배우는 학생이다. 호기심을 가지고 인적 조직, 개인, 조직에 대한 새로운 통찰과 이해를 추구한다. 퍼실리테이터들은 인생은 신비하고, 불확실하고, 항상 변화하는 것이며, 언제나 새로운 것을 발견할 수 있다는 가정 하에 작업한다. 학습은 변화를 불러온다는 사실을 이해한다. 모든 에이아이 서밋은 배우고 성장하며 스스로를 새롭게 바꿀 수 있는 기회이다.

자신과 남에게 힘을 주는 것을 찾아라. 에이아이 퍼실리테이터들은 성공을 낳는 요인이 무엇인지, 사람들에게 행복과 열정을 주는 것이 무엇인지, 그리고 건강하고 매혹적인 대화를 만들어내는 것이 무엇인지에 늘 주의를 기울인다. 일, 놀이, 그리고 갱신 사이의 균형을 맞출 줄 안다. 자신이 하는 모든 일에서 재미를 느끼고 긍정적 가능성을 찾아내는 데 열중한다. 그들은 3가지 기본적 사항, 즉 사회적, 재정적, 환경적 행복을 위해 일한다.

관계를 통해 일하고 협력을 신뢰하라. 에이아이 퍼실리테이터들은 실행 공동체로서 일하며, 동료 및 고객과 파트너십을 통해 최선을 이끌어낸다. 그들은 개방적이고 포괄적인 대화, 민주적 절차, 그리고 공동 창의력을 조성하는 새로운 조직방식을 중요시한다.

제도화된 형태의 차별과 부정의에 도전하라. 에이아이 실행가들은 차별이 조직의 문화와 구조 속에 제도화되어 있다는 점을 이해한다. 그리고 모든 의견이 발언되고 이해되며 존중되는 기회를 주는 대화, 프로세스, 조직을 디자인한다.

방법론이 아니라 의미에 집중하라. 에이아이 퍼실리테이터들은 자신이 하는 모든 일에 가치와 진실을 부여하기 원한다. 에이아이를 수행하는 데는 옳고 그른 것이나, 절대적인 관행이나, 단 하나의 완벽한 방법이란 존재하지 않는다는 것을 알기 때문에 그들은 고객의 필요를 충족시키기 위해 끊임없이 혁신을 추구한다. 그들은 주어진 상황에 의미가 있는 실행을 만들어낸다는 원칙과 철학을 가지고 일한다.

결함 중심의 대화 틀을 긍정적 가능성으로 바꾸어라. 에이아이 퍼실리테이터들은 긍정적 잠재력에 집중한다. 그들은 현재 상태를 평가하고 확인하지만, 동시에 미래를 위한 가능성을 끌어내기도 한다. 그들은 자신만의 언어와 단어 선택을 중요시하지만, 가능하다면 언제나 현실을 존중하고 희망을 부여하며 사람, 관계, 상황으로부터 최선을 이끌어내는 언어로 말한다.

가치, 그리고 생성적이며 생기를 주는 요소를 중심으로 조직하라. 에이아이 퍼실리테이터들은 시간, 관심, 관계, 일을 자신의 가장 높은 가치, 그리고 건강하고 지속적인 조직적 삶에 일치시킨다.

방법론과 도구는 그것을 사용하는 사람의 의도, 인식, 그리고 참여의 반영에 지나지 않는다. 이것은 에이아이 서밋으로 알려진 방법론과 실행에도 매우 잘 적용된다. 자신의 자아적 필요를 충족시키기 위해 에이아이를 시도하는 리더나 컨설턴트라면 에이아이나 다른 조직변화 방법론 그 어느 것을 사용해도 똑같은 성공을 경험할 것이다. 그러나 탁월함을 개발하고, 자신과 타인에게 진정한 생명을 부여하는 것이 무엇인지 배우며, 삶 중심의 조직을 고양하는 에이아이의 잠재력을 추구하는 사람들은 자신이 에이아이 그 자체가 되는 데서 오는 즐거움을 만끽할 수 있을 것이다.

4부

후속 작업

모든 끝은 새로운 시작을 낳는다. 에이아이 서밋도 마찬가지다. 대화, 인간관계 관행, 업무적 상호작용을 바라보고 경험하는 정적인 방법은 이제 끝났다. 이제 대화는 조직의 긍정적 특성, 즉 핵심적 긍정요소를 파악하고, 유지하며, 강화하는 데 집중된다. 인간관계는 다양한 시각의 탐구와 포용을 통한 깊은 수준의 이해와 협력에 집중된다. 이제 업무적 상호작용은 패턴과 상호관계에 대한 인식과 이해, 그리고 그것을 어떻게 더욱 효과적이고 효율적으로 구성하여 조직의 희망과 꿈을 더욱 잘 성취할 수 있는가에 집중된다.

서밋 이후는 서밋 이전과 도중에 진행되어 온 모든 유익한 결과를 거두어들이는 시간이다. 또한 지속성의 씨앗을 새로이 뿌릴 시간이다. 즉 프로세스, 절차, 시스템, 구조를 재창조하고, 이를 서밋에서 분출된 꿈과 설계 안으로 정렬하는 것이다. 서밋 이후의 후속 활동은 크게 두 가지 범주로 나뉜다.

- 서밋 후속 조치 – 의사소통, 혁신팀에 대한 지원, 서밋 정책과 같은 서밋의 논리적 연장
- 긍정 조직 구축 – 조직이 핵심적 긍정요소를 활용하는 역량과 구성원들의 희망과 열망을 개인적, 집단적으로 실현시킬 역량을 증대시키는 활동

4부의 내용은 서밋 이후에 진행될 일들을 보여준다. 이것은 당신이 할 일의 공식

을 제공하려는 것이 아니라, 조직과 서밋 이후에 그들이 성취한 모든 스토리들을 보여주려는 것이다. 모든 서밋은 저마다 다르므로 4부의 내용은 선택적으로 사용하길 바란다. 다른 조직들이 해온 일들을 배움으로써 서밋 이후에 조직의 고유한 필요가 발생할 때 거기에 더욱 잘 대처할 수 있기를 바란다.

12장 _ 후속 조치

후속조치 활동은 서밋의 과제에서 비롯되며 그에 따라 다양하다. 모든 조직은 각자의 사업에 따른 고유하고 중요한 무언가를 성취하기 위해 에이아이 서밋을 개최하기로 결심한다. 조직의 고유한 변화 의제와 서밋 과제는 후속조치 활동의 속성과 범위를 결정한다.

미국의 거대 전기장치 제조업체 사례를 살펴보자. 새로운 영업부문 책임자가 부임했을 때는 그 팀이 급속도로 침체에 빠져있던 시기였다. 전국에 걸쳐 30명 정도의 영업 인력으로 구성된 그 팀은 과거 3년간 매출 감소, 이직률 상승, 사기 저하에 허덕이고 있었다. 그 책임자는 우리에게 당시 상황을 이렇게 설명했다. "나는 실패의 악순환에 빠져있는 팀을 맡았습니다. 그 팀은 조직 내에서 좋지 못한 평판을 받고 있습니다. 그 사실은 팀원들의 자신감과 자부심에 상처를 주며, 업무 성과에도 악영향을 끼칩니다. 그리고 이는 다시 팀의 평판을 악화시킵니다." 이러한 침체를 역전시켜 실패의 악순환을 끊고자 그 책임자는 팀 성장이라는 주제로 3일간의 에이아이 서밋을 개최하기로 결심했다.

기획팀은 기업 간부, 사내 여러 부서, 그리고 고객층에 걸쳐 다양한 이해관계자들을 초대하여 모든 계층으로부터의 이해와 지지를 회복시키려 했다. 그들은 함께 팀의 새로운 비전과 가치를 수립했다. 그들은 영업, 마케팅, 견적, 그리고 상품 조달 영역에서 핵심적 사업 성과를 거두기 위한 4개의 '혁신 태스크포스팀'을 구성했다. 아울러 포괄적 긍정리더십 개발 ALD(Appreciative Leadership Development) 프로그램에 착수했다.

서밋의 후속조치에는 사업개발과 ALD 프로그램에 주력하는 4개 혁신팀에 대한 지원이 포함되었다. ALD는 긍정적 성과평가 프로세스, 멘토십 프로그램, 일련의 교육 프로그램, 그리고 승진 기회 강화로 구성되었다. 서밋 후속조치 활동에는 영업팀뿐만 아니라 인적자원, 마케팅, 그리고 상품개발 부서 직원들까지 참여했다.

이후 2년 동안 바로 이 영업팀은 활기를 되찾아 괄목할만한 성과를 거두었다. 판매, 수익성, 사기, 이직률, 판촉, 승진, 리더십 역량 지수, 팀 다양성, 예산 할당 등에 이르는 거의 모든 영역에서 조직 전체의 평균치를 월등히 뛰어넘었다. 서밋을 개최한 지 3개월이 지나, 그 책임자는 이렇게 말했다.

> 에이아이 서밋은 우리에게 매우 중요한 역할을 했습니다. 우리는 그 자리에 참석했던 전체 조직과 함께 우리의 강점과 자원을 발견할 수 있었고, 그 자원을 훨씬 더 효과적으로 활용하기 위한 비전과 계획을 개발할 수 있었습니다. 그것은 팀의 기세를 내외부적으로 완벽하게 바꾸는 계기가 되었습니다. 우리는 자신감을 회복했으며, 조직 내 다른 사람들이 우리를 바라보는 시각이 고작 이류 시민 정도에서 그야말로 슈퍼스타로 완전히 바뀌었습니다!

우리는 서밋의 과제와 후속조치 활동의 관계를 또 다른 사례에서 만날 수 있는데, 똑같이 성공적이지만 놀랍도록 다른 종류의 사례이다. 앞에서 언급했듯이 샌터 애너스타 호텔 앤 카지노는 고객 서비스, 직원 의식, 그리고 성과 향상이라는 알찬 결실을 거두기 위해 몇 차례의 미니 서밋을 개최하였다. 이는 850명의 직원들 모두가 탁월한 고객 서비스 스토리를 공유하고, 그들의 뛰어난 고객 서비스란 어떤 모습일지 상상하며, 서비스에 관한 사명과 일련의 원칙들을 수립할 수 있는 놀라운 기회였다.

총 5회의 서밋을 개최할 때마다 하나의 서비스 사명과 몇 가지 원칙들이 도출되었다. 서밋이 끝난 후 소규모 팀이 서밋 참가자들이 수행한 작업을 편집했다. 그들은 사명과 원칙을 다시 간추려 총 10개의 서비스 영역별로 2개의 서비스 사명 선언문과 3개의 원칙을 선정했다. 그런 다음 투표를 통해 전 직원이 조직의 최종 서비스 사명과 원칙을 결정하는 과정에 의견을 제시하게 했다.

이런 방식으로 뛰어난 고객 서비스에 관한 토론은 서밋 이후에도 몇 주간이나 지속되었다. 시간이 흐르면서 토론의 내용은 '우리의 원칙이 무엇인가?' 라는 질문에서 '그 원칙을 어떻게 지키고, 인정하며, 보상할 것인가?' 라는 주제로 바뀌어갔다. 이러한 토론은 서비스 원칙을 중심으로 한 새로운 인정과 보상 시스템, 몇 가지 새로운 대고객 정책, 그리고 긍정적 성과검토 프로세스의 수립으로 이어졌다. 성공의 궁극적인 척도는 바로 고객만족과 유지의 증대였다.

후속조치의 다섯 가지 영역

모든 서밋에는 각자 고유한 후속조치 활동이 뒤따르지만, 에이아이 서밋 이후에 자주 실시되는 다섯 가지 영역이 있다. 표 12.1는 이 장에서 다룰 그 다섯 가지 영역을 나타내고 있다.

표 12.1 에이아이 서밋 후속조치의 다섯 가지 영역

- 성과 홍보
- 혁신팀 지원
- 즉흥 활동 정책 지원
- 새로운 업무방식에 대한 인정
- 에이아이의 지속적 적용

성공적인 후속조치 활동은 새로운 업무방식을 모범으로 보여주어야 한다는 점을 명심해야 한다. 그것은 서밋의 성과와 부합해야 하며, 일상적 업무 수준을 뛰어넘어야 한다. 후속조치는 서밋을 통해 표출된 꿈과 디자인을 증명하는 실행이어야 한다.

성과 홍보

에이아이 서밋 도중에는 많은 일이 일어나므로, 그 홍보는 후속조치의 중요한 한 가지 활동이 된다. 서밋 참가자들에게 후속 홍보 활동은 서밋의 경험과 성과 모두를 상기시키는 역할을 한다. 참가하지 못한 사람들에게는 서밋과 그 성과에 대한 이해를 증진시키는 매개체가 된다.

따라서 기억할 만한 스토리와 활동, 그리고 더 나은 미래에 대한 비전을 알려줌으로써 서밋 기간에 형성된 모멘텀과 기대를 지속적으로 강화하는 것은 매우 중요한 일이다.

브리티시 에어웨이 서밋 자문단은 서밋에서 배우고 약속했던 모든 내용에 부합하는 후속 홍보가 필요하다는 점을 잘 인식하고 매우 창의적인 홍보 수단을 여러 가지 시작했다. 그들은 모든 직원이 업무 중에 직접 이메일에 접속하거나 사내 뉴스레터를 늘 읽을 수 있는 것은 아니라는 사실을 알고 새로운 홍보 프로세스에 다음과 같은 특징을 추가했다.

- 사전 인터뷰 과정에서 도출된 감동적인 스토리를 책으로 엮어 모든 직원들에게 배포했다.
- 서밋 도중에 수집된 발언을 포스터로 만들어 회의실 벽에 걸어놓았다.
- 업무 정보뿐만 아니라 사진과 개인적인 정보로 가득 찬 뉴스 포스터를 토론실과 구내식당에 걸어 두었다.
- 색종이에 적힌 공고를 급여 명세서에 첨부해 놓았다.
- 중요한 정보를 인쇄하여 게시 및 배포하며, 이를 팀 회의에서 공지하라는 내용의 이메일을 관리자들에게 보냈다.
- 전 직원이 업무 중에 이메일을 사용할 수 있도록 하는 계획을 수립했다.
- 내부 뉴스레터에 의미와 흥미를 더하기 위해 직원들의 의견을 모집했다.

에이아이 서밋의 성과를 홍보하는 수많은 창조적 방법들이 있다. 표 12.2는 사람들에게 지속적으로 정보를 제공하고 모멘텀을 유지하기 위한 가장 효과적인 몇 가지 홍보 수단을 보여준다.

표 12.2 후속 홍보 수단

홍 보 수 단	이 점
주요 주제에 관한 비디오	• 서밋 활동에 대한 시각적 경험 제공 • 방대한 정보를 빠르고 쉽게 알려줌 • 참가하지 못한 구성원들에게 서밋의 관점을 보여줌 • 비용 대비 효과 우수
뉴스레터 및 이메일 문서	• 분명하고 간결하며 신속한 보급이 가능 • 조직 내에 폭넓게 확산 • 변화 노력의 진척 상황을 알릴 수 있음 • 비용 대비 효과 우수

면대면 후속 회의
• 전체 그룹
• 소그룹
• 관리자와 개별 면담
• 관리자와 부서/팀
  단위로 면담
• 직원 대상 리더 연설
	• 전달 내용에 더 높은 신뢰와 지속성 부여
	• 메시지의 연속성을 보장하고 모순의 여지를 제거
	• 특정 그룹별 맞춤형 메시지 전달이 용이
	• 변화에 대한 더 높은 수준의 헌신을 이끌어낼 수 있음
	• 즉각적인 피드백 기회 제공
	• 변화 노력의 진척 상황을 알릴 수 있음
	• 서밋에 참가하지 못한 사람들에게 혁신팀에 합류할
	  기회를 제공

서밋 회의	• 서밋 활동의 시작부터 끝까지 기록 • 논의 내용을 영구히 기록으로 남길 수 있음 • 서밋 참가자들의 의사소통 채널로 사용될 수 있음 • 계획과 실천의 내용을 기록
스토리북	• 서밋의 성과를 그림이나 인용문이 첨부된 스토리 형식 으로 전달할 수 있음 • 창조적으로 서밋 메시지를 전달할 수 있음
진척상황 지도	• 각 혁신팀의 진척상황을 시각적으로 기록 • 성공 사례를 추적하고 축하하는 수단 • 모든 혁신팀의 자기관리 및 동기부여 수단
웹사이트	• 간편한 접속과 사용 • 분명하고 간결하며 신속한 보급이 가능

혁신팀 지원

서밋 기간에 구성된 혁신팀에게 필요한 후속 지원을 제공하는 것은 그들의 정책을 성공시키기는 데 있어 절대적으로 중요하다. 후속 지원은 여러 가지 형태가 될 수 있으며(시간, 사람, 자원 제공, 최고경영진의 코치, 회의 관리 퍼실리테이션, 인정 등) 그 일의 궁극적인 책임은 자문단에게 있다.

자문단은 서밋이 끝난 후 몇 가지 중요한 역할을 맡아 수행한다. 거기에는 긍정 챔피언, 즉 혁신팀 활동의 지지자가 되는 것, 서밋 활동을 조직 전체에 광범위하고도 효과적으로 확산시키기 위한 팀 간 통합 작업, 그리고 지속적이고 끊임없이 변화를 추진하는 데 필요한 자원 제공 등 여러 가지가 있다.

우리는 자문단이 매달 정기적으로 모여 모든 혁신팀 활동을 검토하고 조정하도록 권한다. 자문단 구성원들은 또한 혁신팀의 일원으로서 두 팀 사이의 연락책 역할을 할 수도 있다. 만약 그렇지 않은 경우라면 자문단 구성원들이 자발적으로 각 혁신팀을 하나씩 맡아 자문위원 역할을 하는 방법도 있다. 그들의 역할은 혁신팀 활동을 자문단에게 지속적으로 알리고 성공에 필요한 지원을 혁신팀에 제공하는 것이다.

긍정 챔피언이 되라

자문단 구성원들은 혁신팀 업무의 코치, 본보기, 그리고 지지자가 되어야한다. 우리는 이것을 '긍정의 창조자'의 역할이라고 본다. 즉 그들은 혁신팀이 스스로의 성공을 위해 자기를 관리하고 책임을 질 수 있도록 긍정적이고 열정적으로 지원하는 사람들인 것이다. 구체적인 내용은 다음과 같다.

- 혁신팀의 더 높은 참여와 조직 내 다른 이해관계자들의 의견을 추구하도록 장려한다.
- 팀이 조직 내에서 일어나고 있는 일과 진행 상황을 더 많이 알 수 있도록 돕는다.
- 팀이(미래를 향한 시각을 가지고 창조적으로) 크게 생각하고, 바람직한 미래를 실현하기 위해 전략적 위험을 감수하도록 격려한다.

많은 조직에 있어서 에이아이 서밋과 혁신팀의 구성은 높은 직원 참여도와 비권위적 조직문화를 구축하는 최초의 실질적 노력이다. 결과적으로, 혁신팀 구성원들과 자문단은 모두 옛날 방식으로 돌아가려는 관성을 보일 수 있다. 자문단은 승인권자가 아니라 코치 역할을 해야 한다는 점이 중요하다. 또한 혁신팀과의 모든 상호작용에서 그들에게 권한을 부여하는 일도 중요하다.

브리티시 에어웨이의 한 혁신팀이 자문단에게 회의를 요청했을 때, 그것은 마치 자신들의 일에 대해 승인을 요청하는 것처럼 보였다. 자문단은 회의에 응하면서 '동등한 자리를 만들기로' 결심했다. 회의실에는 테이블과 의자를 원형으로 배치했다. 자문단을 위한 특별석이나 구분된 공간은 없었다. 자문단은 평상복 차림으로 참석하여 회의실 곳곳에 흩어져 앉았다. 혁신팀은 자신들의 아이디어를 완성된 파워포인트 슬라이드와 제안 원형을 통해 발표했다. 그들 중에는 이번에 처음으로 공식적인 발표를 하는 사람도 있었다. 발표는 매우 훌륭했으며, 프로젝트 아이디어 역시 환상적이고 대담했다. 혁신팀과 자문단은 함께 원형의 세부사항을 다듬은 후 일정과 예산에 대해 합의하였다. 이러한 협력은 그 성과에서뿐만 아니라 그들이 어떻게 직원 정책과 책임을 진정으로 고취할 수 있는가에 대한 교훈을 안겨 주었다.

팀 간 통합

혁신팀이 서밋 정책을 효과적으로 추진하기 위해서는 기존의 조직적 경계를 아우르는 대규모의 상호작용과 지지가 필요하다. 파악된 변화가 조직 내에 현저하게 확산되어야 한다면, 이런 수직적 및 수평적인 모든 상호작용(상호의존)이 관리되어야만 한다. 혁신팀에 속한 자문단 구성원들이 대개 이런 통합 역할을 수행할 수 있다. 다른 상황에서는 통합팀이 구성될 수도 있다. 이 경우 혁신팀 구성원이 통합팀이 되거나 교대로 소속되는 것도 좋은 방법이다.

그린 마운틴 커피 로스터스는 혁신팀의 작업을 통합하는 그들만의 독특한 방법을 개발해냈다. 그들은 정보센터를 설립하여 모든 팀이 회의하고, 계획 및 진척상황을 게시하고, 성공사례를 공유하는 공간으로 개방했다. 혁신팀은 그들의 작업내용을 지속적으로 전시함으로써 서로가 어떤 노력을 기울이고 활동을 조정하는지 언제나 알 수 있었다. 또한 그들은 필요할 경우 연합 회의 계획을 세울 수도 있었다. 조직 내 다른 사람과 그룹들도 정보센터를 방문하여 팀이 수행중인 작업내용과 그 진행상황에 대해 배울 수 있었다. 이것은 혁신팀의 작업과 조직의 기존 업무를 서로 통합하는 데 크게 기여했다.

자원 제공

적절한 자원을 지원하는 것은 혁신팀의 정책을 성공시키는 데 필수적인 요소이다. 혁신팀에게 필요한 자원에는 스킬, 도구, 공간, 사람, 지식과 정보, 시간, 기술, 장비 등이 있다.

많은 조직은 혁신팀 구성원들에게 일정량의 업무 외 시간을 그들의 정책 추진에 사용하도록 배당한다. 이 시간에 그들은 별도의 회의를 개최하고, 자신의 일상 업무 외에도 자원하여 일할 수 있는 자유를 얻게 된다. 물론 이를 위해서는 혁신팀 구성원과 그들의 상사, 그리고 자문단 사이에 세심한 조정이 필요하다.

에이아이 서밋에는 전체 조직이 참여하며, 혁신팀은 조직의 모든 직능과 직위에 걸쳐 구성되므로, 필요한 자원을 그들 스스로 조달할 수 있는 경우가 많다. 즉, 목표 달성에 필요한 모든 정보, 사람, 그리고 재정적 지원을 확보할 능력을 갖추고 있다. 이런 팀들에게 가장 필요한 것은, 그들이 조직을 위해 필요하다고 믿는 일에 대해 주변에서 격려를 해주는 것이다. 그들에게는 조직에 대한 자신들의 공통의 인식에 바탕을 둔 프로젝트, 실천, 그리고 프로그램에 대한 사람들의 위임이 필요하다.

즉흥 활동 정책 지원

에이아이 서밋이 창출하는 긍정적인 성과 중 많은 부분은 계획이 아니라, 즉흥적이고, 예기치 못한 요소들의 연결로부터 나타난다. 예를 들어, 사람들이 처음 만나 새로운 것을 배우는 과정에서, 논의 중에 들은 아이디어는 한 부서에서 다른 부서로 전달되고, 새로운 꿈이 탄생되거나, 그 정보를 새롭고 독특한 방식으로 조합하는 그룹이 생긴다. 그런 '즉흥적 정책들'은 에이아이 서밋의 후속조치에 있어서 자연스럽게 일어나는 현상들이다.

그런 노력을 뒷받침할 수 있는 가장 바람직한 방법은 그것을 유발하는 것이다. 서밋에 참가한 모든 사람들이 서밋 이후에 일터로 돌아가 업무 방식을 일신하고, 꿈과 희망에 부합하는 방식으로 일하도록 이끌 때에 노력이 더 쉽게 발생한다. 그것이 바로 헌터 더글러스 윈도우 패션 사업부문 상무이사가 첫 번째 서밋에서 호소한 내용이었다. 서밋 이후에 지원을 필요로 하는 수많은 즉흥 활동 정책이 나타났다. 또 다른 사업부에서는 인터뷰를 마친 후, 한 현장직원이 자신의 상사에게 10만 달러짜리 인쇄기를 '2장 인쇄', 즉 2롤의 직물을 동시에 인쇄할 수 있도록 개선하겠다고 장담했다. 상사는 "그것은 불가능하다"고 말했다. 그 직원은 이렇게 대답했다. "다른 사업부에서 성공한 것을 봤기에 말씀드리는 겁니다. 더구나 저는 에이아이에 참석했었고, 당신은 부하의 새로운 시도를 허락하도록 되어 있지 않습니까. 그저 몇 주간만 시간 외 근무를 할 수 있게 해주시면 됩니다." 상사는 하는 수 없이 그에게 추가 근무 시간을 보장해 주었다. 2주 내로 그 인쇄기는 2장 인쇄를 시작했고, 그는 인쇄기 2대에 해당하는 신규 구매 예산을 아낌으로써 20만 달러를 절감하는 성과를 회사에 안겨주었다.

이에 필적하는 극적인 즉흥 활동 정책의 또 다른 사례로서, 어떤 직원은 야간 교대조로 근무하는 라오스 직원들에게 영어 교실을 열어주자는 제안을 했다. 인적자원부 책임자는 그 제안을 들은 후 그 직원에게 해당 프로그램의 조정 책임을 부여했다. 결국 그 직원은 승진했고, 회사는 ESL 프로그램을 도입했으며, 수십 명의 직원들은 영어 실력이 늘고 더 나은 일을 맡게 되었다.

새로운 업무 방식에 대한 인정

의심할 필요도 없이, 가장 중요한 서밋 후속 활동은 새로운 방식으로 일하는 사람들에 대한 인정과 보상이다. 서밋에서 토론 및 결정된 사항들의 중요성을 강조하는 방법으로, 당시의 꿈과 디자인에 부합하는 방식으로 일하는 사람들에게 상당한 보상을 돌려주는 것보다 나은 것은 없다.

어떤 회사는 회사의 가치와 직결된 보상 프로그램을 마련했다. 또 다른 회사는 서밋에서 도출된 원칙에 입각한 각종 실행을 강화하기 위해 인정과 보상 프로그램을 설계했다. 탁월한 팀워크에 관한 베스트 프랙티스 스토리 수집을 위해 제2차 에이아이를 개최한 회사도 있었다. 거기에서 두드러진 팀들에게는 인정과 보상이 돌아갔다.

의사소통과 인정을 연계하면 특히 큰 효과를 발휘한다. 서밋 이후 많은 조직은 '좋은 소식'을 홍보하는 데 몰두한다. 조직의 목표를 성취하고 고객을 만족시키기 위해 놀랍게 성장한 직원들에 관한 스토리이다. 공개적인 인정은 서밋의 성과를 알리고, 강화하며, 교육하는 데 도움이 된다.

에이아이의 지속적 적용

'긍정적 조직' 구축에 착수하는 조직은 거의 없지만, 점차 많은 조직이 이를 시도하고 있다. 에이아이 서밋에서 전체 조직의 참여와 그로부터 많은 긍정적 유익과 변화를 경험한 대부분의 조직들은 에이아이를 확대 적용하기로 결심한다. 제2차 에이아이에 착수하는 조직, 자사의 성과측정 시스템을 에이아이에 부합하도록 개편하는 조직, 또 관리자 및 지배인 뿐 아니라 현장 직원들에게도 에이아이를 교육하여 이에 관한 소문을 퍼뜨리는 조직도 있다.

심화 탐색

에이아이 서밋 도중, 사람들은 에이아이를 자신의 업무에 적용할 수 있는 많은 방법을 개발해낸다. 그들은 서밋의 효과를 직접 체험하면서, 팀워크에서부터 고객 관계, 나아가 재정적 가시성에 이르는 전 분야에 에이아이를 적용하는 것을 상상한다. 그들은 종종 코칭, 리더십 개발, 그리고 채용 등의 개별 이슈에 에이아이를 적용하는 방법에 관한 질문을 던진다. 우리는 이 모든 시도를 권장한다.

조직이 탐색을 시도할 때마다 지식과 이해 그리고 혁신의 기회는 증대된다. 이는 마치 자전거 타는 법을 배우는 것과 같다. 처음에는 누구나 비틀거리지만 이내 온 동네를 휘젓고 다니게 된다. 그리고 자전거 타는 법은 일단 배우기만 하면 결코 잊어버리는 법이 없다! 이와 마찬가지로, 탐색을 시도할 때마다 새로운 질문이 제기되고, 그 해답을 찾는 과정에서 더욱 풍부하고 종합적인 이해를 얻을 수 있다. 그리고 그것은 더욱 깊은 탐색을 불러일으키고 보다 창조적인 혁신을 낳게 된다. 에이아이가 추구하는 주제에는 깊이와 넓이 그리고 종류의 제한이 없다.

예를 들어, 어떤 한 연구개발 조직은 700명에 달하는 자사의 과학자 및 기술자들의 생산성 향상을 위해 제1회 '연구개발 생산성' 에이아이를 진행했다. 그들은 생산성에 영향을 미치는 3가지 핵심 성공요인이 파트너십, 연결성 그리고 지식 전파라는 사실을 발견했다. 그들은 1차 탐색을 통해 매우 유익한 행동에 착수할 수 있었다. 하지만 그 3가지 요인을 뒷받침

하는, 심층적 의미와 조건을 찾아낼 목적으로 설계된 2차 탐구를 진행한 후에야 조직의 전반적 역량을 높이고자 하는 그들의 목표를 더욱 비약적으로 진전시킬 수 있었다.

헌터 더글러스 윈도우 패션 사업부문은 자사의 인력을 총 3차례에 걸친 탐색 작업을 참여시켰다. 포커스 2000이라고 불린 1차 탐색은 조직문화 변혁에 초점을 맞춘 것이었다. 전략기획에 집중한 2차 탐색은 새로운 전략 비전과 상품 라인 구축이라는 결과를 도출했다. 3차 탐색의 주제는 프로세스 개선과 품질이었다. 아울러 에이아이는 고객 서비스, 인정과 보상, 그리고 직원 오리엔테이션 등을 포함한 다른 수십 가지의 조직 정책에 적용되었다.

긍정적 성과측정 방식

에이아이 서밋은 종종 조직 내의 다양한 측정 시스템을 다루는 사람들에게 경종을 울린다. 그들은 "인적 조직(조직, 공동체, 팀, 사람)은 그들이 학습하는 방향으로 움직인다."는 말이 시사하는 바를 이해하는 순간, 자신들이 사용하는 측정 시스템에 의문을 던질 수밖에 없다. 직원대상 설문에서부터 고객만족 측정, 생산성 조사, 품질 지수에 이르는 모든 측정 시스템이 재검토 및 개정의 대상이 된다. 시스템들은 무엇이 잘못되었는지를 보고하는 '결함 측정'으로부터, 조직 역량을 구축하는 '긍정 측정'으로 변모한다.

수년 전 어느 다국적 제약기업은 수백만 달러 규모의 교육훈련 프로그램의 효과성 여부를 판단해줄 수 있는지 우리에게 문의해 온 적이 있다. 그들이 정말 알고 싶었던 것은 강의실에서 배운 지식이 과연 현장으로 전달될 수 있느냐는 것이었다. 우리가 내놓은 제안은, 함께 탐색을 진행하면서 참가자들에게 현장에서 배운 것을 어떻게 적용했는지에 관한 스토리를 들려달라고 요청하자는 것이었다. 그들은 우리의 접근법이 편향된 질문을 사용하는 것이 아니냐고 지적했다. 우리는 이렇게 대답했다.

> "그들이 학습 전달 스토리에 관해 말할 내용이 아무 것도 없다면, 그것은 강력한 데이터가 될 것입니다. 그리고 학습 전달에 관한 스토리가 실제로 있다면, 그것을 이야기하는 바로 그 행동이 학습효과를 증폭시킬 것이고, 우리는 학습 내용이 실제로 적용되는 과정에 대해 더 많은 것을 배울 수 있을 것입니다."

모든 인터뷰가 종료되고 모든 스토리를 수집하여 검토를 마친 후, 고객사는 교육생들이 자신이 배운 것들을 예상치 못한 방법으로 적용한 내용을 듣게 되어 기쁨을 감추지 못했다. 그들은 이 에이아이 평가 프로세스를 통해 도출된 '데이터'가 향후 프로그램 개발이라는 면에서 그들이 이전에 수행했던 어떠한 전통적 평가방법보다도 훨씬 유용한 것이었다고 판단했다. 그것은 교육훈련에서 배운 교훈을 더욱 심화시켜 주었다.

또 다른 사례로서, 어느 국가기관은 여러 해에 걸쳐 계획한 문화 변혁 프로세스의 1년차 과정을 마친 후, 프로세스가 성공적이었는지 실패해왔는지를 알아보고자 했다. 그 질문에 대해 양쪽 입장에서 집중 토론을 마치고 나자, 비록 전부는 아니지만 프로세스의 일부 영역은 계획대로 진행되었다는 사실에 모든 사람들이 분명히 공감했다. 이제 선택만을 남겨두고 있었다. 그들은 프로젝트를 성공이냐 실패냐라는 양자택일의 관점에서 평가할 수도 있었고, 아니면 잘된 부분은 무엇이었는지(그리고 그 이유), 긍정적인 의미의 놀라운 결과는 무엇이었는지(그리고 그 이유)를 '측정'하고, 계속 진행할 것인지 여부와 그 방법을 결정할 수도 있었다.

그들은 그 해의 성공 여부를 평가(측정)하기 위한 2차 서밋을 개최하기로 결정했다. 그들은 첫 해의 성과를 바탕으로 문화변혁 프로세스의 두 번째 단계를 추진하고자 했다. 평가 서밋은 성공 스토리로 시작되었다. 그리고 그 결과는 후원자들에게 놀라움 그 자체였다. 그들은 이 서밋을 통해 조직 내에서 변화가 일어나는 방식을 새롭게 이해하게 되었다. 아울러 조직은 자신의 문화 변혁 역량에 대해 깨닫기 시작했다. 이것은 당시 그 조직에게는 중요하고도 새로운, 그리고 매우 유익한 자기 인식을 안겨준 사건이었다.

에이아이 교육

대개 조직들은 에이아이에 관한 최소한의 지식만을 가진 채 에이아이 서밋을 시작한다. 처음에는 그것이 어떻게 효과를 발휘하는지, 그리고 그 방식을 사용함으로써 효과가 어떻게 축적될 수 있는지 정도만을 알 뿐이다. 서밋을 기획하고 준비하는 과정에서 일부 사람들은 에이아이에 대해 꽤 많은 지식을 얻게 된다. 그러나 서밋이 진행되면서 모든 직위와 직능에 걸쳐 에이아이에 대한 호기심과 더 많은 학습 욕구가 일어난다. 그것을 업무, 가정, 종교 공동체, 자녀의 학교, 자원봉사 활동 등에 적용하려는 마음이 생긴다. 조직이 첫 에이아이 서밋을 마친 후에 주요 에이아이 교육 과정을 실시하는 것은 매우 일반적인 현상이다.

우리는 현장직원, 관리자, 경영자, 시 정부, 지역사회 개발 종사자를 포함한 여러 사람들을 대상으로 에이아이 교육 프로그램을 개발해왔다. 어떤 경우 그 내용은 에이아이의 원리와 실행을 직접 교육한 후, 참가자들이 업무에 에이아이를 적용하도록 과제를 부과하는 것으로 구성되었다. 또 다른 경우 우리는 실제 업무팀, 프로세스 개선팀, 또는 사업개발팀을 위한 에이아이 교육 프로그램을 짠 적도 있다. 이 팀들은 자신의 업무에서 탐색을 수행하려는 목적으로 에이아이를 교육받았다. 교육의 일부는 강의실에서, 일부는 현장 업무에서 진행되었다.

다른 조직들은 사람들에게 자신이 습득한 아이디어와 실행 노하우를 조직의 고유한 문화에 직접 적용할 수 있게 하는 내부 긍정 리더십 프로그램을 제공해왔다. 어떤 다국적 천연자원 회사가 자사의 최고관리자 70명을 대상으로 하는 맞춤형 리더십 프로그램을 개발해줄 수 있느냐는 전화 문의를 우리에게 해온 적이 있었는데, 아마도 그들은 이 점을 염두에 두고 있었을 것이다. 우리는 천연자원 기업 리더십 분야의 전문가는 아니라고 설명하면서, 그 70인의 최고관리자들이 생각하는 자신의 역사 속에서 가장 위대한 리더십의 순간이 언제였는지 궁금하다고 말했다. 그들은 사실 그런 순간이 족히 대여섯 번 이상은 있었다고 대답했다. 이는 자신의 리더십 경험을 연구해 볼 수 있는 가능성, 그리고 그런 스토리를 나누고 그 실행 사례를 조직 내로 확대시킴으로써 사실상 위대한 리더십에 관한 그들만의 이론이 탄생할 가능성에 관한 대화의 문을 열었다.

그들이 채택한 리더십 서밋 주제는 '열정적 리더십'이었다. 자사의 역사를 통해 그들만의 독특한 리더십 이론을 탐구, 고양, 개발하고 실행방안을 모색한 그 프로세스는 조직에 너무나 강력한 효과를 발휘했고, 그 결과 오늘날 그들은 경영 감사, 안전, 업무 공간 설계, 전략기획 실행을 포함한 수십 가지 경영 이슈에 에이아이를 사용하고 있다.

2차, 3차 에이아이를 통한 변화 지속

에이아이 서밋 도중에 조직이 에이아이를 확대 적용하기로 결정하는 경우가 많다. 그럴 경우 조직은 그 발전 과정에서 표면화된 다른 이슈 중 에이아이에 적합한 내용에 대해 2차 및 3차 에이아이 서밋을 착수한다.

이에 관한 대표적인 사례는 월드비전에서 찾아볼 수 있다. 이 단체는 100여 개국에 걸쳐 구제와 개발 프로그램을 운영하는 대규모 민간 자원봉사기구PVO이다. 월드비전에 에이아이가 도입된 것은 1990년 혁신 프로그램 책임자로 재직 중이던 마크 푸블로우가 차우셰스쿠 정권 붕괴 후 루마니아의 고아원 시스템이 직면하고 있던 의료 및 제도적 위기 상황에 대응하기 위해 당시 케이스 웨스턴 리저브 대학교에 근무하던 데이비드 쿠퍼라이더를 비롯한 우리들을 초빙했던 것이 계기가 되었다. 우리는 125여 개 조직(대학, 기업, 교회, PVO, 정부기관 및 각종 협회)을 포괄하는 국제 연합체를 구성하기 위한 일련의 서밋을 개최하였고, 그 결과 2,500만 달러 규모 이상의 직접 원조와 구호물품, 그리고 전문적 서비스를 유치하는 성과를 이루어냈다.[1]

2년 후, 푸블로우는 월드비전 시카고의 수석이사 마이크 맨틀[2]과 중미 리더십재단 회장 버드 이페마, 그리고 우리와 연합하여 '비전 시카고'를 구성했다. 이것은 주택, 경제 개발, 인종 화해, 그리고 시카고 지역의 교육을 위한 다조직 연합체였다. 우리는 인종, 계층, 문화, 활동분야 및 지역의 전통적 경계를 아우르는 조직 및 개인 간 협력 네트워크를 구축하기 위한 일련의 에이아이 서밋을 개최함으로써 프로젝트를 시작했다. 이후

10년 동안 비전 시카고(현재의 월드비전 시카고)는 1,500여 조직으로 구성된 네트워크를 결집하여 1,000만 달러 이상의 직접 원조와 2,000만 달러 상당의 기부 물품, 그리고 1만 5천 명의 자원봉사자들을 이끌어내어 시카고를 비롯한 세계 곳곳의 긍정적 변화를 주도했다. 이 운동은 1994년 6월에 국제 재단 평의회로부터 미국의 도시들을 재건한 개척자적 공로로 인해 8개 '희망 모델' 중 하나로 선정되었으며, 1999년 6월에는 HUD로부터 '베스트 프랙티스 상'을 수상했다.[3]

최근 월드비전 시카고의 성공에 힘입어 미국 월드비전WVUS은 '지역화 전략'을 수립하여 뉴욕, 로스앤젤레스, 워싱턴, 시애틀, 미니애폴리스/세인트폴 등의 전국 주요 도시에서 펼칠 주요 활동 모델로 삼았다. 이들 도시 중 다수에서 에이아이는 이해관계자들의 강점, 자산, 자원, 희망, 꿈을 파악하기 위한 인터뷰에 사용되었고, 긴급한 지역 현안을 다룰 조직간 구조 설계에 사용되었다.

도해 12.1 월드비전 내에서 에이아이가 미치는 전 세계적 파급효과

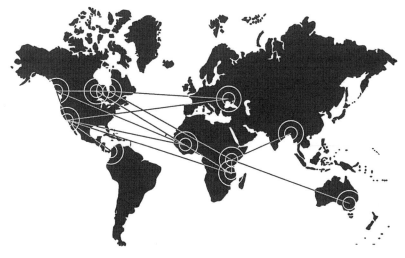

동시에, 에이아이는 캐나다, 오스트레일리아, 아프리카, 아시아, 그리고 라틴 아메리카 지역의 월드비전 프로그램으로 빠르게 확산되어갔다. 에이아이는 다양한 교육훈련 기회, 현장 조사, 개입 활동, 출판 및 기타 조직변화 노력에 활력을 불어넣었다. 도해 12.1은 월드비전 내에서 에이아이가 전 세계적으로 미치는 파급효과를 보여준다.

긍정 조직에 대한 자각

월드비전 사례에서 볼 수 있듯이, 서밋 후속조치는 끝이 아니라 시작이다. 대다수 조직에서 후속조치는 긍정 조직으로서의 역량을 일깨우는 역할을 한다. 서밋을 기획하는 것은 새로운 무언가의 시작을 알리는 신호이다. 에이아이 서밋은 그 자체로 새로운 사건이며, 전체 조직을 한 자리에 모으는 첫 무대이고, 관계 강화를 위한 의사소통을 여는 첫 장이며, 전체를 대신하여 자신을 표현하고 스스로 조직하는 첫 번째 기회이다. 서밋 후속조치는 조직이 꿈의 미래를 실현할 수 있는 기회와 긍정 조직이 되는 유익을 얻도록 보장한다. 다음 장에서는 긍정 조직의 개념을 더욱 자세히 살펴본다.

13장 _ 긍정조직의 미래

우리 모두 깊은 잠에 빠졌다가 2020년에 막 깨어났다고 상상해보자. 직장에 나가 주위를 둘러보니, 뭔가 많이 달라졌다는 것을 알 수 있다. 실제로, 모든 것이 당신이 언제나 바라던 대로 이루어져있다. 당신이 꿈꿔온 이상적인 조직이 실현된 것이다. 무엇이 달라져 있는가? 무슨 일이 일어나고 있는가? 그 현장에는 누가 있는가? 그들은 무엇을 하고 있는가? 무슨 말을 하고 있는가? 리더십, 구조, 상품 및 서비스, 사람들, 새롭게 갖춰진 시스템 속에서 눈여겨볼 점은 무엇인가? 당신의 고객은 누구인가? 당신의 상품과 서비스는 무엇인가? 시장, 판매, 유통, 배송은 어떻게 조직되어 있는가? 그 이상적인 조직의 어떤 점에 가장 자부심을 느끼는가?

에이아이를 조직하고 퍼실리테이션하는 모든 과정에서 우리는 이런 질문들을 던진다. 우리는 동료와 고객들이 가진 조직의 이상적 이미지를 이끌어내고자 한다. 우리의 목적은 그들이 자신의 이상을 인식하고 그것을 실현하도록 도와주는 것이다.

이 장에서 우리는 조직이 에이아이에 몰두하고 그것을 에이아이 서밋을 포함한 여러 형태로 폭넓게 적용할 때 어떤 모습이 될 수 있는지를 보여준다. 또한 긍정 조직에 대한 우리의 이미지를 기술하고 나아가 우리 동료들의 생각과 아이디어를 엮어 제시하며, 이러한 이상에 부합되는 실제 기업의 스토리를 제시한다. 긍정 조직의 특징은 표 13.1에 나와 있으며, 이번 장에서 상세하게 설명하였다.

표 13.1 긍정 조직의 특징

- 핵심적 긍정요소에 근거한 조직
- 긍정적 학습문화 조성
- 긍정 변화의 지속
- 사람들의 의견과 에너지를 발산시킴
- 긍정 리더십 배양
- 범세계적 이익을 위한 중개자로서 비즈니스 고취

핵심적 긍정요소에 근거한 조직

긍정 조직을 구축하는 바탕은 바로 강점이다. 긍정 조직의 효과성은 공통의 목적을 향해 강점을 정렬하는 것에서 나온다. 지시와 통제로 운영되던 조직이 핵심적 긍정요소 중심의 조직으로 바뀌면 직원과 회사 모두 번영을 누리고, 조직은 활력을 얻고 위대한 일을 이룰 역량을 갖추게 된다.

2001년 시카고는 맥도널드에서 가장 높은 성과를 올리던 지역이었다. 지부 관리자 필 그레이의 리더십 아래 시카고는 전국 2위라는 성과를 거두었다. 그러나 필 그레이는 현상유지에 만족하지 않고 더 높은 목표를 꿈꾸었다. 그는 맥도널드가 고객 유인과 시장 주도력 확대라는 목표를 향해 비약적으로 도약할 수 있는 차세대 혁신방안을 지역 매장주들과 함께 개발하고 싶었다. 그는 이렇게 말했다. "모든 사람들이 80대 20법칙을 알고 있습니다. 요컨대 모든 활동의 20퍼센트로부터 80퍼센트의 성과가 나옵니다. 우리가 가진 시장 차별화 요인(전략적 경쟁우위)을 분명히 밝혀내고 그것을 중심으로 모든 활동을 재배치하여 과거 어느 때보다 더 강하고 신속한 추진 동력을 얻고 싶습니다."

우리는 이 점을 염두에 둔 채, 시카고 지부 OD 책임자 밥 로버츠 및 폭넓은 분야에서 선발된 기획팀과 함께 시카고 지부 맥도널드 본사 직원 및 매장주를 대상으로 하는 3일간의 에이아이 서밋을 설계하고 진행하였다. 서밋 주제는 '우리의 전략적 경쟁우위를 찾아서'였다. 그 결과, 시카고 지부는 스스로의 전략적 경쟁우위를 '기본으로 돌아가자 – 품질, 서비스, 청결'로 정했다. 그들은 4가지 사업성과 분야(사람, 운영, 시장점유율, 수익)에 집중할 팀을 구성하였고 각 팀은 시카고 지부를 위한 높은 영향력의 전략, 전술 및 목표를 마련했다.

그 결과는 전략기획을 뛰어넘어 사고방식의 전환으로까지 확장되었다. 밥은 이렇게 말한다.

> 에이아이 서밋을 통해 우리는 전략우위를 정의하고 행동을 재정비했을 뿐 아니라, 지부 문화의 변혁에 착수할 수 있었습니다. 우리는 성공에 더 많은 관심을 기울이고, 우리의 바람직한 행동으로부터 배우기 시작했습니다. 저는 지금 가벼운 환담에 대해 이야기하는 것이 아닙니다. 우리의 최고의 모습으로부터 배우고, 더 이상 의식하지 않고도 탁월함이 발휘되는 '본능적 탁월성'의 문화를 가지게 될 때까지 계속해서 그것을 개선해 나가는 것을 말합니다.

긍정 조직은 '긍정적 자기조직화 조직'이다. 즉 조직의 목적까지 포함해서, 모든 요소가 강점의 자발적인 정렬로부터 이루어진다는 뜻이다. 당신은 당신이 했던 일을 할 수 있는 사람이 그룹 내에 오직 당신뿐이었던 그런 그룹에 속하여 일한 적이 있는가? 꼭 필요한 사람들이 올바른 명분으로 모이고, 그들의 집단 역량이 그 이유를 분명하게 드러낼 때가 있다. 많은 기업들이 그렇게 시작된다. 한 가지 아이디어를 중심으로 사람들이 모이고, 그들이 각자의 관심사와 자신이 기여할 바를 말하여 공통의 목적을 만들어내면, 그들의 집단적 노력이 움직임으로 이어지기 시작한다. 관심사와 강점을 공유하면 공통의 목적이 만들어진다. 공통의 목적은 행동의 경로와 조직 구성의 방법을 제시한다. 그것이 바로 긍정적 자기조직화의 핵심이다.

긍정 조직에서는 조직, 사람, 팀이 최고였던 순간에 대한 지속적인 탐색과 대화를 통해 핵심적 긍정요소가 발현된다. 그것은 모범사례 스토리, 모범적 행동, 그리고 미래에 대한 희망과 꿈을 통해 드러나고 풍성해진다. 핵심적 긍정요소에 대한 의식을 높이고 모든 구성원이 이를 알고 소유하게 함으로써, 조직은 혁신과 위대함에 대한 자신의 고유한 잠재력을 발견한다.

긍정적 학습문화 조성

긍정 조직의 문화적 특징은 강력한 학습에 초점을 맞춘다는 것이다. 그들은 학습과 그것이 조직에 안겨줄 수 있는 유익에 대단한 가치를 부여한다. 한 거대 제조기업의 인적자원 담당 부사장은 자신이 꿈꾸는 이상적인 조직은 사람 개발을 최우선 순위에 두는 조직이라고 말했다. 그런 조직에서 기업의 업무란 사람들의 학습과 성장을 위한 도구가 될 것이다. 따라서 그는 자기 회사가 제품을 생산함으로써 인간을 개발하는 사업을 하는 셈이라고 말했다. 이는 매우 참신한 생각이면서, 동시에 긍정 조직의 많은 리더들의 마음과 생각 속에 자리잡고 있는 내용이기도 하다. 그저 사람들을 통해 사업을 영위하는 것이 아니라, 사업을 통해 사람들이 배우고 성장한다는 생각이다.

긍정적 학습문화를 조성하기 위해서는 조직 프로세스 및 시스템과 더불어 경영관행까지도 학습을 지원하는 방향으로 설계되어야 한다. 프랭크 바렛은 긍정적 학습문화가 다음과 같은 4가지 핵심역량을 가진다고 말했다.

1) 긍정 역량: 조직은 현재 및 과거의 강점, 성공 그리고 잠재력에 선택적으로 집중함으로써 긍정적 가능성을 인식하는 인간의 역량을 이끌어낸다.
2) 확장 역량: 조직은 습관과 전통적 관행에 도전한다. 그것은 구성원들이 한계에 다다르는 실험을 시도하게 하고, 그들이 새로운 방향을 향해 도전하기 위한 확장 전략을 약속하며, 그들의 열정적인 참여를 자극하는 높은 가치와 이상을 상기시키는 노력으로 이루어진다.
3) 생성 역량: 조직은 통합적 시스템을 구축하여 구성원들이 자신의 행동의 결과를 확인하게 하고, 그들이 의미 있는 공헌을 하고 있음을 인식하게 하며, 자부심과 자기발전을 느낄 수 있게 한다.
4) 협력 역량: 조직은 구성원들이 지속적으로 대화에 참여하여 다양한 관점을 교환할 수 있는 장을 제공한다.[2]

일리노이 주 스프링필드의 새크릿 하트그리핀SHG 고등학교는 에이아이 서밋 프로세스를 통해 긍정적 학습문화 구축이라는 여정을 훌륭하게 시작했다. SHG는 도미니코 수녀회가 후원하는 대입 준비형 사립 남녀공학 고등학교이다. SHG의 교장 마릴린 진 렁켈 경은 에이아이 컨설턴트 지나 힌리치스에게 연락을 취해 4가지 목적을 염두에 둔 에이아이 서밋 프로세스의 설계를 요청했다. (1) 학교의 기술적 시스템을 최적화한다. (2) 지도부의 규모와 범위를 증대시킨다. (3) 캠퍼스 선교를 위한 인원을 적절히 제공하고 추진한다. (4) 현대 미술, 댄스, 드라마, 음악 및 예술 프로그램을 위한 최신 설비를 갖추고 이런 프로그램들을 확장한다.

마릴린 진 렁켈 경은 1960년대 후반부터 OD 및 거대그룹 개입에 참여해왔으며, 에이아이 서밋 프로세스에 특별한 관심을 보여 왔다. 그 이유는 에이아이 서밋 프로세스가 강력한 공동체를 창조하고, 직원 및 기타 이해관계자 그룹들의 광범위한 참여를 이끌어내며, 전체 조직을 대신하여 '감동적인' 행동에 착수하는 역량 때문이었다. 지나 힌리치스와 마릴린 진 렁켈 경은 함께 대표성을 띤 설계 팀을 구성하여 매주 회의를 통해 서밋 주제 세부사항 확정, 이해관계자 파악, 설계 최종작업, 그리고 실행계획 마련의 작업을 수행하도록 했다. 100명의 참가자들에게 초청장이 발송되었다. 그 중 80장은 교직원들에게, 20장은 학부모, 학생, 그리고 지역사회 구성원들에게 보내졌다. 서밋은 학교 내의 크고 아름다운 강당에서 3일 동안 개최되었다. 부속 교실들은 토론실로 사용되었다.

서밋 일정에는 에이아이 4단계가 모두 포함되었으며, 첫째 날에는 발굴하기, 둘째 날에는 꿈꾸기와 디자인하기, 셋째 날에는 실현하기가 진행되었다. 디자인하기와 실현하기에 큰 비중을 두었는데, 이는 참가자들이 서밋에서 행동이 비롯된다는 사실을 알 필요가 있었기 때문이다. 교사들은 보통 교실을 준비하는 데 필요한 3일이라는 시간을 투자했다. 그들에게 이 시간은 매우 소중했고, 자신이 투자한 시간에 대해 보상을 받기를 원했다. 또한 모든 참가자들이 향후 추진될 행동에 자신이 참가한다는 사실을 아는 것도 중요하다. 이 과제는 프로젝트로 벽에 상영된 다음 그 적용은 리더들의 몫이 되는 그런 활동일 수 없었다. 모든 사람들이 미래 구축 작업에 참여할 터였기 때문이다.

SHG 서밋 프로세스의 결과는 여러 면에서 강력한 효과를 발휘했다. 먼저, 교직원, 학생, 학부모, 그리고 지역사회 구성원들 모두가 이 교육 공동체에 대한 전체적인 시각을 얻게 되었다. 그들은 학교의 5가지 새로운 전략적 우선순위를 함께 구축하고, 전술적 실천 계획을 수립했다. 가장 중요한 것은 추가적인 재정 공급처 파악과 확보 작업을 위해 폭넓은 이해관계자 공동체를 참여시켰다는 사실이다. 학교 내부의 협력 분위기도 개선되었다. 교직원들은 부서와 세대를 초월하여 인간관계를 구축했고, 열린 의사소통과 신뢰 수립 역량을 구축하기 위한 정책을 출범했으며, 지시 및 통제의 전통으로부터 더욱 참여적인 환경으로의 변화에 착수했다. 디자인하기와 실현하기를 강조함으로써, 서밋은 이 조직에 과거 개혁 노력의 실패에서 비롯된 회의주의를 뛰어넘을 수 있게 해주었다. 이제 참가자들은 변화에 대해 이야기만 하는 것이 아니라 조직 시스템과 문화 속에 변화를 내재시키기 시작했다.

긍정 변화의 지속

긍정 조직은 긍정적인 변화에 몰두한다. 긍정적 변화는 깊은 탐색으로부터 시작된다. 또한 무엇이 효과적인지, 최고의 상태일 때 그들은 어떤 특징을 보이는 사람인지, 그리고 사회적, 재정적, 환경적 행복에 기여하는 요소들은 무엇인지에 대한 분석과 이해로 시작된다. 그들은 인생에서 유일하게 확실한 일은 변화라는 사실과, 지속성은 그 변화를 향한 끊임없는 인식, 학습, 그리고 적응을 통해서만 확보될 수 있다는 사실을 안다. 긍정적 변화를 실천함으로써, 긍정 조직은 그들의 강점을 끊임없이 재정렬하고 사업 목적을 재정의할 수 있는 역량을 창조해낸다.

그린 마운틴 커피 로스터스GMCR에서 긍정 변화 활동은 하나의 사업 방식으로 자리 잡았다. 이런 관행은 재정적 목표에 초점을 둔 매우 생산적인 에이아이의 결과로부터 나왔다. 에이아이 컨설턴트 일레인 와서맨은 다음과 같이 말했다. "GMCR이 긍정 변화를 지속할 수 있었던 요인은 훌륭한 성과에 대한 스토리와 긍정적인 대화를 조직 활동의 가장 중심에 놓았던 수많은 관행 때문이었습니다. 그들은 성공스토리를 끊임없이 찾아내고 그를 통해 자신의 성공 원칙을 파악하고 있습니다. 그리고 그 원칙을 적용할 수 있는 다른 방법들을 조사하고 있습니다. 그리하여 그들은 서로에게 배움으로써 긍정적 요소를 발전시키며, 그것을 사내에 확산시켜 나갑니다."

GMCR가 시작한 관행들은 에이아이를 일상 업무에 녹여들어, 조직의 긍정 변화 지속 역량을 강화할 수 있는 몇 가지 방법을 보여준다. 그 방법은 다음과 같다.

- 전사 회의. 격년 단위로 개최되는 이 회의는 스토리텔링으로 시작된다. 스토리는 공유된 비전과 회사의 주요 관심사, 조직과 글로벌 공동체, 그들이 지원하는 지역 자선단체들을 한데 묶는 사회적 책임에 대한 열

정, 그리고 이런 분야에서 혁신을 주도하는 사람들의 노력을 더욱 강화한다. 전사 회의는 매우 활발하고 몰입적인 분위기이며, 참석한 모든 사람들의 공헌을 높이 평가한다.

- 리더십 회의. 월별로 진행되며 일대일 혹은 소그룹별 탐색으로 시작한다. 탐색은 회의의 주제에 집중하여 참가자들의 몰입, 상호작용의 고취, 그리고 의제에 대한 사고 자극에 기여한다.

- 프로세스팀 회의. 제1회 에이아이 서밋에서 도출된 스토리를 지속적으로 발전시키는 역할을 한다. 토론은 여러 업무 프로세스의 창의성, 효과성 및 효율성을 더욱 증진시킨다.

- 세일즈 회의. 격년마다 열리는 이 회의는 세일즈 인력들의 창의성을 자극하여 그들이 고객에 대해 이미 알고 있는 지식과 고객이 그들에게 알려주는 시장 지식을 파악함으로써, 고객 친밀도와 고객 서비스를 개선할 수 있도록 한다.

- 채용 프로세스. 탐색 프로세스는 직책에 필요한 자질과 해당 후보가 회사에 적합한지 여부를 파악하는 데 사용된다.

- 신입사원 오리엔테이션. 에이아이는 신입사원 오리엔테이션에도 적용되었다. 회사의 최고의 순간을 포함한 핵심 스토리와 회사의 일정표를 공유한다. 이 프로세스는 신규 고위 경영진에 대해서 먼저 시작되었다.

- 업무수행 평가 프로세스. 에이아이에서 파생된 프로세스가 운영 리더십팀에서 시험적으로 진행되었다. 그룹의 모든 구성원들은 다른 사람들과의 관계에서 보이는 특정 부서의 강점을 탐색하는 인터뷰 질문을 만들어냈다. 동료, 부하 그리고 상사를 인터뷰한다.

사람들의 의견과 에너지를 발산시킴

긍정 조직은 풍성한 화음과 다양한 목소리를 가지고 있다. 의견의 다양성과 표현의 형태가 풍부하다. 표현의 자유가 보장된다. 모든 사람들은 마음껏 발언할 수 있으며 자신의 아이디어가 소중히 여겨진다는 느낌을 받는다. 사람들의 목소리가 자유롭게 발산되면 그 혜택은 개인과 조직 모두에게 돌아간다. 조직의 집단적 지식과 지혜가 자라난다. 그리고 조직은 혁신의 창조적 에너지로부터 활력을 얻는다.

헌터 더글러스의 포커스 2000 에이아이 서밋이 끝나고 몇 주가 지난 후, 우리는 현장 직원들을 위한 에이아이 교육을 진행하는 자리에 있었다. 점심 식사를 하면서 우리는 직원 한 명에게 헌터 더글러스에 에이아이가 도입된 후 달라진 점이 무엇이냐고 물어보았다. 그는 조금도 주저하지 않고 이렇게 대답했다. "한 가지 이야기를 들려드리겠습니다. 에이아이 이전에는 연구개발 그룹이 제 장비로 프로토타입을 가동시키려면 제 상사에게 가서 예약을 부탁했습니다. 그러고는 가동 일정을 확인한 후 언제 하는지 제게 말해주었지요. 에이아이 이후인 요즘은 연구개발 부서원이 제게 직접 와서 언제 할 수 있는지를 물어봅니다. 제가 가동 일정을 안다고 믿는 거지요. 그들이 신뢰하기 때문에 저는 그들을 위해 더 잘하고 싶은 마음이 듭니다."

긍정 조직은 사람들의 아이디어를 소중히 여기고, 고객을 가장 기쁘게 하는 일은 고객과 가장 가까이 있는 사람들이 잘 안다는 사실을 이해하며, 일의 개선 방안은 그 일을 하는 사람이 가장 잘 안다는 사실도 안다. 직원들이 자신의 의견과 아이디어를 제시할 수 있다는 사실로부터 동기부여를 얻는 것 못지않게, 관리자들 역시 직원의 긍정적인 기여로부터 크게 힘을 얻는다. 브리티시 에어웨이 북미 지부가 진행했던 2년간의 에이아이를 돌아보면서, JFK 고객서비스 책임자 캐서린 마세티는 직원들이 스스로 변화를 만들 수 있다는 사실을 깨달았을 때 본인이 경험했던 기쁨을 이렇게 표현했다.

지난 2년 동안 저는 수많은 최고의 순간을 경험했습니다. 가장 먼저 떠오르는 기억으로는, 사람들에게 기회를 부여했을 때 그들이 리더십을 신뢰하는 법을 배우고 함께 조직을 일구어가는 책임감을 갖게 되는 모습을 지켜보았던 것입니다. 우리가 40명의 핵심 팀원들에게 그들이 에이아이를 좋은 아이디어라고 생각하지 않는다면 더 이상 진행하지 않겠다고 말하자, 지쳐 싫증을 내던 사람들이 태도를 바꾸는 모습을 봤습니다. 그들은 우리가 진정으로 그들의 의견을 묻는다는 것과, 그들이 싫다면 우리도 더 이상 진행하지 않을 것이라는 점, 그리고 그들 없이는 우리가 더 나은 미래를 창조할 수 없다는 사실을 믿기 시작했습니다.

종종 관리자들은 모든 일이 잘못되었으며 그것이 관리자들의 책임이라고 말하려는 직원들을 대한다. 이는 직원과 관리자를 서로 갈라놓는 원인이다. 에이아이에서 직원들은 조직의 최선의 모습에 대한 자신의 생각과, 그들이 그 성공을 어떻게 확산시킬 수 있는지 공개적으로 이야기할 수 있다. 이렇게 되면 직원과 관리자는 긍정적이고 생산적인 업무 관계를 구축할 수 있다.

긍정 리더십 배양

긍정 조직은 긍정적 리더십을 배양한다. 그들은 타인의 관심을 끌고, 긍정적 질문을 던지며, 스토리를 사용하고, 다른 사람들과 함께 긍정적 잠재력의 세계를 상상하며, 가능성의 세계를 구축하기 위해 (관리자와 현장 직원들 사이에 형성되는) 재능과 역량을 소중히 여기며 그것을 개발한다. 경영학 이론가 피터 드러커는 "리더십의 중심 과제는 약점을 전혀 배제한 채 강점을 정렬하는 것이다."[3]라고 말한 적이 있다. 긍정적 리더는 사람들의 모습에서 최선을 발견하고 그 강점을 극대화하여 서로에게 의미 있고 소중한 목표를 달성한다.

작가이자 에이아이 컨설턴트인 마지 실러는 이렇게 말했다. "리더에게 뭔가 일어나고 있다. 그들은 변화한다. 조직의 업무 방식에 대한 우리의 관점이 바뀜에 따라 성공적 리더십의 모델 역시 변화한다... 정보와 상호관계는 새로운 조직을 쌓는 벽돌이자 긍정적 리더들을 위한 동기요인이다."[4] 긍정적인 리더들은 더 나은 세상을 만들기 위해 사람들에게서 최선을 이끌어내는 일에 큰 포용을 발휘하고 협력한다.

헌터 더글러스 윈도우 패션 사업부문 본부장이자 가히 긍정적 리더로 칭할 만한 인물인 릭 펠렛은 최근 인터뷰에서 타인과 관련을 맺고, 그들과 개방적으로 정보를 공유하며, 올바른 질문을 던지려는 자신의 의지야말로 조직의 성공뿐만 아니라 자신에게도 가장 핵심적인 요소였음을 분명히 깨달았던 순간에 대해 말했다.

수년 전에 나는 내가 여기서 일어나는 모든 일을 '이끌어가는' 유일한 사람이 아니어도 된다는 사실을 문득 깨달았다. (혹은 그저 기억났을 뿐일지도 모른다.) 내가 깨닫고 기억했던 것은 사람들은 매우 능력이 있으며, 내가 할 일은 단지 정보를 주고, 올바른 질문을 던지며, 한발 뒤로 물러나서 그들이 위대한 일을 하도록 지원하는 것뿐이라는 사실이었다. 그 작은 깨달음이 나의 모든 일에 차이를 가져왔다. 또한 나의 자리에서 누리는 편안함에도 변화가 일어났다. 나는 이전보다 훨씬 쉽게 일하고 있다.

다이아나 휘트니와 아만다 트로스텐-블룸에 따르면 타인에게서 최선을 찾아내고 그것을 이끌어내는 이 역량은 그들이 I이론[5]이라고 부르는 '인간적 사회 구성주의 가정'에 깊이 뿌리를 두고 있다. 그들은 I이론을 다른 유명한 리더십 이론들(X이론, Y이론[6], Z이론[7])과 비교하여, I이론형 리더가 인간관계와 긍정성 면에서 매우 독특한 특성을 보인다고 주장한다.

I이론형 리더는 매우 관계지향적인 조직 철학과 활동에 끌린다. 그들은 집단적 상상력과 집단행동을 불러일으키는 방식에 매력을 느낀다. 그들은 '특별한 재능'을 갖춘 리더이다. 그러나 그 재능은 반드시 지능, 창의성, 재정적 감각, 또는 순수한 사업적 감각의 영역에 한정되지 않는다.

그들의 재능은 일종의 신뢰, 강한 자아, 혹은 자신의 역량의 한계를 넘어서서 미래의 목표와 꿈을 상상하고, 성취하며, 강화하는 작업에 다른 사람들의 강점을 이끌어내는 어떤 의지이다. 인간의 모든 천부적 재능과 마찬가지로, 그것을 잠재우느냐 활짝 꽃피우느냐의 여부는 그 씨앗이 뿌려진 토양, 즉 관계에 달린 것이다. I이론형 리더가 가진 재능은 그와 함께 일하는 많은 사람들로 인해 발현되고 의미를 얻는다.

데이비드 쿠퍼라이더는 많은 긍정적 리더들과 인터뷰하거나 일해 왔다. 그들 중에는 전 미국 대통령 지미 카터, 로드웨이 익스프레스 회장 짐 스탠리, 핵전쟁 예방 국제 물리학자 협의회 설립자 버나드 로운 박사, 더바디샵 창립자 애니타 로딕, GTE 전 회장 톰 화이트, 해군 참모총장 클라크 제독, 마운틴포럼 CEO 제인 프렛, 그리고 비자의 창업주 겸 명예 CEO 디 호크 등이 있다. 데이비드 쿠퍼라이더는 이렇게 말한다. "이들 모두가 가진 공통점이 있다면 그것은 사람들 속에 내재된 선과 최고의 요소들, 그리고 그들을 둘러싼 세상을 보고, 확대하며 그 모두를 연결하여 삶에 최고 요소들을 끌어오는 그 기이한 능력이다… 바로 변혁을 주도하는 대화와, 협력 행동을 불러일으키는 '긍정적 핵심' 역량이다." 그는 긍정적 리더들의 3가지 핵심역량을 이렇게 요약했다.

1) 긍정적 리더들이 행하는 모든 활동은 다른 사람들에게 참되고, 존경으로 가득 찬, 긍정적 의도를 전달하여 범세계적 이익을 위한 항구적인 변화를 생산해낸다. 긍정적 리더들에게 현실이란 기정 사실이 아니다. 그것은 더 높은 목적을 향한 우리의 적극적인 행동으로 형성하는 것이다.
2) 긍정적 리더는 경직된 대답이 아니라 포괄적 질문을 통해 모든 사람들의 지식과 긍정적 세계에 대한 지식과 비전(모든 강점, 역량, 그리고 잠재력)을 확대한다. 긍정적 리더가 자신이 아니라 다른 사람들의 천재성을 실현하고 분출시킬 수 있는 것은 바로 탐색을 사용하기 때문이다. 리더십의 기술은 긍정적 질문을 던지는 기술에 있다.
3) 긍정적 리더는 모든 의견이 만개하는 조직일수록 그렇지 않은 조직보다 더욱 창의적이고, 유연하며, 풍부한 지식을 누린다는 사실을 안다. 또

한 그들은 사람들을 긍정적인 관점으로 바라보기 때문에, 리더로서 끊임없이 포용의 범위를 확장시켜나간다. 그들은 사람들이 조직의 전체성을 경험할 때 인간으로서 최선을 발휘한다는 사실을 깨달았다.[8]

범세계적 이익을 위한 중개자로서 비즈니스 고취

긍정 조직은 세상에 이익을 불러오는 중개자이다. 긍정 조직은 사람들이 더 나은 삶을 창조하도록 돕고, 비즈니스와 사회적 선의 경계에서 일하며, 그 어떤 해악도 주변에 끼치지 않으면서 재정적 번영을 누릴 줄 아는 조직이다. 그들은 스스로 3가지 차원의 기본적 성공을 책임진다. 즉 경제적, 사회적, 환경적 번영이다.

지구상에는 범세계적 이익을 위한 중개자라고 불릴 만한 수만 개의 조직이 있으며, 그들의 스토리는 누구에게나 공개되어있다. 예를 들어, 아놀드 베크먼 박사가 이웃에 사는 한 감귤농부가 수확시점을 결정하는 데 도움을 주기 위해 자신의 창고에서 발명품을 만들어낼 때까지만 해도, 그는 수백만 달러 규모의 과학기술 회사를 차릴 생각은 전혀 없었다. 그는 단지 친구를 도와주려고 생각했던 것뿐이다. 그는 자신의 발명품인 pH미터를 약 50~100대 정도는 팔 수 있으리라고 생각했다. 오늘날 베크먼 인스트루먼츠는 전 세계의 병원과 연구기관에 구명장비를 공급하는 포춘 500대 기업으로 성장했다.

이같은 강력한 스토리는 수없이 많다. 제약회사 머크는 사상충증으로 고생하는 수천 명의 개발도상국 국민들에게 무료로 약품을 공급하는 프로그램을 운영 중이다. 제너럴모터스는 무공해 수소자동차를 개발하고 있다.

모토롤라가 시장에서 보이는 진정성있는 노력은 가히 전설적이다. 벤앤제리는 환경에 해를 입히지 않는 경영에 진력한다. 또는 제2차 세계대전 이후 인류와 환경에 지속적인 미래를 창조하기 위해 우후죽순처럼 일어난 수만 개의 조직들을 예로 들 수도 있다. 긍정 조직은 이러한 개척자의 대열에 합류하여, 다음과 같은 미래를 위해 모든 노력을 기울이는 인적 공동체를 추구한다.

- 지속가능한 경제 기업
- 인간과 생태계의 공동 번영
- 범세계적 이익의 근원이 되는 존재, 관계, 행동의 방식을 지원하는 전 세계적 각성

오늘날 기업들이 비윤리적 비즈니스 관행, 자연환경과 토착문화 파괴, 그리고 직원들의 기본적 필요에 대한 대응 부족의 과제에 직면한 상황에서, 우리는 최고 수준의 업무수행으로 모범이 되는 조직들을 발견하고 그들로부터 배우는 일이 그 무엇보다 중요하다고 생각한다. 우리는 전 세계의 여러 에이아이 동료들과 함께 전 지구적 탐색운동을 펼치고 있으며 당신도 이 대열에 동참하기를 권한다. 범세계적 이익을 위한 중재자로서 비즈니스BAWB는 조직과 사회의 교차점에서 긍정적 비즈니스 리더십이라는 인간 강점의 분류체계를 창조해 낸 기념비적인 탐색운동이다. 오늘날 이 운동은 미래에 대한 희망찬 비전과 세계적으로 유망한 관행에 전적으로 집중하고 있다. BAWB 목적 선언문은 이렇게 말하고 있다. "우리는 비즈니스에 더 높은 목적과, 선을 이루는 창조적 힘이 될 수 있는 기회가 있다고

믿는다. 역사적으로 부를 창조해낸 그 창의력과 기업가적 정신이야말로 세계적 이슈와 사회적 변화 의제 해결을 위해 사용 '될 수 있고' 또 그렇게 '되고 있다.'"[10]

에이아이 서밋: 미래를 향한 희망

에이아이 서밋은 지금껏 우리가 경험하지 못했던 조직적 변화를 위한 가장 실용적이고, 이상적이며, 결과 중심적인 프로세스이다. 그것은 대규모 그룹을 한 자리에 모아 각자의 관심사를 발견하고 토론하게 함으로써 업무적 인간관계와 일상의 실무적 사항들을 개선한다. 또 참가자들에게 자신의 이상적인 조직을 꿈꾸고 이를 디자인하도록 함으로써, 그들의 가능성을 고양하고 더 나은 세상을 위한 잠재력을 발산시킨다. 참가자들이 가장 큰 영향력을 미칠 것으로 생각되는 일을 위해 행동을 취하게 함으로써 지속가능한 조직을 구축한다.

가장 비극적인 순간 속에서도 미래의 희망을 바라보며 삶을 긍정하는 이미지를 견지한 사람들은 역사 속에 언제나 존재해왔다. 그리하여 그들의 삶은 우리의 삶 속에서도 변화를 만들어냈다. 에이아이 서밋은 바로 이러한 일을 거대한 규모로 진행한다. 사람들이 자신의 마음과 생각 속에 있는 것들을 집단적으로 표현하고, 그들 조직의 미래에 대한 대담하고 혁명적이며 생명력을 주는 이미지를 만들어내는 과정에서, 그들은 인류의 지고한 가치 실현을 위해 민주적으로 조직된 전 세계 조직의 발전을 위한 희망을 창조하는 것이다.

5 부

부록 : 참가자 워크북 사례

우리는 거의 언제나 참석자들이 에이아이 서밋에 도착하면 참가자 워크북을 제공한다. 이 워크북은 사람들이 행사의 흐름을 파악하도록 도와주며 서밋 과정에서 필요한 대부분의 자료를 제공한다. '일반적인' 워크북이란 것은 존재하지 않는다. 그것은 해당 조직의 고유한 상황, 문화, 그리고 변화 의제에 맞추어 기획팀이 만들어야 할 몫이다. 그러나 상황에 맞추어 만들어진 워크북일지라도, 서밋이 진전되는 과정에서 개작, 변화, 또는 개정 작업이 추가되는 일은 얼마든지 있을 수 있다.

워크북 준비에 포함되어야 하는 사항은 다음과 같다.

- 서밋의 과제, 일정, 위치를 공지하는 타이틀 페이지
- 목적과 목표
- 서밋 의제
- 에이아이에 대한 간략한 소개
- 주의사항
- 긍정 인터뷰 가이드
- 각 서밋 활동을 위한 워크시트
- 퍼실리테이터 약력

기획팀은 좌석배정, 참가자 명단, 업무 현장이나 다른 서밋에서 촬영한 사진, 세부

시설, 그리고 참가자들에게 알리고자 하는 정보를 추가로 수록하는 경우가 많다. 다음

몇 페이지에는 '전략적 경쟁우위' 라는 주제의 맥도널드 시카고 지부 서밋에서 사용된

워크북 사례가 수정되어 수록되어있다.

'우리의 조직' 을 위한 에이아이 서밋

포커스 2010: 우리의 전략적 경쟁우위를 찾아서

일자 :

장소 :

참가자 워크북

목적 및 목표

에이아이 서밋의 목적은 우리 조직의 전략적 경쟁우위를 뚜렷하게 정의하고 정렬하는 것이다.

목표

- 우리의 과거 강점과 성공을 발견하고 이를 더욱 발전시킨다.
- 우리 미래를 위한 전략적 경쟁우위를 상상하고 명료화한다.
- 2010년과 그 이후를 위한 전략적 경쟁우위 확보 및 성장에 우리의 모든 에너지를 쏟는다.

에이아이 서밋 의제

첫째 날: 발굴하기

8:00 am. 가벼운 조식 및 사전 활동 (선택 가능)

8:30 am. 개회, 환영사, 후원자 연설, 긍정 질문의 위력: 에이아이 개요 소개

최고 성과 스토리를 통한 학습: 일대일 인터뷰

에이아이가 효과적인 이유와 방법 이해

12:30 pm. 중식

1:30 pm. 우리 공동체의 자원 발굴, 전략적 경쟁우위SCA(Strategic Competitive advantage)의 핵심적 긍정요소 발굴, 핵심적 긍정요소 맵 작성

5:00 pm. 마침

둘째 날: 꿈꾸기

8:00 am. 가벼운 조식 및 사전 활동 (선택 가능)

8:30 am. 개회, 일정 확인, 긍정적 이미지와 긍정적 행동의 관계,
대담한 꿈꾸기: 우리 SCA의 미래, 꿈 선언문 작성

12:30 pm. 중식

1:30 pm. 창조적 꿈 발표, 꿈을 풍요롭게 하기: 우리의 SCA를 명료화
하고 고취하기

5:00 pm. 마침

셋째 날: 디자인하기

8:00 am. 가벼운 조식 및 사전 활동 (선택 가능)

8:30 am. 개회, 일정 확인, 조직 설계란 무엇인가?, 잠재력이 높은 디자
인 가능성 지도 작성, 잠재력이 높은 설계 요소 선정, 도발적
제안: SCA 중심의 정렬

12:30 pm. 중식

1:30 pm. 우리의 정렬을 강화하는 조정 및 그에 대한 헌신

5:00 pm. 마침

넷째 날: 실현하기

8:00 am. 가벼운 조식 및 사전 활동 (선택 가능)

8:30 am. 개회, 일정 확인, 조직 변혁을 위한 감동적 행동의 위력
우선순위가 높은 프로젝트에 대한 혁신팀 구성

12:30 pm. 중식

1:30 pm. 미래 로드맵 구축, 즉흥 활동 고취 및 SCA 증대, '현업' 복귀 계획

5:00 pm. 마침

에이아이란 무엇인가?

"에이아이는 문제를 찾아내고 해결하는 것보다 훨씬 더 나은 성과를 산출한다. 우리는 문제를 해결하는 데 엄청난 자원을 들인다... (그러나) 이런 방법을 오랫동안 지속적으로 사용하면, 부정적 문화가 조성되어 희망을 잃어버리고 무기력한 상태에 빠져들게 만다. 오해하지 말라. 나는 아무 생각 없이 가벼운 잡담이나 주고받자고 하는 것이 아니다. 에이아이는 더 나은 세상을 만들기 위해 설계된 정교한 과학이다. 우리는 문제를 도외시할 수는 없다. 단지 다른 각도에서 접근할 필요가 있다는 것이다."

– GTE 전화 사업부 회장 토마스 H. 화이트

에이아이는 조직 변화의 한 접근법으로서, 전 세계 수백 개 조직의 크고 작은 변화 프로젝트에서 성공을 거두어왔다. 에이아이는, 조직이 스스로 질문을 던지는 방향으로 움직인다는 간단한 아이디어에 바탕을 두고 있다. 예를 들어, 사람들의 문제와 갈등을 조사하는 그룹은 그 문제의 수와 심각성이 점점 더 증가한다는 사실에 직면하게 될 것이다. 마찬가지로 어떤 그룹이 전성기의 경험, 베스트 프랙티스, 그리고 고귀한 성취와 같은 인간의 높은 이상과 성취에 대해 연구할수록 그런 현상은 더욱 번창하게 된다. 에이아이는 조직 내에 건설적 대화와 감동적 행동을 촉발하는 긍정적 질문을 의도적으로 던진다는 점에서 다른 변화 방법론들과 차별된다.

에이아이 사용 방법

조직변화의 한 방법론으로서 에이아이는 다른 전통적 문제해결 접근법과는 차이가 있다. 문제해결 방법의 기본적인 가정은, 사람과 조직은 기본적으로 '잘못되었으며' 따라서 이를 고쳐야 한다는 생각이다. 그 프로세스에는 대개 다음과 같은 내용이 포함된다.

- 핵심 문제 파악
- 실패의 근본원인 분석
- 가능한 해결책 조사
- 실행 계획 수립

이와는 대조적으로, 에이아이는 사람과 조직이 매우 생성적이라는 가정을 바탕에 두고 있다. 사람과 조직은 항상 발전하고 성장하며, 미래를 향하여 나아간다. 에이아이는 전체 조직의 초점을 '핵심적 긍정요소' (조직의 가장 위대한 자산, 역량, 능력, 자원 및 강점) 파악에 두어 변화와 행동, 그리고 혁신을 위한 새로운 가능성을 창조하도록 이끈다.

에이아이는 다음의 단계를 거친다.

- 조직의 근본적 성공원인 발굴
- 미래의 새로운 가능성에 대한 대담한 상상
- 대화를 통해 조직의 탁월성 설계
- 미래의 공동 창조

다시 말해, 에이아이 4D 모델은 발굴하기, 꿈꾸기, 디자인하기, 실현하기의 요소로 구성된다.

도해 12.1 월드비전 내에서 에이아이가 미치는 전 세계적 파급효과

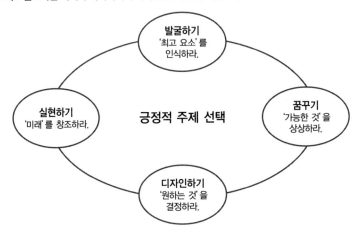

주의사항

퍼실리테이터의 역할
- 전반적 회의 프로세스를 관리한다.
- 구조와 시간표를 설정한다.
- 서밋의 목적과 활동 지침을 설명한다.
- 건설적 학습 환경을 조성한다.

당신의 역할
- 지식, 경험, 아이디어를 제공하라.

- 주변 사람들의 최선을 이끌어내라.
- 스토리를 많이 이야기하라.
- 정보를 분석하고 새로운 가능성을 상상하라.
- 당신의 그룹, 시간, 과제를 스스로 관리하라.
- 당신이 원하는 조직의 미래를 구축하라.

기본 원칙
- 참석자 전원이 참여한다.
- 모든 아이디어는 타당하다.
- 모든 것을 플립차트에 기록한다.
- 경청하고, 질문하고, 호기심을 가져라.
- 시간을 지켜라.
- 더 높은 근거와 행동을 모색하라.
- '관계를 강화하는' 대화를 이끌어내라.

소그룹 리더십 역할
소그룹은 토론, 데이터, 시간, 보고를 각자 관리해야 한다. 이를 관리하기 위한 유용한 역할을 제시한다. '리더십 역할을 교대로 맡을 수도 있다.' 원하는 만큼 역할을 분담하라.

- 토론 리더: 발언을 원하는 사람들이 주어진 시간 내에 말을 마치도록 하라. 그룹이 정해진 시간 내에 과제를 마치도록 이끈다.
- 시간관리 담당자: 그룹에게 남은 시간을 알려주라. 발표를 지켜보며 발

언자에게 남아있는 시간을 알려준다.

- 기록 담당자: 발언자의 말을 그대로 사용하여 그룹의 작업 결과를 플립 차트에 기록하라. 사람들에게 길게 말한 내용을 짧게 정리해 달라고 요청하라.
- 보고자: 전체 그룹 앞에서 정해진 시간 내에 보고한다.

활동 1. 최고 성과 스토리를 통한 학습

일대일 인터뷰: '우리 조직의 최고의 순간'

목적: 조직이 최선을 발휘했을 때 그 성공과 활력을 안겨준 동력과 요인을 발굴한다.

지침:

1) 그룹에서 인터뷰 파트너를 선정하라.

2) 다음 페이지에 실린 인터뷰 가이드에 따라 파트너를 인터뷰하라. 인터뷰당 배정 시간은 45분이다.

3) 파트너에게 자신의 스토리를 이야기해달라고 요청하라. 당신의 긍정 에너지와 흥분을 발휘하여 그들의 스토리를 이끌어내라.

4) 훌륭한 스토리와 인용할 만한 발언을 잘 기록하고 경청하라. 내용을 다시 말할 수 있을 정도로 주의 깊게 경청하라. 다음 시간에는 인터뷰 결과를 발표하게 된다.

5) 인터뷰에서 수집한 정보는 서밋 기간 동안 우리 조직의 전략적 미래를 형성하는 데 사용될 것이다.

'우리 조직'의 전략적 경쟁우위 탐색

인터뷰 가이드 (직능과 직위를 포괄하여 다양한 조를 구성하여 진행할 것)

1. 당신이 매력을 느끼는 점은 무엇인가?

우리 조직에 처음으로 합류했을 때를 생각해보라. 당신은 어떤 점에 매력을 느꼈는가? 당시 조직에 대해 가졌던 첫인상과 흥분은 어떤 것인가?

2. 최고의 순간

우리 조직에서 지내오는 동안 오르막과 내리막, 전성기와 침체기 등을 분명히 겪었을 것이다. 잠시 시간을 내어 자신과 조직의 최고의 순간이나 가장 큰 활력과 몰입, 자부심을 느꼈던 순간을 회고해보기 바란다. 관련 스토리를 이야기해보라. 어떤 일이 있었고 어떻게 진행되었는가?

3. 당신의 성공요인은 무엇인가?

그 최고의 순간을 가능케 했던 당신과 다른 사람들, 그리고 조직의 요인은 무엇인가?

• 그 순간을 멋진 경험으로 만들 수 있었던 당신의 최고의 성품, 스킬, 방법, 가치는 무엇인가?

• 중요한 다른 사람이 있었다면 누구이고, 그가 기여한 바는 무엇인가?

• 최고의 순간에 도움이 된 조직의 가장 중요한 요소(예를 들어 전략적 집중분야, 리더십 자질, 모범사례, 전통, 구조, 프로세스, 스킬, 관계)는 무엇인가?

4. 우리의 전략적 경쟁우위는 무엇인가?

한 기업이 지속적으로 경쟁자들을 따돌릴 수 있으려면 전략적 경쟁우위를 확보해야만 한다. 즉 다른 모든 경쟁자보다 훨씬 더, 그리고 많이 자신만의 고유한 가치를 내놓을 수 있어야 하는 것이다. 이러한 우위를 얻기 위해서는 조직의 모든 구성원들의 전적인 노력이 필요하다. 전통적 강점을 바탕으로 조직의 전략적 탁월성을 더 높일 수 있는 새로운 가능성을 발견해야 하는 것이다.

우리의 강점이라는 관점에서 조직을 바라볼 때, 그리고 사업의 배경과 기회를 고려할 때, 우리의 '전략적 경쟁우위'는 무엇이라고 정의할 수 있는가? 당신이 원하고 믿는 바, 우리의 역량으로 창출할 수 있는 전략적 경쟁우위는 무엇인가? 지금 당장, 중기적으로, 또 장기적으로는 각각 무엇인가?

5. 전략적 경쟁우위를 위한 리더십

우리는 모두 우리가 하는 일 중 우리 업무에 가장 큰 가치를 더하는 것에 대해 자부심을 느낀다. 우리의 활동 중에는 가치가 높은 일도 있고 그렇지 못한 일도 있다. 마찬가지로 우리가 리더로서 하는 일들(사람을 관리하는 우리의 스타일이나 접근법) 중에도 경쟁우위를 강화하기 위해 다른 모든 사람들을 참여시키는 일들이 있다. 당신이 하는 일 중 전략적 경쟁우위에 가장 큰 가치를 더하는 핵심적 일이 무엇인지 생각해보자.

(1) 당신의 소중한 시간과 그것을 사용한 방식을 생각해볼 때, 당신의 일 중 전략적 경쟁우위라는 면에서 가장 큰 가치를 더해준 일은 무엇인가? 사례를 들어보라.

(2) 이상적인 환경을 가정하고, 경쟁우위를 강화하고 확장하기 위해 당신이 한 일을 다시 만들 수 있다면, 당신의 일 중 계속하고 싶은 것과 그만두고 싶은 것, 또는 새롭게 하거나 다르게 하고 싶은 것은 어떤 부분인가?

• 계속하고 싶은 일은 무엇인가?

• 그만두고 싶은 일(실제로 필요 없는 일)은 무엇인가?

- 새롭게 또는 다르게 하고 싶은 일은 무엇인가?

(3) 조직 내에서 당신의 리더십을 생각해보면, 아마도 부침이나 굴곡이 있었을 것이다. 당신이 자랑하고 싶은 성취나 상황을 한 가지만 이야기해보라. 즉 우리의 전략적 경쟁우위를 강화하는 데 중요한 영향을 미쳤다고 생각하는 순간을 말해보라. 무슨 일이 있었는가? 어떤 어려움이 있었는가? 당신과 당신의 리더십 스타일은 어땠는가? 거기에서 어떤 교훈을 얻었는가?

(4) 이제 당신이 조직 내에서 듣거나 직접 목격한 다른 리더 중, 우리로 하여금 지속적 경쟁우위를 확보하도록 이끄는 데 탁월한 업적을 보인 사람에 대해 생각해보자. 특별히 기억나는 스토리나 사례가 있는가? 우리가 좀 더 본받아야 할 리더십 접근법을 모범으로 보여주는 사례를 들어보라. 그런 리더십을 묘사할 수 있는가? 거기에서 어떤 것을 깨달았는가?

6. 우리의 전략 우위를 지원하는 약속과 관행

성공적인 조직은 그들이 하는 최고의 일에서 '핵심사항을 보존하는' 법과 더 이상 필요 없는 일을 과감히 포기하는 법을 모두 알고 있다. 무엇을 지키고 무엇을 버릴 것인지를 아는 것이야말로 가장 핵심적인 일이다.

(1) 전략적 경쟁우위의 지속과 관련하여, 우리가 조직적으로 가장 잘 수행하고 있으며, 장차 우리가 변화를 겪더라도 보존하고 강화해야 할 것은 무엇인가? (예를 들어, 측정 시스템, 리더십 방식, 다른 사람을 발전시키는 방법, 책임체계, 신뢰를 부여하고 구축하는 방식, 기술 등)

(2) 모든 것을 잘하는 조직이 있을 수 없다면, 단순화와 간소화가 필요하다. 시간이라는 소중한 자원이 제한되어 있으므로, 필요 없는 일은 그

만두어야 한다. 성역은 없다는 가정 하에, (크든 작든) 우리가 포기해야 한다고 생각하는 일은 무엇인가?

7. 경쟁우위를 위한 새로운 가능성 상상

상상할 수 있는 것은 무엇이나 가능하고 제한이 없다면, 전략적 경쟁우위의 신속한 획득과 강화를 위해 완벽하게 정렬된 우리의 이상적 조직은 어떤 모습일까? 마치 마술지팡이를 든 것처럼, 우리가 어떤 일을 새롭게, 더 훌륭하게, 또는 다르게 할 수 있을지 설명해보라. 그 일이 실제로 일어났다고 상상해보라. 새롭고, 다르며, 더 훌륭하게 이루어지는 일은 무엇일까?

8. 세 가지 소원

만약 마술 지팡이를 손에 들고 조직에 대해 당신이 원하는 어떤 것이라도 바꾸거나 개발할 수 있다면, 우리의 전략적 경쟁우위 획득 및 강화 역량을 증대하기 위해 당신이 할 세 가지 일은 무엇인가?

활동 2. 우리 공동체의 자원 발굴

목적: 서로 환영하고 인정하며, 이 서밋에 참가하면서 각자가 가져온 경험, 강점, 희망, 그리고 자원으로부터 배움을 얻는다.

지침:

1) 토론 리더, 시간관리 담당자, 기록 담당자, 보고자를 선정한다.

2) 인터뷰의 중요한 내용을 발표하며 당신의 인터뷰 파트너를 소개하라. 질문 1, 2, 3에 대한 파트너의 스토리, 그리고 질문 7에 대한 그의 미래 이미지를 주로 다루어라. 테이블 그룹원이 차례로 돌며 파트너를 소개해 모든 사람이 소개되어야 한다.

3) 다른 사람들의 스토리 속에 나타난 패턴과 테마를 경청하라.

4) 기록담당자는 다음의 2가지 목록을 작성하라.

    (1) 최고의 순간 스토리의 테마

    (2) 우리 조직의 미래 비전

5) 2분짜리 보고서를 준비하라.

활동 3. 우리의 전략적 경쟁우위에 존재하는 핵심적 긍정요소 발굴

목적: 우리 조직의 최고의 전략적 경쟁우위에 관한 가장 강력한 스토리를 공유하고 그것을 더욱 힘을 실어주는 동력과 요인을 발견한다.

지침:

1) 토론 리더, 시간관리 담당자, 기록 담당자, 보고자를 지정한다.

2) 테이블별로 질문 4, 5, 6에 대한 스토리와 발굴사항을 공유하라.

3) 스토리를 공유하면서, 우리 조직 최고의 전략적 경쟁우위에 힘을 부여하는 모든 요인, 즉 성공의 근본 원인을 파악하라. 성공을 지원하는 모든 베스트 프랙티스, 가치, 헌신, 리더십 특성, 기술, 교육, 자원, 구조, 시스템, 프로세스, 프로그램, 관계 및 기타 요소를 주의 깊게 경청하라.

4) 플립차트의 가운데 세로로 줄을 긋고 양쪽에 각각 '스토리'와 '성공의 근본원인'이라고 제목을 붙인 후, 전략적 경쟁우위 관점에서 우리의 성공을 지원하는 요인을 듣는 대로 모두 기록하라.

5) 다음 내용을 담은 3~5분 분량의 발표를 준비하라.

    • 전략적 경쟁우위 관점에서 조직의 최고의 순간을 보여주는 강력한

모범 스토리 한 가지

- '성공의 근본원인' 상위 5~10가지

활동 4. 대담한 꿈꾸기

미래에 대한 상상: 우리의 전략적 경쟁우위

목적: 당신이 일하고 싶은 미래를 상상한다.

지침:

1) 토론 리더, 시간관리 담당자, 기록 담당자, 보고자를 지정한다.

2) 테이블별로 인터뷰 질문 7에 대해 핵심사항을 공유하라.

3) 그룹별로 2010년이라고 상상하라. 우리의 전략적 경쟁우위를 극대화
   하기 위해 당신이 진심으로 바라는 조직의 모습을 시각화하라. 그것이
   지금 이루어졌다고 상상한다면, 어떤 모습일까? 다음의 각 분야를 참조
   하여 미래 이미지를 창조하라.

- 조직의 목적
- 조직 문화, 직장 생활의 질
- 리더십 속성 (비전 제시형, 권한 위임형, 섬김형 등)
- 우리 조직과 다른 조직 사이 외부 관계의 속성
- 내부 관계의 속성 (직원과 최고 경영층 간, '본부'와 '현장' 간, 모
  든 계층의 동료들 간의 관계)
- 탁월성의 문화를 창조하는 조직적 관행 및 구조
- 의사결정 및 기획 프로세스
- 협력 및 팀워크

- 최우수 인재를 모집하고 유지하는 방법
- 인사 관행 (예. 인사고과)
- 기술, 네트워크, 이러닝의 활용 방법과 정보 공유
- 교육, 훈련, 학습, 개발의 탁월성
- 이미지 및 평판
- 변화 적응력 및 변화 역량 증대 방법
- 의사소통 관행
- 진행 중인 가장 흥미진진하고 유망한 전략과 방향
- 긍정적 영향 및 성과
- 기타 바람직한 특성

4) 그룹별로 충분히 시간을 할애하여 조직의 미래를 최대한 상상하라. 이 것은 당신이 일하고 싶은 조직을 대담하게 꿈꾸는 시간이다.

5) 그룹의 집단적 꿈의 핵심요소를 플립차트에 기록하라.

활동 5. 꿈 선언문 작성

목적: 우리의 전략적 경쟁우위를 제시하는 당신의 감동적인 꿈 선언문을 작성한다.

지침:

1) 토론 리더, 시간관리 담당자, 기록 담당자, 보고자를 지정한다.

2) 플립차트에 2010 꿈 선언문이라는 제목으로 그룹의 꿈을 기록하라. '2010년에 우리 조직은...' (이상적 이미지를 이미 이루어진 것처럼 작성)

선언문은 다음 사항을 갖추어야 한다.

- 간절히 원하는 것. 당신이 진정으로 원하는 것인가?
- 대담하고 도발적일 것. 다른 사람들에게 매력을 줄 정도로 극적인가?
- 확정적일 것. 이미 이루어진 것처럼 기술되었는가?
- 현실적일 것. 그 꿈의 현실적 가능성을 보여주는 사례가 있는가?
- 무조건 긍정적일 것. 그것을 읽는 사람, 조직, 고객들로부터 최선을 이끌어낼 수 있을까?

활동 6. 창조적 꿈 발표

목적: 당신의 꿈을 전체 그룹 앞에서 공식화함으로써 생명력을 부여한다.

지침: 그룹별로 조직이 전략적 경쟁우위를 위해 완벽히 정렬된다면 어떤 모습일지에 대한 공통 비전을 발표할 창조적인 방법(예. TV 특집방송, 잡지 커버 스토리, 촌극, 드라마, '일상의 하루', 미술 작품 등)을 선택하라. **최대 5분간 발표를 수행하라.**

활동 7. 높은 잠재력을 가진 디자인 가능성 지도 작성

목적: 우리의 전략적 경쟁우위 확보와 강화에 도움이 될 조직적 요소를 모두 보여주는 지도를 작성한다.

지침:

1) 가능한 한 많은 양의 플립차트를 준비하여 백지 상태의 '디자인 가능성 지도'를 그린다. 지도의 맨 안쪽 원 안에 우리 조직에 대한 당신의 꿈

을 나타내는 문구를 기록한다. (다음 페이지에 디자인 가능성 지도 사례가 나타나있다.)

2) 조직 내·외부를 막론하고 꿈의 성취에 영향을 주거나 혹은 그 영향을 받을만한 핵심적 관계를 모두 브레인스토밍하라. 디자인 가능성 지도의 두 번째 원에 이 목록을 기록하라.

3) 우리 꿈의 성취에 영향을 미칠 공식적 조직 설계 요소를 모두 브레인스토밍하라. (다음의 가능성 목록을 참조하라.) 이것을 디자인 가능성 지도의 바깥쪽 원에 기록하라.

조직 설계 요소의 사례

- 직무 기술서
- 교육, 훈련 및 리더십 개발 프로세스
- 사회적 책임 정책
- 핵심 조직 전략
- 보상 시스템
- 기획 프로세스
- 의사소통 시스템
- 의사결정 접근법
- 조직, 부서, 개인별 목표
- 측정 시스템
- 성과 검토 프로세스
- 인재 유치 및 유지 전략
- 역량
- 핵심 업무 프로세스 및 업무 흐름도

- 경영 관행
- 조직의 사명, 비전 및 가치 선언문
- 조직 구조
- 대고객 관계 정책 및 관행
- 이해관계자 관계 정책 및 관행

디자인 가능성 지도 사례

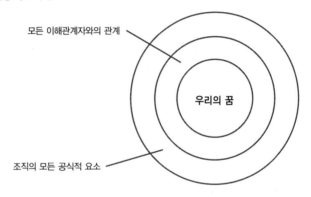

모든 이해관계자와의 관계

우리의 꿈

조직의 모든 공식적 요소

활동 8. 도발적 제안

전략적 경쟁우위 중심의 정렬

목적: 우리의 꿈을 성취하고 전략적 경쟁우위를 발전시키기 위해 조직 문화, 업무 방식, 구조, 프로세스, 정책, 기술 등을 디자인하고 정렬한다.

지침:

1) 토론 리더, 시간관리 담당자, 기록 담당자, 보고자를 지정한다.

2) 테이블별로 다음의 도발적 제안 사례와 지침을 검토하여 당신의 최종 제안서가 어떤 모습일지에 대한 공통된 생각을 도출하라.

3) 그룹이 선택한 조직의 이상적 요소들에 포함하고 싶은 '추가사항'을 토론이나 브레인스토밍을 거쳐 도출하라.

4) 그룹별로 조직 설계 요소의 도발적 제안 초안을 플립차트에 기록하라. 즉 설계 요소가 최고로 발현된다면 어떻게 될지에 관한 선언문을 작성하라.

5) 한 장의 플립차트에 도발적 제안 완성본을 작성하라.

6) 보고 발표를 준비하라. **(최대 3분)**

"처음에는 우리가 구조를 만들지만, 나중에는 구조가 우리를 만든다."

– 윈스턴 처칠

"대다수의 사람들은 본업뿐만 아니라 관료제도와 싸우는 데 자신의 시간 중 50퍼센트를 사용한다."

– 비자 인터내셔널 설립자 디 호크

"모든 조직은 현재 거두고 있는 성과를 위해 완벽히 설계되어 있다."

– 조직 컨설턴트 마빈 와이즈보드

훌륭한 도발적 제안 작성을 위한 지침

도발적 제안은 우리의 꿈을 성취하고 전략적 경쟁우위를 강화하기 위해 조직이 어떻게 설계되어야 하는지에 대한 희망적인 선언문이다.

도발적 제안은 '존재하는' 최선과 당신의 '바라는 바' 사이의 가교 역할을 하는 선언문이다. 그것이 도발적인 이유는 현상유지를 타파하고, 일상적 틀에 도전하며, 긍정적 변화를 향한 새로운 가능성을 제시하기 때문이다.

팀의 과제는 당신이 집중하기로 선택한 조직 요소(프로세스, 구조, 전략, 기술, 관계, 관행 등)의 이상적 미래에 관한 도발적 제안을 도출하는 것이다. 조직 요소들이 지난 이틀간 토론된 기회를 활용하고 강점을 극대화하기 위해 모든 면에서 작동한다면 어떤 모습이 될까?

훌륭한 도발적 제안을 작성하기 위해서는 아래의 질문을 자문해보라.

- 도발적인가? 그것은 현상유지를 타파하거나, 도전하거나, 또는 제동을 거는가?
- 현실적인가? 그 이상의 현실적 가능성을 보여주는 사례가 있는가?
- 바람직한가? 그것이 실제로 이루어진다면 조직이 원할 만한 것인가? 당신은 그런 미래를 원하는가?
- 긍정적이고 대담한 용어로 작성되었는가?

도발적 제안 사례

일과 삶의 균형. 우리 조직은 직원들의 일과 가족생활 사이의 균형을 보여주는 표준과 정책을 유지하는 데 헌신한다. 대체 업무 기회는 업계 내외의 최고 인재를 유인하는 요인이 되고 있으며, 직원들의 개인별 차이, 필요, 열망을 존중하는 조직의 방식은 그들에게 동기를 부여한다.

협력. 우리는 공동 목표를 성취하기 위해 높은 수준의 협력에 헌신한다. 우리는 협력을 고취하기 위해 다양한 노력을 기울인다.

첫째, 우리는 모든 의사를 일대일 대화를 통해 결정하는 합의 도출 그룹의 기능을 발휘한다.

둘째, 우리는 실험을 장려한다. 우리는 성공을 치하하는 것 못지않게 실패를 처벌하지 않는 환경을 유지한다.

셋째, 우리 조직은 직능과 그룹 간의 차이, 위계, 그리고 공식적 경계를 최소화하도록 구성된다.

넷째, 우리는 구성원들에게 협력을 통해 일을 수행하는 데 필요한 대인, 그룹별 스킬을 익힐 기회를 제공한다.

다섯째, 조직 구성원들이 상호이해와 상호의존성을 강화할 수 있도록 다기능 교육훈련을 장려한다.

활동 9. 실현하기

혁신팀 기획

목적: 우리의 전략적 경쟁우위를 발전시키기 위한 장단기 실행 방안을 계획한다.

지침:

1) 토론 리더, 시간관리 담당자, 기록 담당자, 보고자를 선정한다.

2) 다음 질문을 숙고한다.

- 실행 방안의 목적은 무엇인가? 무엇을 성취하고자 하는가?
- 실행 방안 비전은 무엇인가? 조직의 역동적인 학습과 성장을 어떻게 고취할 수 있는가?
- 성공을 위해 추가로 참여해야 하는 사람은 누구인가? 어떻게 합류시킬 것인가?
- 목표를 성취하기 위해 어떤 행동을 취해야 하는가?
- 어떤 자원이 추가로 필요한가? 어떻게 확보할 것인가?

- 누가 언제까지 무엇을 할 것인가? 일정표는 작성하였는가?

- 실행 방안의 명칭은 무엇인가?

- 팀원들의 신원과 연락처는 확보하였는가?

- 팀원 간 연락을 어떻게 유지할 것인가?

- 다음 회의 시간은 언제인가?

필요하다면 다음 페이지의 기획 워크시트를 사용하라.

3) 실행 방안을 발표할 준비를 하라. (3분간)

( ) 의 실 행 계 획				
번호	해야 할 일	담당자	완수 기한	특정인의 도움 필요

서문

1. '헤더'란 곡물을 잘라 수확하기 위해 컴바인 기계 앞에 달린 부품이다. 합당한 가격의 고품질 제품을 생산하기 위해서는 엄청날 정도의 혁신과 이해관계자들 간의 높은 수준의 협력이 필요하다. 이를 위해서는 고객(농부), 공급자, 딜러, 회계, 마케팅, 영업, 설계 및 기술, 생산, 유통, 조합, 그리고 경영자, 관리자, 현장 직원들이 제품 생산을 위해 매일같이 서로를 의지해야 한다.

2. 에이아이 4D 사이클에 대한 설명은 1장을 참조하라.

3. Cooperrider, D. L., & Whitney, D. (1999). *Collaborating for change: Appreciative inquiry. San Francisco*: Berrett-Koehler, p. 10.

4. Weisbord, M.R. (1987). *Productive workplace: Organizing and managing for dignity, meaning, and community*. San Francisco: Jossey-Bass.

1장

1. Schweitzer, A. (1969). *The teaching of reverence for life*. New York: Holt, Rinehart, and Winston.

2. Cooperrider, D. L., & Srivastva, S. (1987). Appreciative inquiry in organizational life. In W. A. Pasmore & R. W. Woodman (Eds.), *Research in organizational change and development*

(Vol. I). Greenwich, CT: JAI Press.

3. 포지티브 체인지 코퍼레이션 전무이사 마저리 실러 박사의 연락처는 다음과 같다. margeschiller@yahoo.com, 781-749-4373

4. '이매진 시카고' 운동의 웹사이트 www.imaginechicago.org를 참고하라.

5. '희망의 이미지와 목소리'의 웹사이트 www.ivofhope.org를 참고하라.

6. BAWB 웹사이트 appreciativeinquiry.cwru.edu/bawb.cfm을 참고하라.

7. 베네딕틴 대학교 조직개발 박사과정 웹사이트 www.ben.edu/academics/cbtpp/od/index.html을 참고하라.

8. 케이스 웨스턴 리저브 대학교 웨더헤드 경영대학원 조직행동학과 웹사이트 weatherhead.cwru.edu/orbh를 참조하라.

9. 긍정심리학 분야 웹사이트 www.positivepsychology.org를 참조하라.

10. 긍정조직학 분야 웹사이트 www.bus.umich.edu/positiveorganizationalscholarship을 참조하라.

11. NTL 연구소 웹사이트 www.ntl.org를 참조하라.

12. 타오스 연구소 웹사이트 www.taosinstitute.net을 참조하라.

13. 에이아이 컨설팅 웹사이트 www.aiconsulting.org을 참조하라.

14. '에이아이 리스트 서브'를 구독하려면 다음 웹사이트를 방문하기 바란다. lists.business.utah.edu/mailman/listinfo/ailist

15. 에이아이 프랙티셔너 웹사이트 www.aipractitioner.com을 참조하라.

16. AIR 웹사이트 www.aipmarket.net을 참조하라.

17. 에이아이 커먼즈 웹사이트 appreciativeinquiry.cwru.edu를 참조하라.

18. Quinn, R. E. (2000). *Change the world: How ordinary people can achieve extraordinary results.* San Francisco: Jossey-Bass, p. 220.

19. Cooperrider, D. L., & Sekerka, L. E. (2003). Inquiry into the appreciable world: Toward a theory of positive organization change. In K. S. Cameron, J. E. Dutton, & R. E. Quinn (Eds.), *Positive organization scholarship.* San Francisco: Berrett-Koehler.

20. Cooperrider, D. L., & Whitney, D. (1999). *Collaborating for change: Appreciative inquiry.* San Francisco: Berrett-Koehler, p. 10.

21. Whitney, D., & Trosten-Bloom, A. (2003). *The power of appreciative inquiry: A practical guide to positive change.* San Francisco: Berrett-Koehler.

22. 데이비드 쿠퍼라이더와 그의 케이스 웨스턴 리저브 대학교 동료들이 유나이티드 웨이의 조직 핵심가치를 규명하는 에이아이 일일 회의를 이끌었을 때 참석인원은 3,000명이었다. 이 회의는 본격적인 에이아이 서밋은 아니었지만 매우 성공적으로 개최되었으며, 서밋의 규모를 더욱 확장시킬 수 있다는 흥미로운 가능성을 제시했다.

23. 도발적 제안이란 조직구성원들이 그들의 이상적 조직을 구성하는 디자인 요소(리더십, 목적, 가치, 전략, 시스템, 구조, 프로세스, 인간관계의 특징 등)를 설명하기 위해 작성한 야심찬 선언문이다. 이것은 기존의 최고 요소와 미래에 대한 사람들의 열망 사이의 가교 역할을 수행한다. 또한 조직의 입장에서는 '의지의 선언문'이라 할 수 있다. 도발적 제안에 관한 상세한 내용은 9장, '디자인하기'를 참조하기 바란다.

24. Rainey, M. A. (2001). An appreciative inquiry into the factors of culture continuity during leadership transition: A case of LeadShare, Canada. In D. L. Cooperrider, P. F. Sorensen, T. F. Yaeger, and D. Whitney (Eds.), *Appreciative inquiry: An emerging direction for organization development* (pp. 205-216). Champaign, IL: Stipes.

25. 2003년 2월 14일자 데이비드 쿠퍼라이더의 이메일

26. GEM 운동에 관한 보다 상세한 정보를 얻고 싶다면 다음 연락처로 에이더 조 만에게 문의해보기 바란다. aj@aiconsulting.org

27. Weisbord, M. R., & Janoff, S. (1995). *Future search: An action guide to finding common ground in organizations and communities.* San Francisco: Berrett-Koehler.

28. Fuller, C. S., Griffin, T. J., & Ludema, J. D. (2000). Appreciative future search: Involving the whole system in positive organization change. *Organization Development Journal,* 18(2), 29-41.

29. Johnson, S., & Ludema, J. D. (1997). *Partnering to build and measure organizational capacity: Lessons from NGOs around the world.* Grand Rapids, MI: CRC.

30. Dutton, J. E., & Heaphy, E. D. (2003). Coming to life: The power of high quality connections at work. In K. S. Cameron, J. E. Dutton, & R. E. Quinn (Eds.), *Positive organization scholarship.* San Francisco: Berrett-Koehler.

31. URI 웹사이트 www.uri.org를 참조하라.

32. Weisbord, M. R. (1987). *Productive workplaces: Organizing and managing for dignity, meaning, and community.* San Francisco: Jossey-Bass.

33. Emery, M., & Purser, R. E. (1996). *The search conference: A powerful method for planning organizational change and community action.* San Francisco: Jossey-Bass.

34. Weisbord, M. R., & Janoff, S. (1995). *Future search: An action guide to finding common ground in organizations and communities.* San Francisco: Berrett-Koehler.

35. Owen, H. (1997). *Open space technology: A user's guide* (2nd ed.). San Francisco: Berrett-Koehler.

36. Dannemiller Tyson Associates. (2000). *Whole-scale change: Unleashing the magic in organizations.* San Francisco: Berrett-Koehler.

37. Jacobs, R. W. (1994). *Real time strategic change: How to involve an entire organization in fast and far-reaching change.* San Francisco: Berrett-Koehler.

38. Axelrod, R. H. (2000). *Terms of engagement: Changing the ways we change organization.* San Francisco: Berrett-Koehler.

39. Bunker, B. B., & Alban, B. T. (1997). *Large group inter-ventions: Engaging the whole system for rapid change.* San Francisco: Jossey-Bass.

40. Holman, P., & Devane, T. (Eds.). (1999). *The change handbook: Group methods for shaping the future.* San Francisco: Berrett-Koehler.

41. Hamel, G. (2002). *Leading the revolution: How to thrive in turbulent times by making innovation a way of life.* New York: Plume, p. 16.

42. 다음 책의 내용을 수정 인용하였다. Weisbord, M. R. (1987). *Productive workplaces: Organizing and managing for dignity, meaning, and community.* San Francisco: Jossey-Bass. pp. 261-262.

43. Schindler-Rainman, E., & Lippitt, R. (1980). *Building the collaborative community: Mobilizing citizens for action.* Irvine: University of California. (Energize에서 구할 수 있으며, 연락처는 다음과 같다. 215-438-8342)

44. 사회적 구성주의에 관한 보다 상세한 내용은 다음을 참조하라. Gergen, K. J. (1999). *An invitation to social construction.* Thousand Oaks, CA: Sage.

45. Ludema, J. D., Cooperrider, D. L., & Barrett, F. J. (2001). Appreciative inquiry: The power of the unconditional positive question. In P. Reason & H. Bradbury (Eds.), *Handbook of action research.* Thousand Oaks, CA: Sage. p. 191.

46. Ludema, J. D., Wilmot, T. B., & Srivastva, S. (1997). Organizational hope: Reaffirming the constructive task of social

and organizational inquiry. *Human Relations,* 50(8), 1015-1052.

47. 다음을 참조하라. Snyder, C. R., Rand, K. L., & Sigmon, D. R. (2000). Hope theory: A member of the positive psychology family. In C. R. Snyder & S. J. Lopez (Eds.), *Handbook of positive psychology.* Oxford, UK: Oxford University Press. 아울러 다음을 참조하라. Luthans, F. (2002). Positive organizational behavior: Developing and managing psychological strength. *Academy of Management Executive,* 16(1), 57-75.

48. 다음을 참조하라. Whitney, D., & Trosten-Bloom, A. (2003). *The power of appreciative inquiry: A practical guide to positive change.* San Francisco: Berrett-Koehler. pp. 197-216.

2장

1. 셰릴 리처드슨의 연락처는 다음과 같다. cricha7455@aol.com

3장

1. Srivastva, S., & Fry, R. E. (Eds.). (1992). *Executive and organizational continuity: Managing the paradoxes of stability and change.* San Francisco: Jossey-Bass.

2. Ford, J. D., & Ford, L. W. (1994). Logics of identity, contradiction, and attraction in change, *Academy of Management Review,* 19(4), 756-785.

3. Fredrickson, B. L. (2003). Positive emotions and upward

spirals in organizational settings: Perspectives from the broaden-and-build theory. In K. S. Cameron, J. E. Dutton, & R. E. Quinn (Eds.), *Positive organization scholarship*. San Francisco: Berrett-Koehler.

4. Whitney, D., & Cooperrider, D. L. (2000). The appreciative inquiry summit: An emerging methodology for whole-system positive change, *OD Practitioner*, 31(1), 15.

5. Weisbord, M. R., & Janoff, S. (1995). *Future search: An action guide to finding common ground in organizations and communities*. San Francisco: Berrett-Koehler.

6. Whitney, D., & Cooperrider, D. L. (2000). The appreciative inquiry summit: An emerging methodology for whole-system positive change, *OD Practitioner*, 31(1), 20.

7. Ludema, J. D. (2001). Appreciative storytelling: A narrative approach to organization development and change. In R. Fry, F. Barrett, J. Seiling, & J. D. Whitney (Eds.), *Appreciative inquiry and organizational transformation: Reports from the field*. Westport, CN: Quorum Books.

4장

1. 에이아이를 소개하는 법에 관한 더 상세한 정보는 다음을 참조하라. Whitney, D., & Trosten-Bloom, A. (2003). *The power of appreciative inquiry*. San Francisco: Berrett-Koehler.

2. 운영위원회, 후원그룹 등으로 부르는 사람들도 있지만 그 개념은 모두 동일하다. 자문단은 감독, 지시, 자원을 제공하는 소규모의 리더 그룹을 말한다.

3. 헌터 더글러스 윈도우 패션 사업부문이 에이아이와 함께 한 5년 간의 여정은 다음에 자세히 기술되어있다. Whitney, D., & Trosten-Bloom, A. (2003). *The power of appreciative inquiry.* San Francisco: Berrett-Koehler.

4. 혹자는 핵심그룹, 설계팀 등으로 부르기도 하지만, 모두 똑같은 개념이다. 기획팀은 서밋을 진행하는 데 필요한 모든 일을 수행하는, 폭넓은 구성원들을 대표하는 그룹이다. 5장에서 기술한 것처럼, 이 그룹이 수행하는 역할로는 서밋의 과제 정의, 참가자 파악, 서밋 형식 결정, 설계 도출, 홍보 전략 준비, 그리고 실행계획 마련 등이 있다.

5장

1. Whitney, D., & Cooperrider, D. L. (2000). The appreciative inquiry summit: An emerging methodology for whole-system positive change, *OD Practitioner,* 31(1), 16.

2. Cooperrider, D. L., & Whitney, D. (1999). *Appreciative inquiry: A positive revolution in change.* San Francisco: Berrett-Koehler.

3. Mohr, B. J., & Magruder Watkins, J. (2002). *The essentials of appreciative inquiry: A roadmap for creating positive futures.* Williston, VT: Pegasus Communications.

4. 키스 콕스의 연락처는 다음과 같다. keith.cox@tirawaconsulting.

com, 333-723-2222

5. 라비 프라단의 연락처는 다음과 같다. rpkaruna@comcast.net,
410-480-4949

6장

1. Cooperrider, D. L., Whitney, D., and Stravros, J. (2003). *The appreciative inquiry handbook*. Cleveland: Lakeshore.

2. Whitney, D., Cooperrider, D. L., Trosten-Bloom, A. and Kaplin, B. S. (2000). *Encyclopedia of positive questions* (Vol. 1). change. Cleveland: Lakeshore.

3. Whitney, D., & Trosten-Bloom, A. (2003). *The power of appreciative inquiry*. San Francisco: Berrett-Koehler.

4. Johansen, R., Martin, A., and Sibbert, D. (1991). Leading business teams: *How teams can use technology and process tools to enhance performance* (Addison-Wesley Series on Organization Development). Reading, MA: Addison-Wesley.

7장

1. Cooperrider, D. L., Stravros, J., & Whitney, D. (2003). *The Appreciative Inquiry Handbook*. Cleveland: Lakeshore Communications.

2. Cooperrider, D. L., Stravros, J., & Whitney, D. (2003). *The Appreciative Inquiry Handbook*. Cleveland: Lakeshore

Communications.

3. Ludema, J. D., Cooperrider, D. L., & Barrett, F. J. (2001). Appreciative inquiry: The power of the unconditional positive question. In P. Reason & H. Bradbury (Eds.), *Handbook of action research*. Thousand Oaks, CA: Sage. p. 191.

4. Cooperrider, D. L., & Whitney, D. (1999). *Appreciative inquiry: A positive revolution in change*. San Francisco: Berrett-Koehler.

5. Cooperrider, D. L. (1990). Positive image, positive action: The affirmative basis of organizing. In S. Srivastva & D. L. Cooperrider (Eds.), *Appreciative management and leadership: The power of positive thought and action in organizations*. San Francisco: Jossey-Bass.

6. Ludema, J. D., Cooperrider, D. L., & Barrett, F. J. (2001). Appreciative inquiry: The power of the unconditional positive question. In P. Reason & H. Bradbury (Eds.), *Handbook of action research*. Thousand Oaks, CA: Sage. p. 191.

7. Srivastva, S., & Fry, R. E. (Eds.). (1992). *Executive and organizational continuity: Managing the paradoxes of stability and change*. San Francisco: Jossey-Bass.

8장

1. Polak, F. (1973). *The image of the future* (translated and

abridged by E. Boulding). San Francisco: Jossey-Bass.

2. Polak, F. (1973). *The image of the future* (translated and abridged by E. Boulding). San Francisco: Jossey-Bass. p. 19.

3. Schwartz, R. (1986). The internal dialogue: On the asymmetry between positive and negative coping thoughts. *Cognitive Therapy and Research*, 10, 591-605.

4. Weisbord, M. R., & Janoff, S. (1995). *Future search: An action guide to finding common ground in organizations and communities.* San Francisco: Berrett-Koehler, p. 90.

5. 기회 지도 작성은 마빈 와이즈보드와 샌드라 자노프가 사용한 '마인 드맵' 방법을 변형한 것이다. 기회 지도의 목적은 조직의 변화와 혁신 을 위한 구체적인 기회를 파악하는 것이다. 이것은 미래에 초점을 맞 추며 행동을 위한 에너지를 발휘할 수 있게 설계된다. 다음을 참조하 라. Weisbord, M. R., & Janoff, S. (1995). *Future search: An action guide to finding common ground in organizations and communities.* San Francisco: Berrett-Koehler, p. 80.

6. 에일린 콘론의 연락처는 다음과 같다. colon@gwi.net, (207) 641-8678

7. 다음을 참조하라. Magruder Watkins, J., & Mohr, B. J. (2001). *Appreciative inquiry: Change at the speed of imagination.* San Francisco: Jossey-Bass/Pfeiffer, p. 135.

9장

1. 일레인 와서만의 연락처는 다음과 같다. IWASS@aol.com, 610-

667-5305, www.icwconsulting.com.

2. Boulding, K. E. (1966). *The image*. Ann Arbor: University of Michigan Press, p. 14.

3. Hock, D. (1999). *Birth of the chaordic age*. San Francisco: Berrett-Koehler.

4. Waterman, R. H. (1979). *Structure in not organization*. McKinsey Staff Paper.

5. Galbraith, J. R. (1995). *Designing organizations: An executive briefing on strategy, structure, and process*. San Francisco: Jossey-Bass.

6. Nadler, D. A., & Tushman, M. L. (1997). *Competing by design: The power of organizational architecture*. Oxford, UK: Oxford University Press.

7. Weisbord, M. R. (1978). *Organizational diagnosis: A workbook of theory and practice*. Reading, MA: Addison-Wesley.

8. 도발적 제안의 사례와 상세한 작성 지침에 관해서는 다음을 참조하라. Cooperrider, D. L., Stravros, J., & Whitney, D. (2003). *The appreciative inquiry handbook*. Cleveland: Lakeshore Communications.

10장

1. Owen, H. (1997). *Open space technology: A user's guide* (2nd ed.). San Francisco: Berrett-Koehler.

2. 지나 힌리치스는 '실용 전술 계획'이라는 용어를 만들어냈다. 이것은 서류(실용적)뿐만 아니라 실질적 목적(전술적)이 반영된 계획을 수립하기 위한 것이다. 지나 힌리치스는 현재 독립 컨설턴트로 활동하고 있다. 그녀의 연락처는 다음과 같다. hinrichs@geneseo.net

3. Barrett, F. J. (1998). Creativity and improvisation in jazz and organization: Implications for organizational learning. *Organization Science*, 9(5), 605-622.

4. 2001년 9월 볼티모어에서 열린 제1회 에이아이 국제회의에서 발표되었다.

11장

1. Whitney, D., & Trosten-Bloom, A. (2003). *The power of appreciative inquiry: A practical guide to positive change*. San Francisco: Berrett-Koehler. p. 51.

2. Cooperrider, D. L. (1990). Positive image, positive action: The affirmative basis of organizing. In S. Srivastva & D. L. Cooperrider (Eds.), *Appreciative management and leadership: The power of positive thought and action in organizations*. San Francisco: Jossey-Bass.

3. Gergen, K. J. (1999). *An invitation to social construction*. Thousand Oaks, CA: Sage.

4. von Bertalanffy, L. (1956). *General systems theory. General Systems: Yearbook of the Society for the Advancement of*

General Systems Theory, 1, 1-10.

5. Sampson, C., Abu-Nimber, M., Liebler, C. & Whitney, D. (Eds.). (2003). *Positive approaches to peacebuilding: A resource for innovators.* Washington, D. C.: Post Publications.

12장

1. Bilamoria, D., & Cooperrider, D. L. (1991). *The Romanian orphans program: Challenges and responses of the collaborative alliance.* 시카고 비영리기구 및 자원봉사 연구협회 연례회의 발표 자료.

2. 마이크 맨틀의 연락처는 다음과 같다. mmantel@worldvision.org, (219) 988-4622.

3. 월드비전의 2차 및 3차 에이아이에 관한 보다 상세한 사항은 다음을 참조하라. Mantel, M. J., & Ludema, J. D. (2000). From local conversations to global change: Experiecing the worldwide ripple effect of Appreciative Inquiry. *Organization Development Journal,* 18(2), 42-53. 이 내용은 다음 문헌을 통해 다시 발표되었다. Cooperrider, D. L., Sorensen, P. F., Whitney, D., & Yaeger, T. F. (Eds.). (2002). *Appreciative inquiry: Rethinking human organization toward a positive theory of change.* Champaign, IL: Stipes.

13장

1. 밥 로버츠의 연락처는 다음과 같다. roberts.bob@attbi.com

2. Barrett, F. J. (1995). Creating appreciative learning cultures. *Organizational Dynamics, 24*(1), 36-49.

3. Drucker, P. F. (2002). *The effective executive.* New York: Harper Business.

4. Schiller, M. (2001). The road to appreciative leadership. In M. Schiller, B. Mah Holland, & D. Riley (Eds.), *Appreciative leaders.* Taos, NM: Taos Institute.

5. Whitney, D., & Trosten-Bloom, A. *Theory I: The gifts of appreciative leadership.* 미출간 원고. (보다 상세한 정보를 위한 저자들의 연락처는 다음에서 찾을 수 있다. www.positivechange.org)

6. McGregor, D. (1961). *The human side of enterprise.* New York: McGraw-Hill.

7. Ouchi, W. G. (1981). Theory Z: *How American management can meet the Japanese challenge.* Reading, MA: Addison-Wesley.

8. Cooperrider, D. L. (2001). Foreword. In M. Schiller, B. MahHolland, & D. Riley (Eds.), *Appreciative leaders* (pp. x-xii). Taos, NM: Taos Institute.

9. BAWB 웹사이트 appreciativeinquiry.cwru.edu/bawb.cfm을 참조하라.

10. BAWB 웹사이트에 게재된 BAWB 인터뷰 가이드, 2003.

Partnering to Build and Measure Organizational Capacity: Lessons from NGOs Around the World
Scott Johnson and James D. Ludema
CRC Publications, 1997

The Power of Appreciative Inquiry: A Practical Guide to Positive Change
Diana Whitney and Amanda Trosten-Bloom
Berrett-Koehler, 2003

Appreciative Inquiry: A Positive Revolution in Change
David L. Cooperrider and Diana Whitney
Berrett-Koehler, 1999 (booklet)

Appreciative Inquiry Handbook
David L. Cooperrider, Jackie Stavros, and Diana Whitney
Lakeshore Communications, 2003 (book and CD)

Encyclopedia of Positive Questions, Volume One
Diana Whitney, David L. Cooperrider, Amanda Trosten-Bloom,

and Brian Kaplin

Lakeshore Communications, 2002

Appreciative Inquiry and Organizational Transformation: Reports from the Field

Ronald Fry, Frank Barrett, Jane Seiling, and Diana Whitney (Eds.)

Quorum Books, 2002

Appreciative Inquiry: An Emerging Direction for Organization Development

David L. Cooperrider, Peter F. Sorensen, Therese F. Yaeger, and Diana Whitney (Eds.)

Stipes, 2001

Appreciative Inquiry: Rethinking Human Organization Towards a Positive Theory of Change

David L. Cooperrider, Peter F. Sorensen, Therese F. Yaeger, and Diana Whitney (Eds.)

Stipes. 2000

Appreciative Inquiry: Change at the Speed of Imagination

Jane Magruder Watkins and Bernard J. Mohr

Jossey-Bass Pfeiffer, 2001

*The Essentials of Appreciative Inquiry: A Roadmap for Creating
Positive Futures*

Bernard J. Mohr and Jane Magruder Watkins

Pegasus Communications, 2002

제임스 D. 루데마 베네딕틴 대학교 조직개발학 박사과정 부교수이자, 포지티브 체인지 코퍼레이션의 대표이며, 세계적 사상가들과 에이아이 실행가들이 포함된 글로벌 기업인 어프리시 에이티브 인콰이어리 컨설팅의 창업주 중 한 명이다. 또한 케이스 웨스턴 리저브 대학교 웨더헤드 경영대학원 글로벌기업 사회혁신 프로그램SIGMA의 부교수 겸 상임이사를 역임했다.

제임스 루데마는 지난 10여년 동안 에이아이 분야의 혁신가이자 선구적인 사상가로 활약해왔으며, 베네딕틴 대학교 박사과정에서 이 분야에 관한 방법론을 지도했고, 대중적 워크숍과 기조연설을 수행해왔으며, 제1회(2001) 및 2회(2004) 국제 에이아이회의를 주최했다. 그는 다음을 포함한 수많은 에이아이와 관련 글을 썼다. "Appreciative inquiry: The power of the Unconditional Positive Question" (with David Cooperrider and Frank Barrett), "Appreciative Future Search: Involving the Whole System in Positive Organization Change" (with Connie Fuller and Tom Griffin)

제임스 루데마는 국제적으로 저명한 조직 컨설턴트이다. 전문분야는 에이아이를 활용한 대규모 기업변화 정책으로서, 전략개발, 리더십개발, 핵심사업 재설계, 문화변화, 고객서비스, 그리고 인수합병 등을 포함한다. 그는 북미, 유럽, 아시아, 아프리카 및 라틴 아메리카 지역에 걸쳐 다음과 같은 기업, 비영리단체, 정부기관과 함께 일해 왔다. 즉 BP, 맥도널드, 존 디어, 아메리테크, U.S.셀룰러, 노던 텔레콤, 스퀘어 D 컴퍼니, 에세프

코퍼레이션, 벨 & 호웰, 카이저 퍼머넌트, 월드비전, 미니애폴리스 시, 그리고 다수의 지역 및 국제 비영리단체NGO 등이다.

현재 일리노이 주 제네바에 거주하고 있으며 연락처는 다음과 같다. jludema@ben.edu

다이아나 휘트니 포지티브 체인지 코퍼레이션 대표이자, 세이브룩 대학원 연구소의 저명한 컨설팅 교수이다. 그녀는 타오스 연구소의 설립자 및 이사이며, 에이아이 컨설팅의 창립자이자, 종교 연합 운동의 창립 컨설턴트이다.

다이아나 휘트니는 에이아이, 긍정변화, 긍정리더십, 직업의 영성 등의 분야에서 국제적인 명성을 자랑하는 컨설턴트이자 기조연설가이며, 선구적인 사상가이다. 그녀의 컨설팅 활동은 에이아이를 사용한 기업문화변혁, 전략기획, 대규모 조직변화, 합병, 연합 및 파트너십 구축, 리더십개발, 그리고 서비스 탁월성 등에 집중되어있다. 그녀는 미국과 유럽, 그리고 아시아 지역에서 교육, 연설 및 컨설팅 활동을 펼치고 있다.

그녀는 에이아이 분야에서 9권의 책을 저술 혹은 편집하였으며, 그중에서도 뛰어난 호평을 얻고 있는 책으로는 다음의 2권이 있다. *The Power of Appreciative Inquiry* (with Amanda Trosten-Bloom), *Appreciative Inquiry Handbook* (with David Cooperrider and Jackie Stavros)

현재 뉴멕시코 주 타오스에 거주하고 있으며, 연락처는 다음과 같다. diana@positivechange.org

버나드 J. 모어 시냅 스그룹 주식회사(1979년 설립된 국제적 컨설팅회사, 메인 주 포틀랜드 소재) 회장 겸 경영파트너이자, 어프리시 에이티브 인콰이어리컨설팅, LLC의 창립 파트너이다.

버나드 모어의 주요 관심사는 기업과 사회가 서로 만나는 영역이다. 우리 사회의 성격은 조직의 성격에 크게 좌우된다는 신념을 가진 그는, 사명의 효과성과 경제적 지속가능성의 구현 못지않게 의미, 공동체, 그리고 존엄성을 발전시킬 수 있는 조직 구성에 진력하고 있다. 또한 이를 위해 조직구성원들이 자신의 역할, 목표, 그리고 구조를 설계하는 데 직접 참여하는 기회를 주기 위해 노력하고 있다. 그는 35년에 걸쳐 글로벌 기업, 정부기관, 학교, 비영리단체들을 지원하여 비즈니스 변혁, 평가, 조직 설계, 지식경영, 전략기획의 프로세스를 가속화할 수 있게 하였으며, 이에 사회-기술 시스템 이론, 오픈 스페이스 테크놀로지 및 에이아이 관련 기타 대규모 프로세스를 통합하여 적용했다.

그는 다음과 같은 책을 공동 저술했다. *Appreciative Inquiry: Change at the Speed of Imagination* (with Jane Watkins, Jossey-Bass, 2001), *Essentials of Appreciative Inquiry* (Pegasus Communications, 2002) 또 다음을 포함한 수많은 기고를 했다. "Appreciative Inquiry: Igniting Transformative Dialogue" (in *The Systems Thinker*, February 2001)

그는 에이아이 분야의 국제적 프랙티셔너, 저술가 및 개척자로서, 북미 지역의 제1회 에이아이 워크숍 고급과정과 최초의 에이아이 현장 실습과목을 개발했고, 제1회 에이아이 국제회의를 매우 성공적으로 주최했다. 오랫동안 사회-기술 시스템 원탁회의 회원으로 활동했으며, 타오스연구소

객원회원과 NTL연구소의 수석연구원으로 재임 중이다. (그는 오랫동안 NTL연구소의 복합 시스템 변화 프로그램의 퍼실리테이션 및 경영 분야 수석 연구원으로 활동해왔다.)

연락처는 다음과 같다. BernardJMohr@aiConsulting.com

토마스 J. 그리핀 시카고에 본사를 두고 있는 미국 8위 규모의 무선통신 회사 U.S.셀룰러의 조직 및 리더십개발 이사이다. 과거에는 SBC/아메리테크와 텍사스 인스트루먼츠에서 다양한 조직 및 리더십개발 분야의 직무를 수행했다. 그는 조직 및 리더십개발, 품질개선, 성인교육 분야에서 광범위한 경력을 쌓았다. 현재 OD 네트워크, OD 연구소 및 미국 경영학회의 회원이다.

그의 주요 관심사와 전문분야로는 에이아이, 대규모그룹 개입 방법론, 전체조직 변화, 그룹 역학, 리더십개발, 그리고 품질개선 등이 있다. 다음과 같은 책을 저술했다. "Appreciative Future Search: Involving the Whole System in Positive Organization Change" (*Organization Development Journal*, 2000), "Appreciative Leaders: In the Eye of the Beholder" (MECHdata, Inc.의 부회장이자 총괄 책임자인 짐 '거스' 구스타프슨과의 인터뷰, taosinstitute.net에서 구할 수 있음.)

현재 일리노이 주 알곤킨에 부인 메리와 함께 거주하고 있으며, 연락처는 다음과 같다. tom.griffin@uscellular.com

이영석

ORP연구소의 대표이며 미국 CPC(Corporation for Positive Change)의 컨설팅파트너, CPC의 Certified Appreciative Inquiry Practitioner, Appreciative Leadership Development Program의 공식 Trainer, ICA(Institute of Cultural Affairs)의 CTF(Certified ToP-Technology of Participation-Facilitator)로 활동하고 있다. 한국긍정변화센터 (KCPC)를 설립하여 AI를 통한 긍정변화 전파에 노력을 기울이고 있으며, 한국 ToP 퍼실리테이션센터(KTCF)를 설립하여 참여기반의 퍼실리테이션 을 통한 조직과 사회변화 활동을 수행하고 있다. 한국에아이협회 부회장, 한국퍼실리테이터협회부회장으로 활동하고 있으며 성균관대학교에서 산업 조직심리학박사학위를 취득하였고, 성균관대 겸임교수를 하고 있다. LG 전선(현 LS전선) HR팀, 한국능률협회(KMA)의 컨설팅 부문장을 역임하였 으며 조직개발전문가로 활동하고 있다. 저서로 "조직신뢰", "DC 기반학 습"이 있으며 공역으로 "퍼실리테이션 쉽게 하기", "핵심역량과 학습조직", "컨센서스 워크숍 퍼실리테이션", "긍정조직혁명의 파워", "A 팀 빌딩", "AI Summit", "A Coaching", "A리더십" 등이 있다.

신좌섭

현재 서울대학교 의학대학 의학교육학교실 주임교수, 의학교육연수원 부원장, 이종욱-글로벌의학센터 부소장 겸 교육개발부장이며 한국의과대학 의학전문대학원장협회 전문위원장, 한국의학교육학회 학술이사 등을 역임 하였다. (재) 짚풀문화재단 이사장, (사) 신동엽기념사업회 이사, (사) 인권 의학연구소 이사이기도 하다. 서울대학교 의과대학을 졸업하고 서울대학 교 대학원에서 의료역사학 석사를, 한양대학교에서 교육공학 박사 학위를 취득하였다. International Association of Facilitators의 Certified Professional Facilitator, Corporation for Positive Change의 Certified Appreciative Inquiry Practitioner, Certified Trainer for Appreciative Leadership Development Program로 서 집단의 참여-대화-합의를 이끌어내는 Facilitation 실천과 연구 활동을 하고 있다. 1980-90년대 노동문제 전문가로 활동하면서 "안전하고 건 강한 노동을 위하여" 등의 저서를 집필하였으며, 최근에는 공적개발원조 전문가로서 라오스, 캄보디아, 남태평양도서국가 포럼, 몽골, 미얀마, 남 수단 등의 개발도상국 의료인력 역량강화 사업을 수행하고 있다. 한국의 학사, 의학교육, 개발원조 등에 관한 다수의 논문을 집필하였다.

AI Summit

초판 1쇄 발행 2014년 6월 20일

지은이 제임스 D. 루데마, 다이아나 휘트니, 버나드 J. 모어, 토마스 J. 그리핀
옮긴이 이영석, 신좌섭
펴낸곳 ORP Press
펴낸이 이영석
출판등록 2003년 4월 3일 제321-3190000251002003000015호

기획편집 최보배
마케팅 영업 김지애
제작처 동아사 wpeace@hanafos.com

주소 서울특별시 서초구 서초대로 124 (방배동, 선빌딩) 3층
전화 02-3473-2206
팩스 02-3473-2209
홈페이지 orp.co.kr   positivechange.or.kr
이메일 kcpc@orp.co.kr

ISBN 978-89-965141-7-6

값 18,000원